die 45 wichtigsten Fälle
zum Deliktsrecht

Hemmer/Wüst/d'Alquen

Hemmer/Wüst Verlagsgesellschaft

Hemmer/Wüst/d'Alquen, die 45 wichtigsten Fälle zum Deliktsrecht

ISBN 978-3-86193-631-2

8. Auflage 2017

gedruckt auf chlorfrei gebleichtem Papier
von Schleunungdruck GmbH, Marktheidenfeld

Inhaltsverzeichnis: **Die Zahlen beziehen sich auf die Seiten des Skripts.**

VORWORT

Die vorliegende Fallsammlung ist für **Studenten in den ersten Semestern** gedacht. Gerade in dieser Phase ist es wichtig, bei der Auswahl der Lernmaterialien den richtigen Weg einzuschlagen. **Auch in den späteren Semestern und im Referendariat** sollte man in den grundsätzlichen Problemfeldern sicher sein. Die essentials sollte jeder kennen.

Die Gefahr zu Beginn des Studiums liegt darin, den Stoff zu abstrakt zu erarbeiten. Nur ein **problemorientiertes Lernen**, d.h. ein Lernen am konkreten Fall, führt zum Erfolg. Das gilt für die kleinen Scheine / die Zwischenprüfung genauso wie für das Examen. In juristischen Klausuren wird nicht ein möglichst breites Wissen abgeprüft. In juristischen Klausuren steht der Umgang mit konkreten Problemen im Vordergrund. Nur wer gelernt hat, sich die Probleme des Falles aus dem Sachverhalt zu erschließen, schreibt die gute Klausur. Es geht darum, Probleme zu erkennen und zu lösen. Abstraktes anwendungsunspezifisches Wissen, sog. „Träges Wissen", täuscht Sicherheit vor, schadet aber letztlich.

Bei der Anwendung dieser Lernmethode sind wir Marktführer. Profitieren Sie von der über 40-jährigen Erfahrung des **Juristischen Repetitoriums hemmer** im Umgang mit Examensklausuren. Diese Erfahrung fließt in sämtliche Skripten des Verlages ein. Das Repetitorium beschäftigt **ausschließlich Spitzenjuristen**, teilweise Landesbeste ihres Examenstermins. Die so erreichte Qualität in Unterricht und Skripten werden Sie anderswo vergeblich suchen. Lernen Sie mit den Profis!

Ihre Aufgabe als Jurist wird es einmal sein, konkrete Fälle zu lösen. Diese Fähigkeit zu erwerben ist das Ziel einer guten juristischen Ausbildung. Nutzen Sie die Chance, diese Fähigkeit bereits zu Beginn Ihres Studiums zu trainieren. Erarbeiten Sie sich das notwendige Handwerkszeug anhand unserer Fälle. Sie werden feststellen: Wer Jura richtig lernt, dem macht es auch Spaß. Je mehr Sie verstehen, desto mehr Freude werden Sie haben, sich neue Probleme durch eigenständiges Denken zu erarbeiten. Wir bieten Ihnen mit unserer **juristischen Kompetenz** die notwendige Hilfestellung.

Fallsammlungen gibt es viele. Die Auswahl des richtigen Lernmaterials ist jedoch der entscheidende Aspekt. Vertrauen Sie auf unsere Erfahrungen im Umgang mit Prüfungsklausuren. Unser Beruf ist es, **alle klausurrelevanten Inhalte** zusammenzutragen und verständlich aufzubereiten. Prüfungsinhalte wiederholen sich. Wir vermitteln Ihnen das, worauf es in der Prüfung ankommt – verständlich – knapp – präzise.

Achten Sie dabei insbesondere auf die richtige Formulierung. Jura ist eine Kunstsprache, die es zu beherrschen gilt. Abstrakte Floskeln, ausgedehnte Meinungsstreitigkeiten sollten vermieden werden. Wir haben die Fälle daher bewusst kurz gehalten. Der Blick für das Wesentliche darf bei der Bearbeitung von Fällen nie verloren gehen.

Wir hoffen, Ihnen den Einstieg in das juristische Denken mit der vorliegenden Fallsammlung zu erleichtern und würden uns freuen, Sie auf Ihrem Weg in der Ausbildung auch weiterhin begleiten zu dürfen.

Karl-Edmund Hemmer & Achim Wüst

Kapitel I: Gesetzessystematik

Fall 1: Grundfall zum Prüfungsaufbau § 823 I BGB

Sachverhalt:

Der 17-jährige S kommt auf seinem Fahrrad mit flottem Tempo aus der elterlichen Hofeinfahrt gefahren. Aus Unachtsamkeit kollidiert er beim Passieren des Bürgersteigs mit dem vorbeilaufenden Passanten P. Dieser stürzt und erleidet schmerzhafte Prellungen. Für die nun erforderliche ärztliche Heilbehandlung muss P 150 € aufwenden.

Frage: Kann P von S Ersatz der 150 € nach § 823 I BGB verlangen?

I. Einordnung

An diesem Fall sehen Sie die Notwendigkeit des Bestehens gesetzlicher Schuldverhältnisse. Ein Ersatzanspruch des Geschädigten P kann sich hier nur aus Delikt ergeben, da S und P ersichtlich keinen Vertrag geschlossen haben. Für ein anderes gesetzliches Schuldverhältnis fehlt jeder Anhaltspunkt.

Von den Deliktsnormen der §§ 823 ff. BGB kommt hier in erster Linie § 823 I BGB in der Alternative der „Körperverletzung" als Anspruchsgrundlage in Frage.

Denken Sie immer daran, ihrer Klausurprüfung eine Anspruchsgrundlage voranzustellen.

Zeigen Sie i.R.d. Prüfung des § 823 I BGB eine saubere Gliederung der Anspruchsprüfung, die sich an den Tatbestandsmerkmalen des Gesetzes orientiert.

II. Gliederung

> **Schadensersatzanspruch des P aus § 823 I BGB**
> 1. Körperverletzung bei P =
>   **Rechtsgutsverletzung**

> 2. Durch **Handlung** des S (+)
>   ⇨ Anfahren mit dem Fahrrad
>   Prellungen kausal durch Kollision
>   verursacht (+)
>   ⇨ Haftungsbegründende **Kausalität**
> 3. **Rechtswidrigkeit (+)**
> 4. **Verschulden** (+),
>   insb. Deliktsfähigkeit des S nach
>   § 828 III BGB (+), da Einsichtsfähigkeit im konkreten Fall gegeben.
> 5. **Ersatzfähiger Schaden**
>   Vermögensschaden i.H.v.150 €
>   aufgrund der ärztlichen Heilbehandlung
> 6. **Ergebnis**
>   Anspruch auf SchaE gegeben

III. Lösung

Anspruch des P aus § 823 I BGB?

P könnte gegenüber S einen Anspruch auf Schadensersatz aus § 823 I BGB haben.

> **Prüfungsaufbau des § 823 I BGB**
> 1. **Haftungsbegründender Tatbestand**
> a) Rechtsgutsverletzung

b) Handlung

c) Haftungsbegründende Kausalität

d) Rechtswidrigkeit

e) Verschulden

2. Haftungsausfüllender Tatbestand

a) Schaden

b) Haftungsausfüllende Kausalität zwischen haftungsbegründendem Tatbestand und einzelnen Schadensposten

c) Mitverschulden etc.

Fraglich ist, ob P von S die 150 € nach § 823 I BGB ersetzt verlangen kann. Dies setzt einen entsprechenden Anspruch voraus.

Der Schadensersatzanspruch aus § 823 I BGB ist gegeben, wenn S den P durch eine unerlaubte Handlung schuldhaft in einem seiner absolut geschützten Rechtsgüter verletzt hat.

1. Rechtsgutsverletzung

P hat in Gestalt der Prellungen eine empfindliche Störung seines körperlichen Wohlbefindens sowie einen Eingriff in die biologischen Funktionen seines Körpers erfahren. Er wurde damit sowohl an Körper als auch an Gesundheit verletzt.

Körper und Gesundheit stellen gem. § 823 I BGB geschützte Rechtsgüter dar.

2. Kausale Verletzungshandlung

Die Rechtsgutsverletzung des P ist auf das Handeln des S äquivalent und adäquat kausal zurückzuführen, so dass sie dem S zuzurechnen ist.

Daher liegt eine kausale Verletzungshandlung des S vor.

hemmer-Methode: Hier wurden die Ausführungen bewusst knapp gehalten, da die Voraussetzungen insoweit unproblematisch gegeben sind. Wer Unproblematisches zu breit ausführt, läuft Gefahr, vom Korrektor (zu Unrecht?) als „sturer Auswendiglerner" von Schemata erkannt zu werden. Einen solchen Eindruck wollen Sie vermeiden!

3. Rechtswidrigkeit

Die Rechtswidrigkeit wird durch die Rechtsgutsverletzung indiziert. Da Rechtfertigungsgründe nicht ersichtlich sind, war das Verhalten des S rechtswidrig.

hemmer-Methode: Ganz wie im Strafrecht folgt der BGH auch hier der Theorie vom „Erfolgsunrecht", wonach die Tatbestandsmäßigkeit die Rechtswidrigkeit indiziert, d.h.: Fehlen Rechtfertigungsgründe, ist die Rechtswidrigkeit gegeben (anderes gilt bei den sog. Rahmenrechten, dazu später)

4. Verschulden

a) Ein Verschulden des S würde zunächst voraussetzen, dass S trotz seiner Minderjährigkeit überhaupt verschuldensfähig (deliktsfähig) ist.

Eine gänzliche Deliktsunfähigkeit gem. §§ 827, 828 I, II BGB kommt für S nicht in Frage, da die dort genannten Voraussetzungen auf ihn nicht zutreffen. Es handelt sich vorliegend nicht um einen Unfall mit einem Kraftfahrzeug oder anderen in § 828 II BGB genannten Fahrzeugen.

hemmer-Methode: Achtung, Gesetzesänderung! Am 01.08.2002 trat die Reform des Schadensrechts in Kraft und fügte unter anderem § 828 II BGB ins Gesetz ein.

Einschlägig für den 17 jährigen S ist aber die Vorschrift des § 828 III BGB. Danach wird seine Deliktsfähigkeit ausgeschlossen, wenn ihm nicht im Zeitpunkt des Unfalls „die zur Erkenntnis der Verantwortlichkeit erforderliche Einsicht gefehlt" hat. Die gesetzliche Formulierung („nicht verantwortlich, wenn [...] nicht") zeigt, dass grundsätzlich von der Einsichtsfähigkeit auszugehen ist, wenn gegenteilige Anhaltspunkte fehlen. Beim fast volljährigen S ist von voller Deliktsfähigkeit auszugehen.

b) Voraussetzung für ein Verschulden ist weiter das Vorliegen von Vorsatz oder Fahrlässigkeit, § 823 I BGB.

Da S im Fall nicht vorsätzlich gehandelt hat, kommt hier nur Fahrlässigkeit in Betracht.

Fahrlässig handelt gem. § 276 II BGB, wer die im Verkehr erforderliche Sorgfalt außer Acht lässt. Ein solcher Sorgfaltsmangel ist dem S vorzuwerfen, weil er mit erheblicher Geschwindigkeit den Bürgersteig passiert hat, ohne auf Fußgänger Rücksicht zu nehmen.

Damit liegt Verschulden vor.

hemmer-Methode: Vorsicht: § 823 I BGB setzt ausdrücklich Vorsatz oder Fahrlässigkeit, nicht ein „Vertretenmüssen" i.S.d. §§ 276 ff. BGB voraus! Schon deshalb ergibt sich, dass die aus dem allgemeinen Schuldrecht bekannte Zurechnungsnorm des § 278 BGB auf die Haftungsbegründung des § 823 I BGB keine Anwendung finden darf.

Die h.M. begründet dies zusätzlich noch mit einer anderenfalls drohenden Aushöhlung von § 831 BGB.

5. Ersatzfähiger Schaden

S hat dem P wegen Verletzung seiner Person Schadensersatz zu leisten. Nach § 249 II S. 1 BGB kann dieser in Form der Zahlung des zur Herstellung des ursprünglichen Zustandes nötigen Geldbetrages vom Gläubiger verlangt werden. Dies entspricht den Heilbehandlungskosten von 150 €.

Ebenfalls könnte man die von P offenbar bereits verauslagten 150 € als zu ersetzenden Schaden ansehen. Dieser beruht kausal und zurechenbar auf der beschriebenen Rechtsgutsverletzung (haftungsausfüllende Kausalität) und ist als Vermögensschaden ersetzbar.

Beide Perspektiven führen zum identischen Ergebnis.

hemmer-Methode: *Ob* Schadensersatz zu leisten ist, ist eine Frage des Vorliegens der Tatbestandsvoraussetzungen einer entsprechenden Anspruchsgrundlage, hier § 823 I BGB. *Wie* Schadensersatz zu leisten ist, d.h. auf welche Art und in welchem Umfang, beschreiben die §§ 249 ff. BGB. Genauigkeit wird gerade bei den (oft unbeliebten) §§ 249 ff. BGB belohnt!

6. Ergebnis

P kann von S gem. § 823 I BGB Schadensersatz in Höhe von 150 € verlangen.

IV. Zusammenfassung

Sound: Wer einen anderen rechtswidrig und schuldhaft verletzt, ist ihm zum Schadensersatz verpflichtet

Das gesetzliche Schuldverhältnis aus unerlaubter Handlung verpflichtet im Fall den S, für die von ihm bei P verursachten Schäden aufzukommen. P ist auf einen gesetzlichen Anspruch angewiesen, da ihm vertragliche Ansprüche nicht zur Verfügung stehen.

hemmer-Methode: Dieser Einstiegsfall sollte Ihnen Aufbau und Systematik der Deliktsnorm des § 823 I BGB näher bringen. Beachten Sie, dass die Haftung aus § 823 I BGB immer eine *Handlung* des in Anspruch Genommenen voraussetzt. Als Handlung ist ein menschliches Verhalten anzusehen, das der Bewusstseinskontrolle und Willenslenkung unterliegt und somit beherrschbar ist. Wird also beispielsweise eine Frau im Kaufhaus ohnmächtig und reißt eine Verkaufsauslage mit Porzellan zu Boden, so scheitert ein Schadensersatzanspruch gegen sie aus § 823 I BGB bereits am Nichtvorliegen einer Handlung. Eine Ersatzpflicht kann nur aus Billigkeitserwägungen in Betracht kommen, §§ 829 i.V.m. 827 BGB.
Im Fall wäre auch noch an § 823 II BGB i.V.m. § 229 StGB (fahrlässige Körperverletzung) zu denken. Ansprüche nach dem StVG (Straßenverkehrsgesetz; Schönfelder Nr. 35) kommen mangels eines beteiligten Kraftfahrzeuges nicht in Betracht.

V. Zur Vertiefung

Zum Deliktstatbestand des § 823 I BGB

- Hemmer/Wüst, Basics Zivilrecht, Band 2, Rn. 94 ff.
- Hemmer/Wüst, Deliktsrecht I, Rn. 16 ff.
- Hemmer/Wüst, Deliktsrecht Karteikarte Nr. 5

Allgemein zu Problemen des Minderjährigenrechts im Deliktsrecht

- Life&Law 05/2006, 358 (364 f.)

Fall 2: Mittelbare und unmittelbare Schädigung

Sachverhalt:

Veranstalter V hat den berühmten Tenor T für einen groß organisierten Lieder-abend engagiert. Wenige Stunden vor dem angekündigten Auftritt des T wird dieser von dem verkehrswidrig fahrenden Kraftfahrer K angefahren und schwer verletzt. T kann daher nicht auftreten, die Veranstaltung wird abgesagt. V muss nun alle ge-zahlten Eintrittsgelder zurückerstatten, das ebenfalls gebuchte Orchester entlohnen und die Saalmiete entrichten.

Frage: Kann V sich bei K schadlos halten?

I. Einordnung

Offensichtlich erscheint in diesem Fall, dass K dem T aus unerlaubter Hand-lung und auch aus Gefährdungshaftung aus StVG (dazu später) zum Ersatz des Schadens verpflichtet ist, den der T aufgrund des Unfalls erlitten hat.

Davon zu trennen ist die Frage, wie sich das Schadensereignis auf Dritte auswirkt, die nicht unmittelbar selbst an Rechtsgütern geschädigt wurden, den-noch aber einen kausalen Schaden ha-ben.

II. Gliederung

1. Anspruch des V gegen K auf Schadensersatz aus § 823 I BGB

a) Verletzung des V in einem absolut geschützten Rechtsgut (-)

b) Verletzung des V in einem sonstigen Recht: eingerichteter und ausgeüb-ter Gewerbebetrieb (-)
⇨ bloßer Vermögensschaden

2. Anspruch des V gegen K aus § 823 II BGB i.V.m. § 229 StGB

§ 229 StGB als Schutzgesetz i.S.d. § 823 II BGB (-)
⇨ Schützt nur körperlich Verletzten selbst

3. Schadensersatzanspruch aus § 826 BGB

Vorsätzliche Schädigung (-): keine Absicht des K, dem V Schaden zu-zufügen

4. Ergebnis

Kein Anspruch des V gegen K.

III. Lösung

1. Anspruch des V gegen K auf Schadensersatz aus § 823 I BGB

a) Ein Ersatzanspruch des V aus § 823 I BGB scheitert bereits am Feh-len einer Verletzung des V in einem absolut geschützten Rechtsgut. K hat lediglich T, nicht hingegen V an Körper und Gesundheit verletzt.

b) Zwar stellt das Recht am eingerich-teten und ausgeübten Gewerbebetrieb (dazu später) ein sonstiges Recht i.S.d. § 823 I BGB dar. Dessen Verletzung setzt aber einen betriebsbezogenen Eingriff voraus. Ein solcher muss sich spezifisch gegen den betrieblichen Or-ganismus oder die unternehmerische Entscheidungsfreiheit richten und über eine bloße Belästigung oder sozialübli-che Behinderung hinausgehen; erfor-derlich ist eine *unmittelbare* Beeinträch-tigung des Gewerbebetriebes als sol-chen.

Hieran fehlt es stets bei einer bloßen Verletzung einer – auch wichtigen – zum Betrieb gehörenden Person. Daher liegt kein Eingriff in das Recht am eingerichteten und ausgeübten Gewerbebetrieb des V vor.

c) Fraglos wurde V in seinen Vermögensinteressen geschädigt. Allein dies begründet aber keinen Schadensersatzanspruch des V. Es muss stets eine Anspruchsgrundlage erfüllt sein, die Schadensersatz gewährt. Einen allgemeinen Vermögensschutz kennt das Deliktsrecht nicht.

2. Anspruch des V gegen K auf Schadensersatz aus § 823 II BGB i.V.m. § 229 StGB

K müsste ein Schutzgesetz i.S.v. § 823 II BGB verletzt haben. Bei § 229 StGB (fahrlässige Körperverletzung) könnte es sich um ein solches Schutzgesetz handeln.

a) Es muss sich zunächst um eine Ge- oder Verbotsnorm handeln, die *allgemein* einen Individualschutzzweck aufweist. Dies ist bei § 229 StGB zu bejahen, der ersichtlich den Einzelnen vor fahrlässigen Körperverletzungen schützen soll.

b) Weitere Voraussetzung ist aber, dass gerade der Anspruchsteller, hier also V, im *konkreten Fall* in den Schutzbereich der Norm einbezogen ist (persönlicher Schutzbereich) und das Gesetz gerade auch vor Schädigungen wie im vorliegenden Fall schützen soll (sachlicher Schutzbereich). § 229 StGB dient aber nur dem Schutz des körperlich Verletzten selbst. Dritte werden in den Schutzbereich der Norm nicht einbezogen, so dass im Ergebnis ein Anspruch aus § 823 II BGB seitens des V nicht in Frage kommt.

hemmer-Methode: Das Vorliegen eines Schutzgesetzes muss also zunächst abstrakt geprüft werden; als wichtiger zweiter Schritt ist dann danach zu fragen, ob der *konkrete* Anspruchsteller mit seinem *konkreten* Schaden in den Schutzbereich des Gesetzes einbezogen wird.

3. Anspruch des V gegen K aus § 826 BGB

Ferner vermag V sein Begehren nicht auf § 826 BGB zu stützen, denn K hatte nicht den Vorsatz, ihn zu schädigen.

4. Anspruch aus § 845 BGB

Ein Anspruch des V gegen K aus § 845 BGB ist nicht gegeben, da die Norm nach ihrem Wortlaut eine *gesetzliche* Verpflichtung des Verletzten (T) gegenüber dem Anspruchsteller (V) voraussetzt. Die vorliegende Verpflichtung zum Auftritt des T beruht aber allein auf einer *rechtsgeschäftlichen* Vereinbarung.

5. Ergebnis

V kann von K nicht Ersatz seines Schadens verlangen.

IV. Zusammenfassung

Sound: Ersatzberechtigt aus § 823 I und II BGB ist nur der unmittelbar Geschädigte. Das Vermögen als solches ist kein sonstiges Recht i.S.d. § 823 I BGB.

Im Fall des § 823 I BGB ist derjenige ersatzberechtigt, dessen Lebensgut oder Recht durch die unerlaubte Handlung verletzt wurde. Auf § 823 II BGB kann sich derjenige stützen, dessen Schutz das verletzte Gesetz dienen soll.

Mittelbar Geschädigten kann ein Ersatzanspruch aus unerlaubter Handlung nur aus §§ 844, 845 BGB zustehen.

hemmer-Methode: Der durch die deliktische Anspruchsgrundlage geschaffene Schutz wurde vom Gesetzgeber bewusst nicht allumfassend ausgestaltet. Insbesondere primäre Vermögensschäden Dritter sind (wie im Fall) grundsätzlich nicht ersatzfähig. Von der Schaffung einer weiten deliktsrechtlichen Generalklausel, wie sie im französischen Code civil von 1803 oder dem ZGB der DDR von 1975 enthalten war, hat der Gesetzgeber ganz bewusst abgesehen.

Zwar würde eine Vorschrift etwa des Wortlauts „Wer einen anderen rechtswidrig und schuldhaft schädigt, hat diesem Schadensersatz zu leisten", alle deliktischen Handlungen unschwer erfassen. Sie wäre aber praktisch nicht zu handhaben. Kleine Alltagsunfälle wie im vorliegenden Fall könnten dann nämlich unabsehbare Kreise ziehen und zwar sowohl hinsichtlich Höhe der Ersatzforderung als auch in Bezug auf die Anzahl der Gläubiger. Ein scheinbar kleiner Unfall könnte so existenzvernichtende Wirkung zeitigen. Vor allem würde aber auch ein bloßes Konkurrenzverhalten im freien Wettbewerb, das notwendigerweise immer dem Konkurrenten Nachteile zufügt, Schadensersatzpflichten auslösen. Angesichts dieser Schwierigkeiten stellt sich die Systematik der §§ 823 ff. BGB durchaus als gangbarer Weg dar. Immerhin bleibt noch die Möglichkeit, Dritte an den Ersatzansprüchen des unmittelbar Geschädigten zu beteiligen (dazu später).

Kapitel II: Einführung

Fall 3: Anspruchskonkurrenz

Sachverhalt:

Malermeister M soll in der Wohnung des Kunstliebhabers K die Wände weißen. Aus Unachtsamkeit stößt er bei der Verrichtung seiner Arbeit eine wertvolle Vase des K um, die in tausend Stücke zerbricht. Die Vase hatte einen Verkehrswert von 500 €.

Frage: Kann K diese 500 € von M ersetzt verlangen?

I. Einordnung

Anders als in den vorangegangenen Fällen ist der Anspruchsteller K hier nicht alleine auf Ansprüche aus unerlaubter Handlung angewiesen. Zwischen K und M bestand im Zeitpunkt des Schadensfalles ein Werkvertrag nach § 631 BGB. Es kommen daher nicht nur deliktsrechtliche Ansprüche des K in Betracht, sondern auch solche aus Vertrag. Zu fragen ist daher, wie sich diese verschiedenartigen Ansprüche zueinander verhalten.

II. Gliederung

1. Anspruch des K gegen M aus §§ 280 I, 241 II BGB

a) Werkvertrag als Schuldverhältnis i.S.d. § 280 I BGB (+)

b) Zerstörung der Vase als Verletzung einer Nebenpflicht (+)

c) Vertretenmüssen (+): wird gem. § 280 I S. 2 BGB vermutet

d) Ersatzfähiger Schaden (+): gem. § 251 I BGB i.H.v. 500 €

2. Anspruch des K gegen M aus § 823 I BGB

a) Anwendbarkeit neben § 280 I BGB (+)

b) Verletzung eines absolut geschützten Rechts des K (+): Verletzung im Eigentum

c) Kausale Verletzungshandlung des M (+)

d) Rechtswidrigkeit ist indiziert

e) Verschulden (+), da Fahrlässigkeit i.S.d. § 276 II BGB

f) Ersatzfähiger Schaden (+): gem. § 251 I BGB in Höhe von 500 €

III. Lösung

1. Anspruch des K gegen M aus §§ 280 I, 241 II BGB

a) Mit der Vereinbarung in Bezug auf die Malerarbeiten haben K und M einen Werkvertrag gem. § 631 BGB geschlossen. Damit liegt ein Schuldverhältnis i.S.d. § 280 I BGB vor.

b) Der Werkvertrag verpflichtete M sekundär gem. § 241 II BGB auch dazu, die Integritätsinteressen des K zu wahren. Diese Nebenpflicht hat er verletzt, indem er die im Eigentum des K stehende Vase zerstört hat.

c) Das Vertretenmüssen des M wird gem. § 280 I S. 2 BGB vermutet.

Da der M laut Sachverhalt aus Unachtsamkeit und damit fahrlässig i.S.d. § 276 II BGB gehandelt hat, kommt die Annahme fehlenden Vertretenmüssens nicht in Betracht.

d) K hat durch die Zerstörung der Vase auch einen durch die Pflichtverletzung des M kausal verursachten Vermögensschaden erlitten. Da eine Reparatur der Vase und damit Naturalrestitution gem. § 249 I BGB ausscheidet, kann K gem. § 251 I BGB von M Ersatz des objektiven Verkehrswerts in Höhe von 500 € verlangen.

2. Anspruch des K gegen M aus § 823 I BGB

a) M hat K rechtswidrig und schuldhaft in seinem Eigentumsrecht verletzt und dadurch einen ersatzfähigen Schaden verursacht. **Die Voraussetzungen** eines Schadensersatzes nach § 823 I BGB **liegen vor**.

b) Da zuvor bereits ein Anspruch des K aus § 280 I BGB bejaht wurde, ist hier nun das Verhältnis der einschlägigen Ansprüche zu beleuchten.

Anmerkung: Schließen sich mehrere tatbestandlich einschlägige Anspruchsnormen gegenseitig aus, spricht man von *Anspruchsnormenkonkurrenz*. Bestehen mehrere Anspruchsgrundlagen nebeneinander, spricht man von *Anspruchskonkurrenz*.

Im Ergebnis fest, dass K den erlittenen Schaden nur einmal ersetzt verlangen kann.

Die Ansprüche aus § 280 I und § 823 I BGB stehen nach h.M. in Anspruchskonkurrenz zueinander.

Für das Bestehen einer Anspruchskonkurrenz spricht, dass jeder Anspruchsgrundlage verschiedene Entstehungsvoraussetzungen zugrunde liegen und beide Unterschiede in Haftungsumfang, Beweislast und Verjährung aufweisen. Mit der h.M. ist deshalb davon auszugehen, dass die Ansprüche aus Vertrag und Delikt selbständig nebeneinander stehen und K sein Begehren wahlweise auf die eine oder die andere Anspruchsgrundlage stützen kann.

IV. Zusammenfassung

Sound: Anspruchskonkurrenz zwischen den Ansprüchen aus Delikt und Vertrag. Deliktische und vertragliche Anspruchsgrundlagen schließen sich also gegenseitig nicht aus und können nebeneinander stehen.

K kann sein Schadensersatzbegehren wahlweise auf § 280 I BGB oder auf § 823 I BGB stützen.

hemmer-Methode: Problematisch kann das Bestehen einer Anspruchskonkurrenz einmal dann werden, wenn einer der Ansprüche besondere Eigenheiten aufweist. Dann kann fraglich sein, ob diese Eigenheiten auf den anderen einschlägigen Anspruch durchschlagen. Dieses Problem stellt sich namentlich bei einer vertraglich vereinbarten Haftungsmilderung, aber auch bei unterschiedlichen Verjährungsfristen, vgl. dazu Fall 29.

Einen weiteren interessanten Fall zur Anspruchskonkurrenz finden Sie in der Life&Law 03/2005, 162 ff. Dort wurde ein Unternehmer mit der Rodung von Pflanzen beauftragt. Er zerschredderte Pflanzen, hinsichtlich derer im Nachhinein streitig war, ob sie vom Auftrag mit umfasst waren. Der BGH hat hier die Verantwortung aus Vertrag (§ 280 I BGB) verneint. Der Auftraggeber konnte nicht nachweisen, welchen Inhalt der Vertrag gehabt habe. Aber i.R.d. § 823 I BGB sei die Beweislast anders. Hier müsse der Auftragnehmer beweisen, dass die Eigentumsverletzung nicht rechtswidrig sei (s.o., die Rechtswidrigkeit wird indiziert). Dies hätte er allenfalls mit dem konkreten Inhalt des Vertrages schaffen können. Da darüber keine Aufklärung mehr zu erzielen war, hat der BGH den Anspruch aus § 823 I BGB bejaht. Merke: Anspruchskonkurrenz heißt also nicht zwingend, dass auch beide Anspruchsgrundlagen verwirklicht sind! Vgl. weiterhin zur Abgrenzung zum Mängelrecht: Life&Law 06/2005, 368 ff.

V. Zur Vertiefung

▪ Hemmer/Wüst, Deliktsrecht I, Rn. 7 f.

Kapitel III: Die Rechtsgüter des § 823 I BGB

Fall 4:   Tötung eines Menschen/ Erblasserschaden

Sachverhalt:

Der Fußgänger F wird im Straßenverkehr durch Raser S fahrlässig verletzt. Er wird deshalb in das städtische Krankenhaus eingeliefert, wo er operiert und intensiv behandelt wird. Dennoch stirbt er nach einigen Tagen an den Folgen seiner Verletzungen.

Frage: *Können die Erben des F Schadensersatz von S aus **§ 823 I BGB** verlangen?*

I. Einordnung

Wäre hier nach Ersatzansprüchen des F gefragt, wäre ein Anspruch nach § 823 I BGB unzweifelhaft zu bejahen. F ist aber verstorben und kann seine Ersatzansprüche nicht mehr geltend machen.

Geschädigt durch den Unfall wurden aber auch die Erben des F, da sie nun nach seinem Tod gem. § 1967 BGB für die Behandlungskosten des Krankenhauses aufkommen müssen. Allerdings wurden die Erben selber nicht i.S.d. § 823 I BGB durch S verletzt, so dass fraglich ist, ob und woraus sie Ersatz ihrer Schäden von S verlangen können.

II. Gliederung

1. Eigener Anspruch der Erben aus § 823 I BGB (-)

Keine Verletzung der Erben selbst in einem absolut geschützten Rechtsgut

2. Übergegangener Anspruch aus §§ 1922 I i.V.m. 823 I, 249 II BGB

a) Anspruch des F gegen S aus §§ 823 I, 249 II, 253 II BGB (+):

aa) Rechtswidrige und schuldhafte Verletzung an Körper und Gesundheit

bb) Kosten der Heilbehandlung ersatzfähig, § 249 II BGB; zudem auch Schmerzensgeld, § 253 II BGB

b) Übergang der Forderung durch die Erbfolge (+)

III. Lösung

1.   Anspruch der Erben aus §§ 823 I, 249 II BGB

Anmerkung: Ist in der Klausur nach Ansprüchen der Erben gefragt, achten Sie unbedingt darauf, strikt zwischen eigenen Ansprüchen der Erben und geerbten Ansprüchen zu trennen!

Die Erben des F haben durch den von S verursachten Unfall unzweifelhaft einen Schaden erlitten, denn sie müssen gem. § 1967 BGB für die angefallenen Kosten der ärztlichen Heilbehandlung aufkommen.

Dabei spielt es natürlich keine Rolle, dass die Heilbehandlung schließlich nicht zum Erfolg geführt hat.

Dennoch scheitert ein Ersatzanspruch der Erben selber aus § 823 I BGB daran, dass sie nicht in einem eigenen absolut geschützten Rechtsgut verletzt wurden. Die Erben haben durch den Unfall einen bloßen Vermögensschaden erlitten. Das Vermögen als solches wird von § 823 I BGB aber nicht geschützt.

Anmerkung: Im gesamten Deliktsrecht gilt: Schadensersatz nach den §§ 823 ff. BGB kann nur derjenige verlangen, in dessen Person die Voraussetzungen einer deliktischen Anspruchsgrundlage erfüllt sind.
Dies setzt bei § 823 I BGB eine *eigene* Rechtsgutsverletzung des Anspruchstellers voraus. Wichtige Ausnahmen hierzu: § 844 und § 845 BGB. Vgl. dazu Fall 5.

2. Übergegangener Anspruch aus §§ 1922 I i.V.m. 823 I, 249 II BGB

Nicht übersehen werden darf im Fall, dass F möglicherweise selbst zu Lebzeiten die ihm entstandenen Heilbehandlungskosten von S ersetzt verlangen konnte. Die vererblichen vermögensrechtlichen Beziehungen gehen mit dem Tod einer Person gem. § 1922 I BGB im Wege der Gesamtrechtsnachfolge auf ihre Erben über.

a) Anspruch in der Person des F

Da S rechtswidrig und schuldhaft die Gesundheit des F verletzt hat, war in dessen Person noch zu Lebzeiten ein Ersatzanspruch aus § 823 I BGB für die kausal durch S verursachten Schäden entstanden. Dieser war gem. § 249 II BGB sowohl auf Erstattung der Heilungskosten als auch gem. § 253 II BGB auf Leistung von Schmerzensgeld gerichtet.

b) Übergang der Forderung durch die Erbfolge

Die Ersatzansprüche des F sind als allgemeine Vermögensrechte vererblich. Sie sind deshalb mit dem Erbfall gem. § 1922 I BGB im Wege der Gesamtrechtsnachfolge auf die Erben übergegangen, § 1922 I BGB. Diese können nun die Ansprüche des verletzten Erblassers geltend machen.

IV. Zusammenfassung

Sound: Ersatzberechtigt aus § 823 I BGB ist nur der unmittelbar Geschädigte. Die in der Person des Erblassers entstandenen Ersatzansprüche gehen mit dem Erbfall auf die Erben über und können von diesen geltend gemacht werden.

hemmer-Methode: Beachten Sie, dass bei der gerichtlichen Geltendmachung von Schmerzensgeld in Ausnahme zu § 253 II Nr. 2 ZPO ein unbezifferter Klageantrag zulässig ist, § 287 ZPO, wenn der Kläger unter Darlegung des anspruchsbegründenden Sachverhalts ausreichend Tatsachenmaterial für die Bemessung des Anspruchs vorträgt. Selbst die Angabe einer ungefähren Größenordnung des Anspruchs ist nicht zwingend erforderlich (str.). Sie bringt dem Kläger aber in keinem Fall Nachteile, weil eine genannte ungefähre Größenordnung für das Gericht in Abkehr von § 308 I ZPO keine bindende Obergrenze darstellt. Das Gericht entscheidet über die Höhe des Schmerzensgeldanspruches gem. § 287 ZPO nach billigem Ermessen. Indizien für die Schadensbemessung können sein: Ausmaß und Schwere der Verletzungen, Alter, persönliche Verhältnisse, Maß der Lebensbeeinträchtigung, Heftigkeit und Dauer der Schmerzen, etc.

V. Zur Vertiefung

- Hemmer/Wüst, Deliktsrecht I, Rn. 19
- Hemmer/Wüst, Deliktsrecht Karteikarte Nr. 8
- Zu prozessualen Problemen im Zusammenhang mit der Geltendmachung von Schmerzensgeld vgl. BGH, Life&Law 07/2006, 451 ff.

Fall 5: Tötung eines Menschen / Erbenschaden

Sachverhalt:

Familienvater V ernährt seine Ehefrau und seine vier minderjährigen Kinder. Bei einem von S verschuldeten Verkehrsunfall wird er getötet. Seine Ehefrau E verlangt nun von S Leistung ihres Lebensunterhaltes sowie Ersatz der angefallenen Beerdigungskosten.

Frage: *1. Ansprüche der Ehefrau nach den §§ 823 ff. BGB?*
2. Bestehen auch Ansprüche nach dem StVG?

I. Einordnung

Anders als im vorherigen Fall geht es hier nicht um Ansprüche, die noch in der Person des Erblassers entstanden waren. Ein entsprechender Anspruch aus übergegangenem Recht kommt deshalb nicht in Frage. Der Getötete selbst hat keinen Anspruch aus § 823 I BGB. Der Lebensschutz ist insoweit nur relevant für Ansprüche Dritter aus §§ 844, 845. Dort kommt es zu einer Inzidentprüfung des § 823 I BGB bei dem Begriff des „Ersatzpflichtigen".

Anmerkung: Ein Beispiel des BGH zu einer „Doppeltinzidentprüfung" finden Sie in Life&Law 05/2011, 310 ff. Dort sollte ein Klinikbetreiber gem. § 844 II BGB in Anspruch genommen werden. Die „Ersatzpflicht" richtet sich nach § 831 I S.1 BGB, die wiederum davon abhängt, ob ein Verrichtungsgehilfe (angestellter Arzt) den Tatbestand des § 823 I BGB (nicht notwendig schuldhaft) verwirklicht hat.

Andererseits sind Ehefrau und Kinder des V von S auch nicht unmittelbar verletzt worden. Sowohl Unterhaltslast als auch Beerdigungskosten sind Schäden, die erst in Folge des tödlichen Unfalles entstanden sind.

Schnell ersichtlich ist, dass die Anspruchsgrundlage aus § 823 I BGB der E in diesem Fall nicht weiterhilft. Zu suchen ist deshalb nach Sonderregeln, die für diese Fallkonstellation geschaffen wurden. Gäbe es hier keine passende Regelung, wäre die Existenzgrundlage der Hinterbliebenen nicht mehr gesichert.

II. Gliederung

1. Ersatz des Unterhaltsschadens aus § 844 II BGB

a) Unterhaltsberechtigung nach § 844 II BGB

aa) Ehefrau (+) aus §§ 1360 ff. BGB

bb) Kinder (+) aus §§ 1601 ff. BGB

b) Dauer und Umfang des Zahlungsanspruchs

2. Ersatz der Bestattungskosten aus § 844 I BGB

(+), da erbrechtliche Verpflichtung der Hinterbliebenen aus §§ 1968, 1615 II, 1360a III BGB

3. StVG: § 10 I S. 2, § 10 II StVG

III. Lösung

1. Ersatz des Unterhaltsschadens aus § 844 II S. 1 BGB

a) Unterhaltsberechtigung

aa) V war seiner Ehefrau zu Lebzeiten gem. §§ 1360 ff. BGB zur Leistung von Ehegattenunterhalt verpflichtet. Der Wegfall ihres Unterhaltsschuldners führt für sie zum Eintritt eines Vermögensschadens. Dieser ist nach § 823 I BGB nicht ersatzfähig. Da ohne jeglichen Ersatzanspruch aber die Existenzgrundlage der Hinterbliebenen gefährdet sein könnte, greift hier die Sonderregelung des § 844 II BGB ein.

Voraussetzung ist zunächst, dass S wegen der Tötung des V nach dem Grunde nach gem. § 823 I BGB haftet. Durch sein Verhalten hat S rechtswidrig und schuldhaft das Leben des V verletzt, die Voraussetzungen des § 823 I BGB wurden erfüllt.

Dies hat gem. § 844 II S. 1 BGB zur Folge, dass die Ehefrau E für den verlorenen Unterhaltsanspruch gegen V von S Ersatz verlangen kann.

bb) Seinen Kindern war V zu Lebzeiten aus §§ 1601 ff. BGB zum Unterhalt verpflichtet. Ihnen steht daher ein inhaltsgleicher Anspruch gegen S zu.

Anmerkung: Beachten Sie, dass § 844 II S. 2 BGB den Ersatzanspruch auf Unterhalt bereits dem nasciturus gewährt. Kinder des Getöteten müssen also im Zeitpunkt des Schadensfalls noch gar nicht geboren sein.

b) Dauer und Umfang

S muss an die Ehefrau des V solange Unterhalt leisten, wie V unter gewöhnlichen Umständen dazu verpflichtet gewesen wäre. Das kann nach den Umständen des Einzelfalles bedeuten, dass S der E bis zu ihrem Lebensende Unterhalt leisten muss.

Für die Kinder besteht der Anspruch bis zum Ende einer angemessenen Ausbildung oder bis der Unterhaltsanspruch gegen den Vater aus einem anderen Grund entfallen wäre.

2. Ersatz der Bestattungskosten aus § 844 I BGB

Auch die Belastung mit den Bestattungskosten ist ein bloßer Vermögensschaden der Hinterbliebenen, der aus § 823 I BGB nicht ersetzbar ist.

Dafür greift die Sondervorschrift des § 844 I BGB ein, die einen entsprechenden Ersatzanspruch gewährt.

Anmerkung: Beachten Sie, dass § 844 I BGB den vollen Ersatz der Beerdigungskosten vorsieht, obwohl diese irgendwann ohnehin angefallen und von den Erben zu tragen gewesen wären. Dennoch wird abweichend vom allgemeinen Schadensrecht der §§ 249 ff. BGB nicht nur der Verfrühungsschaden gewährt, sondern voller Schadensersatz.

3. Ansprüche nach dem StVG

Sofern für S die Haftung nach dem StVG (i.d.R. nach § 7 I StVG) gegeben ist, ergeben sich die identischen Ansprüche auch aus § 10 I S. 2 StVG (Beerdigungskosten) und § 10 II StVG (Unterhaltsschaden)

4. Ergebnis

Die Hinterbliebenen können sowohl Ersatz der Bestattungskosten verlangen als auch die Leistung eines angemessenen Lebensunterhaltes.

Die Vorschriften der §§ 844, 845 BGB stoßen in die Lücke, die daraus entsteht, dass § 823 BGB nur dem unmittelbar Geschädigten Ersatz gewährt.

IV. Zusammenfassung

Sound: Ersatzansprüche Dritter bei Tötung eines Menschen aus § 844 BGB. Im Jahr 2017 wird § 844 III BGB eingefügt, der ein Hinterbliebenengeld als billige Entschädigung in Geld regelt. Bisher war eine Entschädigung nur in den sog. Schockschadensfällen möglich, d.h. bei eigener Gesundheitsbeeinträchtigung, an die seitens des BGH strenge Anforderungen gestellt werden.

hemmer-Methode: Bei der Problematik unmittelbarer / mittelbarer Geschädigter gibt es eigentlich nicht viel zu lernen. Wenn man die §§ 823 ff. BGB exakt durchprüft, kommt man zum richtigen Ergebnis.

V. Zur Vertiefung

▪ Hemmer/Wüst, Deliktsrecht II, Rn. 291 ff.
▪ Hemmer/ Wüst, Deliktsrecht Karteikarte 90 ff.

Fall 6: Verletzung des haushaltsführenden Ehegatten / Schockschaden

Sachverhalt:

M und F sind verheiratet, wobei M in einer Münchener Großkanzlei arbeitet und die F den Haushalt führt. Als F bei ihrer Hausbank Geld abheben will, wird sie unmittelbare Zeugin eines vom Bankräuber R verübten bewaffneten Raubversuches. Hierbei erleidet sie einen Schock und muss zwei Wochen lang stationär psychiatrisch behandelt werden. M, der während der Abwesenheit seiner Frau den Haushalt selbst geführt hat, meint, ihm stünde insoweit ein „Anspruch wegen entgangener Dienste" zu.

Frage: Bestehen Ansprüche gegen R in Bezug auf die Haushaltstätigkeit?

I. Einordnung

Bei § 845 BGB muss man sich unbedingt merken: Der haushaltsführende Ehegatte fällt nicht unter die Vorschrift! Anderes gilt für Kinder: Die Pflicht nach § 1619 BGB (kommentieren!) zur Dienstleistung in Haus und Geschäft der Eltern ist eine gesetzliche Verpflichtung i.S.d. § 845 BGB!

II. Gliederung

1. Ansprüche des M gegen R

a) **§ 823 I BGB**
(-), da kein Rechtsgut des M verletzt

b) **§ 823 II BGB i.V.m. §§ 249, 22 StGB**
(-), da M vorliegend nicht in den Schutzbereich der Raubvorschriften fällt.

c) **§ 845 BGB**
Haushaltstätigkeit des Ehegatten fällt nicht unter § 845 BGB, h.M.

d) **Zwischenergebnis**:
Kein Anspruch des M gegen R

2. Ansprüche der F gegen R

a) **§ 823 I BGB**

aa) Haftungsbegründender Tatbestand

(1) Rechtsgutverletzung: Schock = Gesundheitsverletzung, jedenfalls da behandlungsbedürftig.

(2) Kausalität: Äquivalenz, Adäquanz (+); Schutzzweck der Norm (+), da Verletzung über das allgemeine Lebensrisiko hinausgeht

(3) Rechtswidrigkeit, Verschulden (+)

bb) Haftungsausfüllender Tatbestand
Diff.: Ausfall eigene Haushaltsführung und der für den Partner
Wegen Gleichstellung von Haushaltsführung und Erwerbstätigkeit § 843 BGB analog.

b) **§ 823 II BGB** i.V.m. §§ 249, 22 StGB (+)

3. Ergebnis
Kein Anspruch des M, aber Anspruch der F gegen R.

III. Lösung

1. Ansprüche des M gegen R

M könnten gegen R Ansprüche in Bezug auf die Haushaltstätigkeit zustehen. Dabei kommen nur deliktische Ansprüche in Betracht.

a) § 823 I BGB

Ein Anspruch aus § 823 I BGB des M setzt zunächst das Vorliegen der Verletzung eines der in § 823 I BGB genannten Rechtsgüter voraus.
M hat gegen seine Ehefrau einen Anspruch auf Unterhaltsleistung, den diese bislang durch ihre Haushaltstätigkeit erfüllt hat, § 1360 S. 2 BGB. Hierbei handelt es sich allerdings lediglich um einen schuldrechtlichen Anspruch. § 823 I BGB schützt nur *absolute* Rechte, d.h. solche, die gegenüber jedermann wirken. Da schuldrechtliche Ansprüche aber wegen der sog. Relativität schuldrechtlicher Beziehungen lediglich zwischen Gläubiger und Schuldner wirken, kommt eine Rechtsgutsverletzung des M vorliegend nicht in Betracht.

Also scheidet ein Anspruch des M aus § 823 I BGB aus.

b) § 823 II BGB i.V.m. §§ 249, 22 StGB

Zwar hat R durch den versuchten Raub gegen §§ 249, 22 StGB verstoßen. Hierbei handelt es sich aber nicht um ein Schutzgesetz zugunsten des M. § 249 StGB soll keinesfalls am Tatgeschehen völlig unbeteiligte Dritte schützen. Da M somit nicht in den persönlichen Schutzbereich von §§ 249, 22 StGB fällt, kommt ein Anspruch aus § 823 II BGB ebenfalls nicht in Betracht.

Anmerkung: Schreiben Sie in der Klausur auch etwas zu Anspruchsgrundlagen, die nicht gegeben sind! Es wird von Ihnen nicht nur ein richtiges Ergebnis erwartet, vorrangig sind Ihre Ausführungen *auf dem Weg* zum Ergebnis. Entelechie, der Weg ist das Ziel! Der Korrektor geht davon aus, dass sich der Klausurverfasser gleich auf § 845 BGB stürzt und ist von (kurzen!) vorgelagerten Ausführungen positiv überrascht.

c) § 845 BGB

In Betracht kommt ein Anspruch des M gegen R aus § 845 BGB. Dies setzt aber voraus, dass die Verletzte F kraft Gesetzes dem M zur Leistung von Diensten in dessen Hauswesen oder Gewerbe verpflichtet war. Die h.M. sieht in § 1360 S. 2 BGB keine solche Verpflichtung. Dem ist zuzustimmen: Die Ehegatten sind nämlich in der Art der Unterhaltsgewährung frei.

§ 1360 S. 2 BGB stellt nur klar, dass auch die Haushaltsführung eine Form des Unterhaltes darstellen kann. Aufgrund dieser rechtlichen Freiheit der Art der Unterhaltsgewährung besteht kein Anspruch eines Ehegatten auf die Haushaltsführung durch den anderen Ehegatten, so dass ein Anspruch aus § 845 BGB vorliegend nicht gegeben ist.

2. Ansprüche der F gegen R

Allerdings könnte die F selbst Ansprüche gegen R haben.

a) § 823 I BGB

In Betracht kommt ein Anspruch aus § 823 I BGB.

aa) Haftungsbegründender Tatbestand

Dies setzt zunächst die Erfüllung der tatbestandlichen Voraussetzungen des § 823 I BGB voraus, sog. haftungsbegründender Tatbestand.

Anmerkung: Beim haftungsbegründenden Tatbestand sind Rechtsgutsverletzung, kausale Handlung, Rechtswidrigkeit und Verschulden zu prüfen. Beim *haftungsausfüllenden* Tatbestand geht es danach um die *Rechtsfolge* des § 823 I BGB, also den Umfang des zu ersetzenden Schadens.

(1) Fraglich ist bereits die Verletzung eines **Rechtsgutes** der F.

Als solches kommt nur der Körper bzw. die Gesundheit in Betracht. Der von F erlittene Schock kann eine Gesundheitsverletzung bzw. Körperverletzung nur darstellen, wenn er gewisse Ausmaße erreicht hat. Nicht jeder Schreck kann eine deliktische Haftung auslösen. Ein Schockschaden stellt aber in jedem Fall dann eine Gesundheits- und Körperverletzung dar, wenn eine ärztliche Heilbehandlung erforderlich geworden ist. Dies war laut Sachverhalt der Fall.

Damit liegt eine Rechtsgutsverletzung seitens F vor.

Anmerkung: Das Stichwort „Schockschaden" birgt eine Vielzahl von Problemen. Zum einen ist zu prüfen, ob der Schock selbst bereits eine Rechtsgutsverletzung darstellt. Probleme ergeben sich dann auch bei der haftungsbegründenden Kausalität (dazu sogleich).

Aber Vorsicht: Wenn sich der Verletzte ein Bein gebrochen hat und deshalb einen Schock erleidet, liegt mit dem Beinbruch bereits der haftungsbegründende Tatbestand des § 823 I BGB unproblematisch vor. Erst im haftungsausfüllenden Tatbestand ist dann zu prüfen, ob der Schock und der dadurch verursachte Schaden ebenfalls ersatzfähig sind.

(2) Fraglich ist aber, ob hierfür eine **kausale Handlung** des R gegeben ist.

R hat bei seinem Raubversuch im Rechtssinne gehandelt. Diese Handlung war im Sinne der Äquivalenztheorie kausal für den Schock der F, da ohne die Handlung die Verletzung der F ausgeblieben wäre (condicio-sine-qua-non-Formel). Ebenfalls ist den Anforderungen der Adäquanztheorie genügt, da der eingetretene Schock nicht außerhalb jeglicher Lebenserfahrung liegt.

Jedoch könnte eine Zurechnung aus Wertungsgründen scheitern, sog. „Schutzzweck der Norm".

Noch einmal zur Erinnerung:

Prüfungsaufbau des § 823 I BGB

1. Haftungsbegründender Tatbestand

a) Rechtsgutsverletzung

b) Handlung

c) *Haftungsbegründende* Kausalität

d) Rechtswidrigkeit

e) Verschulden

2. Haftungsausfüllender Tatbestand

a) Schaden

b) Haftungsausfüllende Kausalität Rechtsgutsverletzung und einzelnen Schadensposten

c) Mitverschulden etc.

Sowohl die haftungsbegründende als auch die haftungsausfüllende Kausalität sind in 3 Schritten zu prüfen:

1. **Äquivalenztheorie**
   ⇨ conditio-sine-qua-non-Formel

2. **Adäquanztheorie**
   Ausscheiden von völlig außerhalb jeglicher Lebenserfahrung liegenden Kausalketten

3. **Schutzzweck der Norm**
   Durchbrechung des Zurechnungszusammenhanges aus Wertungsgründen

Dieser Zurechnungszusammenhang wird verneint, wenn der Schock nur eine Realisierung des allgemeinen Lebensrisikos darstellt. Wer etwa von einem Verbrechen in der Zeitung liest und deshalb einen Schock erleidet, hat nicht deshalb einen Anspruch aus § 823 I BGB gegen den Täter. Bei einem schwerkriminellen Verhalten sind dabei naturgemäß geringere Anforderungen zu stellen als etwa bei einem kleinen Ladendiebstahl. Auch war die F unmittelbar am Tatgeschehen beteiligt und wurde vom bewaffneten R zumindest abstrakt gefährdet. Es wäre unbillig, in einer solchen Situation den Zurechnungszusammenhang zu verneinen.

Daher ist von einer kausalen Handlung des R auszugehen.

(3) Diese Handlung war **rechtswidrig.** Hinsichtlich des **Verschuldens** des R ist ihm zumindest Fahrlässigkeit vorzuwerfen, § 276 II BGB: Der Versuch eines bewaffneten Raubes stellt eine Sorgfaltspflichtverletzung dar.

bb) Haftungsausfüllender Tatbestand

Es müsste jedoch auch ein ersatzfähiger Schaden der F vorliegen.

Ein solcher liegt unproblematisch in den notwendig gewordenen Heilbehandlungskosten, § 249 II BGB. Hierum geht es jedoch vorliegend nicht, gefragt ist nach Schadensersatz in Bezug auf die Haushaltstätigkeit. Dabei muss wiederum differenziert werden zwischen der Haushaltstätigkeit, die F für sich selbst verrichtet hätte und der, die sie für ihren Mann geleistet hätte.

(1) Eigene Haushaltsführung

Eine Ersatzfähigkeit kommt insoweit in Betracht, als entsprechende Aufwendungen zur Kompensation des Ausfalls getätigt wurden. Diese gehören zu den vermehrten Bedürfnissen i.S.d. § 843 I BGB.

(2) Tätigkeit für den Mann

Hätte die F wie ihr Ehemann eine Erwerbstätigkeit ausgeübt, so käme eine Ermittlung des ersatzfähigen Schadens nach § 843 BGB in Betracht.

Da das deutsche Unterhaltsrecht die Haushaltsführung in § 1360 S. 2 BGB anderen Formen der Unterhaltsgewährung gleichstellt, geht die h.M. von einer analogen Anwendung des § 843 BGB aus: Der haushaltsführende Ehegatte, der wegen einer unerlaubten Handlung den Haushalt (auch kurzzeitig) nicht führen kann, erhält Ersatz nach § 843 BGB. Insoweit handelt es sich um eine Minderung der Erwerbsfähigkeit.

Anmerkung: Dieser Gedanke greift jedoch nicht bei der nichtehelichen Lebensgemeinschaft. Hier besteht keine Unterhaltspflicht, so dass der Ausfall der Arbeitsleistung auch nicht in Geld bewertet werden kann, vgl. OLG Nürnberg, Life&Law 05/2006, 320 ff. Etwas anderes kann allenfalls gelten, wenn eine vertragliche Verpflichtung zur Haushaltsführung besteht.

Nichts anderes ergibt sich dadurch, dass der Haushalt während der Krankheit der F durch M weitergeführt wurde. Hierbei handelt es sich um eine überobligationsmäßige Anstrengung des M, die aus Wertungsgründen keinesfalls dem Schädiger R zugutekommen darf, vgl. § 843 IV BGB.

Die Höhe des Schadens ist an den Nettokosten einer (fiktiven) Haushaltshilfe für die Dauer der Krankheit zu messen.

b) § 823 II BGB

Ferner besteht ein Anspruch in gleicher Höhe aus § 823 II BGB i.V.m. §§ 249, 22 StGB.

Die F fällt als unmittelbar Tatbeteiligte in den Schutzbereich der verletzten Strafrechtsnormen, auch wenn sie nicht selbst Opfer des Raubes wurde.

Gerade die Straferhöhung beim bewaffneten Raub in § 250 StGB schließt die für alle am Tatort anwesenden Personen durch die Waffe erhöhte abstrakte Gefährlichkeit ein (a.A. mit entsprechender Argumentation vertretbar).

Ergebnis: M hat gegen R keine Ansprüche. Jedoch kann F von R Ersatz für den Ausfall ihrer Hausfrauentätigkeit, gemessen an den Kosten einer Haushaltshilfe, für die Dauer ihres Klinikaufenthaltes verlangen.

Anmerkung: Zugegeben, kein leichter Fall. Die Anwendung von § 843 BGB analog kann von einem Anfangssemester sicher nicht verlangt werden. Erwartet wird jedoch eine saubere Trennung von unmittelbar und mittelbar Geschädigten sowie ein klarer und nachvollziehbarer Aufbau der Prüfung von § 823 I BGB!

IV. Zusammenfassung

Sound: § 845 BGB ist bei Verletzung des haushaltsführenden Ehegatten nicht einschlägig. Stattdessen kann der verletzte Ehegatte selbst Schadensersatz im Umfang von § 843 BGB analog verlangen.

Dabei ist zu beachten: § 843 BGB ist ebenso wie § 842 BGB selbst keine Anspruchsgrundlage, sondern regelt nur den *Umfang* des infolge der unerlaubten Handlung zu ersetzenden Schadens näher. Die §§ 842, 843 BGB passen daher systematisch eher zu den §§ 249 ff. BGB!

hemmer-Methode: Klassisch ist auch der Schock von nahen Angehörigen einer bei einem Unfall verletzten Person. Hier wird der Zurechnungszusammenhang nicht nur bei dem am Unfallort anwesenden Angehörigen, sondern auch bei demjenigen bejaht, der infolge der Nachricht vom Unfall einen Schock erleidet.

Vergessen Sie aber nicht den ersten Schritt: Es muss sich zunächst um eine Rechtsgutsverletzung handeln, erst dann kann und darf auf Kausalitätsfragen eingegangen werden!

V. Zur Vertiefung

- Hemmer/Wüst, Deliktsrecht I, Rn. 21, 75.
- Hemmer/Wüst, Deliktsrecht II, Rn. 294 ff.
- Hemmer/Wüst, Deliktsrecht Karteikarte Nr. 93.
- Zur Anwendbarkeit der §§ 842 f. BGB auf die nichteheliche Lebensgemeinschaft Life&Law 05/2006, 320 ff.
- Zum Haushaltsführungsschaden vgl. Palandt, § 843, Rn. 8.

Fall 7:   Verletzung eines Menschen / Haftungsumfang

Sachverhalt:

Informatiker I betreibt einen kleinen Computerhandel und bietet damit in Zusammenhang stehende Dienstleistungen an. Weil er vom Pkw-Fahrer S fahrlässig angefahren wird, erleidet er einen schmerzhaften Oberschenkelhalsbruch und muss sich vier Wochen im örtlichen Krankenhaus behandeln lassen. Sein Geschäft muss er deshalb während dieser Zeit schließen.

Abwandlung:

I stand im Zeitpunkt des Unfalls erst kurz vor seinen Diplomprüfungen an der Universität. Bei dem Unfall erleidet er schwere Kopfverletzungen und bleibt danach auf Dauer erwerbsunfähig.

Frage: *In welchem Umfang kann I Schadensersatz von S aus § 823 I BGB verlangen?*

I. Einordnung

Jede Anspruchsgrundlage hat zwei Bestandteile: Den Tatbestand und die Rechtsfolge. § 823 I BGB selbst regelt ausführlich den Tatbestand (sog. haftungsbegründender Tatbestand), die Rechtsfolge ist mit „ist dem anderen zum Ersatz des daraus entstehenden Schadens verpflichtet" nur spärlich geregelt. Für diesen sog. haftungsausfüllenden Tatbestand („Was ist zu leisten?") muss auf die §§ 842, 843 BGB und insbesondere die §§ 249 ff. BGB zurückgegriffen werden.

Im Examen ist es nicht unüblich, dass Klausuren aus dem Deliktsrecht mit einigen Problemen aus dem Bereich der §§ 249 ff. BGB „aufgepeppt" werden. Denn die Fallfrage wird niemals lauten „Sind die tatbestandlichen Voraussetzungen des § 823 I BGB erfüllt?", sondern eher „Besteht ein Anspruch des A gegen B auf Ersatz des geltend gemachten Schadens?" – und schon ist man auch zwingend im Bereich der §§ 249 ff. BGB, sog. Schadensrecht.

II. Gliederung

1.	**Schadensersatz I gegen S aus § 823 I BGB**
a)	Haftungsbegründender Tatbestand unproblematisch (+)
b)	Haftungsausfüllender Tatbestand: Umfang der ersatzfähigen Schäden
aa)	Heilbehandlungskosten, § 249 II BGB
bb)	Schmerzensgeld, § 253 II BGB
cc)	Entgangener Gewinn, § 252 BGB
2.	**§ 823 I BGB in der Abwandlung**
	Entgangener Gewinn hier gem. §§ 249, 252, 843 I BGB in Form einer Geldrente

III. Lösung

Schadensersatz I gegen S aus § 823 I BGB

a) Haftungsbegründender Tatbestand

S hat den I gem. § 823 I BGB rechtswidrig und schuldhaft an Körper und Gesundheit verletzt.

Daher ist S dem I dem Grunde nach aus § 823 I BGB zum Schadensersatz verpflichtet.

b) Haftungsausfüllender Tatbestand

Der Umfang des zu leistenden Schadensersatzes ergibt sich aus den §§ 249 ff. BGB.

Danach hat der Schädiger den Geschädigten grundsätzlich so zu stellen, wie dieser ohne das schädigende Ereignis stünde.

aa) Die Ersatzfähigkeit der **Heilungskosten** des I ergibt sich aus § 249 II S. 1 BGB.

Anmerkung: Ersatz der Heilungskosten kann nach § 249 II S. 1 BGB aber nur verlangt werden, soweit diese auch tatsächlich angefallen sind oder voraussichtlich anfallen werden. Der Geschädigte kann also nicht auf eine medizinisch indizierte Behandlung verzichten und sich stattdessen den hypothetisch dafür anfallenden Geldbetrag auszahlen lassen. Einen solchen Anspruch auf sog. fiktive Herstellungskosten erkennt die (nicht unumstrittene) Rechtsprechung zwar für Sach-, nicht aber für Personenschäden an (vgl. Palandt, § 249 Rn. 6).

Ebenfalls nicht ersatzfähig sind Diagnosekosten, welche nicht auf einer Körperverletzung basieren. Stellt sich bei der Untersuchung heraus, dass keine Gesundheitsbeeinträchtigung vorliegt, könnten entsprechende Untersuchungskosten auch nicht gem. § 823 I BGB ersetzt verlangt werden, BGH, Life&Law 02/2014, 93 ff.

bb) Nach § 253 II BGB kann I zudem **Schmerzensgeld** von S verlangen, dessen Höhe im Ermessen des Gerichts steht, § 287 ZPO.

Anmerkung: Bitte beachten Sie: aufgrund der Stellung im Gesetz kommt ein Anspruch auf Schmerzensgeld gem. § 253 II BGB bei jedweder Anspruchsgrundlage auf Schadensersatz in Betracht. Für § 7 StVG wird dies in § 11 S. 2 StVG gesondert klargestellt. Gleiches gilt für § 1 I ProdHaftG, vgl. § 8 ProdHaftG. Bei einem Ausgleichsanspruch aus § 906 II S. 2 BGB sieht der BGH indes keinen Grund, § 253 II BGB anzuwenden, weil es vom Inhalt her nicht um einen Schadensersatzanspruch geht, Life&Law 12/2010, 804 ff.

cc) Ferner ist dem I gem. §§ 249 I, 252 BGB Ersatz des **entgangenen Gewinns** zu leisten. Dies ergibt sich eigentlich bereits aus der Vorschrift des § 249 I BGB und wird durch § 252 S. 1 BGB nur noch ergänzend klargestellt. § 842 BGB enthält für das Deliktsrecht diesbezüglich eine nochmalige Klarstellung.

I erhält daher alle Vermögensvorteile ersetzt, die ihm ohne den Unfall aus seiner Geschäftstätigkeit zugeflossen wären. Für die Durchsetzung dieses Anspruches hält § 252 S. 2 BGB eine Beweiserleichterung für I bereit.

Sie erlaubt ihm, bei der Ermittlung des entgangenen Gewinns auf den gewöhnlichen Verlauf der Dinge abzustellen, so dass ein konkreter Nachweis der Gewinnerwartung nicht geführt werden muss.

Anmerkung: Von dem hypothetischen Eintritt eines Gewinns muss nach den Umständen des Einzelfalles aber auch tatsächlich auszugehen sein.
Bloße Gewinn*chancen* begründen keinen Schadensersatzanspruch.
Bei Erwerbstätigen kann allerdings für die notwendige Prognoseentscheidung auf den bisherigen Durchschnittsgewinn abgestellt werden.

c) Ergebnis

I kann aus §§ 823 I i.V.m. 249 ff. BGB Ersatz seiner Heilungskosten, Schmerzensgeld und Ersatz seines entgangenen Gewinns verlangen.

IV. Lösung Abwandlung

Grundsätzlich gelten auch hier die im Ausgangsfall angestellten Erwägungen. Ein wesentlicher Unterschied folgt aber daraus, dass hier der I nicht lediglich für einen abgeschlossenen Zeitraum Gewinne verloren hat, sondern für die gesamte Dauer seines (zukünftigen) Lebens.

Nun muss gem. § 249 I BGB der S den I auch hier so stellen, wie dieser ohne den Unfall stünde. Dies stellt § 842 BGB für den Fall einer durch unerlaubte Handlung verursachte Beeinträchtigung des Erwerbs.

Vorliegend ist I absolut arbeitsunfähig. Es sind ihm daher alle diejenigen Nachteile auszugleichen, die ihm ohne die Arbeitsunfähigkeit nicht entstanden wären.

Darunter fällt sein gesamter Lebensverdienst.

Diesen im Umfang konkret darzulegen, ist aber praktisch unmöglich, da die berufliche Zukunft des I im Unfallzeitpunkt noch völlig offen war. I hatte noch nicht einmal seine Diplomprüfungen bestanden. Im Prozess würde sich der I deshalb schwer tun, diesen Schaden konkret darzulegen und zu beweisen.

Um in derartigen Fällen die Durchsetzung des Schadensersatzes aber nicht praktisch unmöglich zu machen, stellt die Rechtsprechung an die Beweisführung nicht allzu hohe Anforderungen. Letztlich darf das Gericht den Schaden in diesen Fällen schätzen, § 287 ZPO (Palandt, § 252, Rn. 19).

Dabei wird es wohl vom hypothetischen Bestehen der Diplomprüfungen und der Aufnahme einer entsprechenden Erwerbstätigkeit ausgehen.

Anmerkung: Anders wäre nur dann zu entscheiden, wenn I in der Vergangenheit durch besonders schlechte Schulzeugnisse und ungenügende Leistungen während des Studiums aufgefallen wäre.

Nachfolgend wird für die Schadensbemessung auf denjenigen Verdienst abzustellen sein, der sich nach dem Studium der Informatik durchschnittlich erzielen lässt. Dabei sind auch die (bisherigen) besonderen Fähigkeiten und Leistungen des I zu berücksichtigen.

Der Schadensersatz ist dem I gem. § 843 I BGB in Form einer Geldrente zu leisten.

Anmerkung: § 843 BGB ergänzt wiederum § 842 BGB: Nachdem festgestellt wurde, dass für die Minderung der Erwerbsfähigkeit Ersatz zu leisten ist, regelt § 843 BGB nun die Frage, in welcher konkreten Form eine solche Ersatzleistung zu erfolgen hat.

V. Zusammenfassung

Sound: Der Umfang des Schadensersatzes aus § 823 I BGB bestimmt sich nach den Vorschriften der §§ 249 ff. BGB; hierzu halten die §§ 842, 843 BGB ergänzende Regelungen bereit. Dabei wird der Geschädigte stets so gestellt, wie er ohne die schädigende Handlung stehen würde. Die Haftung ist also auf das negative Interesse gerichtet (vgl. Sie insoweit zur Abgrenzung zum positiven Interesse BGH, Life&Law 05/2011, 297 ff.).

Wer einen Menschen an Körper und Gesundheit verletzt, muss ihm die Kosten der erforderlichen Heilbehandlung, seinen entgangenen Gewinn ersetzen und möglicherweise ein Schmerzensgeld leisten.

Wird dem Geschädigten aufgrund der Verletzung sein Erwerb oder das berufliche Fortkommen erschwert, ist auch dafür Ersatz zu leisten.

hemmer-Methode: Nach neuer Rechtslage kann selbst eine Prostituierte vollen Ersatz der ihr entgehenden Einkünfte verlangen. Dies ergeben die Wertungen des ProstG (Nr. 29a im Schönfelder-Ergänzungsband). Das alte Problem, ob Einkünfte zu ersetzen sind, die keinen vertraglichen Bestand gehabt hätten, stellt sich deshalb an dieser Stelle nicht mehr. Demgegenüber wäre ein Ersatzanspruch des Rauschgifthändlers, der verletzungsbedingt am Verkauf seiner Waren gehindert war, abzulehnen, weil der Rauschgifthandel schlechthin verboten ist und keinen Schutz der Rechtsordnung verdient.

VI. Zur Vertiefung

- Hemmer/Wüst, Deliktsrecht I, Rn. 114 f.
- Hemmer/Wüst, Deliktsrecht II, Rn. 305a ff. (Schmerzensgeld)
- Hemmer/Wüst, Deliktsrecht Karteikarte Nr. 41

Fall 8:   Verletzung eines Arbeitnehmers / normativer Schaden

Sachverhalt:

Arbeitnehmer A ist seit 15 Jahren in der Buchbinderei des U angestellt. Bei einem durch Schädiger S schuldhaft verursachten Unfall erleidet er einen Bruch der rechten Schulter, aufgrund dessen er seiner Arbeit für die Dauer von sechs Wochen nicht nachkommen kann.

Frage: *Besteht ein Anspruch des A gem. § 823 I BGB?*

I. Einordnung

Eine Konstellation wie diese könnte Ihnen sowohl im Zusammenhang mit einer „normalen" Zivilrechtsklausur, als auch im Arbeitsrecht begegnen. Letzteres deshalb, weil hier nicht nur Normen des BGB, sondern auch solche des EFZG relevant werden.

Es erscheint danach sowohl ein Anspruch des A auf Schadensersatz gegen S, als auch ein Anspruch des A auf Lohnfortzahlung gegen den Arbeitgeber U denkbar. Zu klären ist daher insbesondere, wie sich diese Ansprüche zueinander verhalten, denn A wird den Ersatz seines Schadens schwerlich zweimal verlangen können.

II. Gliederung

> **Anspruch des A gegen S aus § 823 I BGB**
>
> **1. Haftungsbegründender Tatbestand**
>
> Unproblematisch (+)
>
> **2. Haftungsausfüllender Tatbestand**
>
> **a)** Heilbehandlungskosten: § 249 II S. 1 BGB
>
> **b)** Schmerzensgeld: § 253 II BGB

> **c)** Arbeitsausfall
>
> ⇨ Vermögensschaden?
> Nach **Differenzhypothese (-)**, jedoch aus **Wertungsgründen** Annahme eines **sog. normativen Schadens**.
> Daher auch insoweit Schadensersatzpflicht des S gegenüber A.

III. Lösung

Anspruch des A gegen S aus § 823 I BGB

Fraglich ist ein Schadensersatzanspruch des A gegen S aus § 823 I BGB.

Anmerkung: Bei einer „offenen" Fragestellung, die die Prüfung nicht nur auf § 823 I BGB beschränkt, wäre im Falle eines Verkehrsunfalls zunächst auf die §§ 7 ff. StVG einzugehen. Dies ist vom Klausurersteller wegen (angeblicher) Praxisnähe gewünscht, da sich die Voraussetzungen der §§ 7 ff. StVG zumeist leichter begründen lassen. Wenn Sie in einer Klausur also an einem Unfall beteiligte Kraftfahrzeuge haben: **§§ 7 ff. StVG vor §§ 823 ff. BGB prüfen!**

1. Haftungsbegründender Tatbestand

Der Bruch der rechten Schulter stellt für A sowohl eine Gesundheits- als auch eine Körperverletzung dar, so dass eine Rechtsgutsverletzung i.S.d. § 823 I BGB vorliegt. Diese hat S rechtswidrig und (laut Sachverhalt) schuldhaft verursacht, so dass er dem A dem Grunde nach aus § 823 I BGB Schadensersatz zu leisten hat.

2. Haftungsausfüllender Tatbestand

Fraglich ist jedoch der Umfang des zu ersetzenden Schadens, sog. haftungsausfüllender Tatbestand. Dies richtet sich vorrangig nach den §§ 249 ff. BGB.

a) S muss dem A unproblematisch **Heilbehandlungskosten** ersetzen, § 249 II S. 1 BGB.

b) Ferner umfasst der Anspruch des A gegen S auch einen geldwerten Ausgleich für die erlittenen Verletzungen in Form von **Schmerzensgeld**, § 253 II BGB.

c) Ferner könnte der **Arbeitsausfall** des A einen ersatzfähigen Schaden begründen.

aa) Insoweit kommt eine Naturalrestitution nach § 249 BGB nicht in Betracht, da A nicht gearbeitet hat und diese Gegebenheit von niemandem rückgängig gemacht werden kann.

bb) Jedoch könnte wegen Unmöglichkeit der Naturalrestitution gem. § 251 I BGB sog. Schadenskompensation in Geld zu leisten sein. Dies setzt insoweit einen ersatzfähigen Vermögensschaden des A voraus.

Anmerkung: Zentral ist die Systematik der §§ 249 ff. BGB: Grundsätzlich ist *jeder* Schaden gem. § 249 oder § 250 BGB im Wege der Naturalrestitution zu ersetzen. Nur wenn dies nicht möglich (§ 251 I BGB) oder unzumutbar (§ 251 II BGB) ist, kommt ein Geldausgleich nach § 251 BGB in Betracht, sog. Schadenskompensation. Ein solcher setzt jedoch einen vorhandenen Vermögensschaden voraus. Schadenskompensation für *Nicht*vermögensschäden gibt es gem. § 253 I BGB nur in den gesetzlich angeordneten Fällen; ein solcher Fall ist § 253 II BGB.

Das Vorliegen eines Vermögensschadens richtet sich nach der sog. **Differenzhypothese**:

Es erfolgt ein Vergleich der *jetzigen tatsächlichen* Vermögenslage mit der *jetzigen hypothetischen* Vermögenslage ohne das schädigende Ereignis.

Anmerkung: Bitte nicht: „Vergleich der Vermögenslage vor und nach dem schädigenden Ereignis". Dies ist falsch und wird auch als falsch angestrichen. Denn hierbei bleiben Entwicklungen nach dem Schadensfall unberücksichtigt.

(1) Auf den ersten Blick scheint das Vermögen des A aufgrund seiner Nichtarbeit gemindert zu sein; es gilt ja der Grundsatz „ohne Arbeit kein Lohn". Allerdings ist zu beachten, dass A unverschuldet arbeitsunfähig i.S.v. § 3 I Entgeltfortzahlungsgesetz (EFZG) war. Für die Dauer von 6 Wochen bekam der A daher von seinem Arbeitgeber U **den Lohn fortbezahlt**, als ob er gearbeitet hätte. Nach der Differenzhypothese steht er vermögensmäßig daher genauso wie ohne das schädigende Ereignis.

(2) Die objektive, neutrale Betrachtung durch Vergleich zweier Vermögenslagen stellt aber nur den ersten Schritt der Schadensprüfung dar. Das Ergebnis kann aus Wertungsgründen in beide Richtungen zu korrigieren sein. Sofern – wie hier – ein Vermögensschaden nach der Differenzhypothese eigentlich nicht vorliegt, ein Vermögensschaden aber aus Wertungsgründen angenommen wird, spricht man von einem **normativen Schaden**. Dabei ist wie folgt vorzugehen:

Dass bei A kein Vermögensnachteil vorliegt, liegt daran, dass der Verlust des normalen Arbeitseinkommens durch das Entstehen des Anspruchs aus § 3 I EFZG kompensiert wird. Denn nach der Differenzhypothese sind auch Vermögensvorteile in die Betrachtung einzubeziehen, sog. Vorteilsanrechnung od. **Vorteilsausgleich**. Ein solcher Vorteilsausgleich darf aber nur stattfinden, wenn der Vorteil äquivalent und adäquat kausal auf dem schädigenden Ereignis beruht und zudem der Schädiger durch den Vorteilsausgleich nicht unbillig entlastet würde (Wertung!).

> **Voraussetzungen des Vorteilsausgleichs:**
>
> 1. Auf dem schädigenden Ereignis beruhender äquivalent und adäquat kausaler Vermögensvorteil
> 2. Keine unbillige Entlastung des Schädigers (Wertung!)

Es erscheint unbillig, einen ersatzfähigen Schaden nur deshalb zu verneinen, weil dem Geschädigten sein Arbeitgeber den Lohn fortzuzahlen hat. Die Lohnfortzahlung soll das Einkommen des Arbeitnehmers sichern, aber nicht den Schädiger entlasten.

Daher ist ein Vorteilsausgleich schon aus Wertungsgründen abzulehnen.

Dass dies richtig sein muss, ergibt sich – mittelbar – auch aus dem Gesetz: § 6 I EFZG ordnet an, dass der Anspruch des A gegen den Schädiger S auf U übergeht, soweit U an A Entgeltfortzahlung leistet, sog. **Legalzession**. Ein Anspruch kann aber nur übergehen, wenn er (noch) besteht! Daher kann die Zahlung des U an A nicht zu einem Entfallen des Schadensersatzanspruches des A gegen S führen.

Ergebnis: Also findet in Höhe der Entgeltfortzahlung ein Vorteilsausgleich nicht statt. Es besteht ein normativer Schaden des A. A erhält Ersatz, als würde § 3 I EFZG nicht existieren.

Also besteht ein Anspruch des A gegen S aus § 823 I BGB in Höhe des während seiner Arbeitsunfähigkeit ausgefallenen Brutto-Entgelts. Soweit U an A Entgeltfortzahlung leistet oder geleistet hat, geht dieser Anspruch auf U über, § 6 I EFZG.

Anmerkung: Im Beamtenrecht besteht eine entsprechende cessio legis in § 76 BBG.

Ähnlich sind die Fälle gelagert, in welchen eine Versicherung besteht. So gibt es auch eine cessio legis in § 86 I VVG und §§ 115 f. SGB X.

Im Arbeitsrecht geht der Anspruch des AN gegen einen Schädiger auf den AG gem. § 6 EFZG über, sofern dieser gem. § 3 I EFZG den Lohn fortzahlt. Nach Ablauf der 6 Wochen würde der Arbeitgeber keinen Lohn mehr fortbezahlen (Wortlaut § 3 I EFZG). Danach springt die Sozialversicherung in Form des Krankengeldes ein (§ 44 SGB V). Die zugehörige Legalzession steht in § 116 SGB X.

IV. Zusammenfassung

Sound: Fehlt es nach der Differenzhypothese an einem ersatzfähigen Schaden, so kann die Wertung des Gesetzes gebieten, einen normativen Schaden anzunehmen.

Sofern wegen des schädigenden Ereignisses ein Dritter Geld zu leisten hat und kraft Gesetzes durch Legalzession den Schadensersatzanspruch mit Zahlung erhält, scheidet ein Vorteilsausgleich in jedem Fall aus. Ansonsten wäre ein Anspruchsübergang nicht möglich!

Machen Sie sich den Sinn und Zweck klar, der hinter dieser Konstruktion steht. Es geht bei der Heranziehung eines normativen Schadens in erster Linie darum, das unverdiente Freiwerden des Schädigers auszuschließen. Dessen Zahlungspflicht durfte im Fall nicht zu Lasten des „unschuldigen" Arbeitgebers entfallen.

hemmer-Methode: Hatte im Fall der A seine Erwerbstätigkeit vor dem Unfall aus irgendeinem Grund bereits aufgegeben, wäre der Fall anders zu lösen gewesen. In dieser Variante hätte A weder tatsächlich noch normativ ein Einkommen, so dass selbst ein normativer Schaden nicht angenommen werden kann. Merken Sie sich deshalb, dass nur die tatsächlich verwertete Arbeitskraft als Vermögenswert verstanden wird. Die bloß hypothetisch verwertbare Arbeitskraft ist hingegen gerade nicht ersatzfähig.

Fall 9: Gesundheit / Verletzung der Leibesfrucht

Sachverhalt:

Bei einem von S verschuldeten Verkehrsunfall erleidet die hochschwangere F schwere Verletzungen. Das Kind K, das sie einige Wochen später zur Welt bringt, zeigt spastische Lähmungserscheinungen aufgrund einer Gehirnverletzung. Diese Gehirnschädigung ist darauf zurückzuführen, dass wegen einer unfallbedingten Ohnmacht der F die Plazenta vorübergehend mangelhaft durchblutet war.

Frage: Hat K einen Schadensersatzanspruch gegen S aus § 823 I BGB?

I. Einordnung

Der Schutz des ungeborenen Kindes ist sicher nicht die zentrale Frage, die dem Gesetzgeber bei Schaffung des Deliktsrechts im vorletzten Jahrhundert vorgeschwebt ist. Da die hiermit verbundenen Probleme aber dennoch nach dem BGB gelöst werden müssen, stellen sich typische Anwendungs- und Auslegungsfragen, die Gegenstand der folgenden Fälle sind.

II. Gliederung

Schadensersatzanspruch des K gegen S aus § 823 I BGB

1. Rechtsgutsverletzung
Problematisch, da Kind nie gesund gelebt hat; aus Wertungsgründen jedoch Gesundheitsverletzung (+)

2. Kausale Handlung
unproblematisch (+)

3. Rechtswidrigkeit, Verschulden (+)

4. Schadensersatz nach §§ 842, 843 BGB

III. Lösung

Dem K könnte ein Schadensersatzanspruch gegen S aus § 823 I BGB zustehen.

1. Rechtsgutsverletzung

a) Denkbar erscheint im Fall eine Verletzung des Kindes in seinen Rechtsgütern Körper und Gesundheit.

Eine Körperverletzung ist jede üble und unangemessene Behandlung, die das körperliche Wohlbefinden nicht nur unerheblich beeinträchtigt. Eine Gesundheitsverletzung ist das hervorrufen oder Steigern eines vom Normalzustand nachteilig abweichenden Zustands.

Anmerkung: Verwenden Sie ruhig hierbei die Ihnen aus dem Strafrecht bekannten Definitionen. Sie vermeiden so doppelte Lernarbeit.

Unzweifelhaft stellt das Auftreten spastischer Lähmungserscheinungen des Kindes einen Zustand dar, der von den körperlichen Funktionen eines gesunden Menschen nachteilig abweicht. K ist daher an Körper und Gesundheit beeinträchtigt.

Anmerkung: Eine Gesundheitsbeschädigung i.S.d. § 823 I BGB stellt übrigens auch die Übertragung des Human-Immundefizienz-Virus (HIV-Virus) dar, auch wenn es noch nicht zum Ausbruch von Aids gekommen ist.

b) Problematisch erscheint hierbei aber, dass das BGB im Wortlaut des § 823 I BGB die Verletzung „eines anderen" fordert. Hierunter könnte nur die Verletzung eines *rechtsfähigen* Rechtssubjektes zu verstehen sein; die Rechtsfähigkeit erwirbt ein Mensch mit Vollendung der Geburt, § 1 BGB. Hier wurde K vor diesem Zeitpunkt verletzt.

Dieses Problem lässt sich auch nicht dadurch umgehen, dass man einfach auf den Zeitraum nach der Geburt abstellt, weil die fraglichen Beeinträchtigungen ja auch dann noch fortdauern. Denn von einer Verletzung kann ja eigentlich nur dann die Rede sein, wenn eine Verschlechterung, ein Eingriff vorliegt. K wurde aber bereits mit dem fraglichen Mangel geboren.

Die h.M. setzt sich aus Wertungsgründen über diese dogmatischen Unzulänglichkeiten des § 823 I BGB hinweg. Das BGB schützt in anderen Vorschriften ebenfalls das ungeborene Leben, vgl. §§ 844 II, 1923 II, 331 II BGB. Vor allem steht dem nasciturus nach überwiegender Auffassung ein Recht auf Menschenwürde sowie auf Leben und körperliche Unversehrtheit aus Art. 1 i.V.m. Art. 2 I, II GG zu. Dieser Schutz muss – notfalls im Wege verfassungskonformer Auslegung des § 823 I BGB – auch im Deliktsrecht zum Ausdruck kommen.

Daher ist eine Körper- bzw. Gesundheitsverletzung auch bei Schädigung eines nasciturus anzunehmen. Dies gilt allerdings nur im Falle einer Lebendgeburt.

Anmerkung: Wen es interessiert: „nasciturus" steht lateinisch für „der zu Gebärende", also: das ungeborene Leben.
Warum Juristen solche Worte lieben, hat schon seine Gründe... ein Zyniker würde sagen: Wäre Jura leicht verständlich, wären Juristen arbeitslos!

2. Kausale Handlung

Als maßgebliche Verletzungshandlung des S kommt nur der Unfall mit F, der Mutter des Anspruchstellers K, in Betracht.

Hierdurch wurde auch die Schädigung des K **äquivalent** kausal verursacht, da diese ohne den Unfall ausgeblieben wäre (conditio-sine-qua-non-Formel). Auch ist keine außerhalb jeder Lebenserfahrung liegende Kausalkette anzunehmen, so dass auch der **Adäquanztheorie** Genüge getan ist. Ebenfalls ist der Zurechnungszusammenhang auch nicht aus Wertungsgründen zu verneinen, sog. **Schutzzweck der Norm**.

Daher liegt eine kausale, dem S zurechenbare Handlung vor.

3. S handelte **rechtswidrig** und laut Sachverhalt auch **schuldhaft**.

4. Da von einer irreversiblen Schädigung des K auszugehen ist, kommt Schadensersatz nur in Form von Schadenskompensation in Betracht. K wird eine Geldrente nach §§ 842, 843 I BGB erhalten.

IV. Zusammenfassung

Sound: Bereits die Leibesfrucht unter-
steht dem Schutz des § 823 I BGB, weil
sie mit den später daraus erwachsen-
den Menschen gleich zu behandeln ist.

hemmer-Methode: Die zentrale Aussage des Falles sollte man sich merken. Bereits der nasciturus kann an Körper- / Gesundheit verletzt werden, sofern er später
lebend geboren wird und Schäden fortbehält.

V. Zur Vertiefung

- Hemmer/Wüst, Deliktsrecht I, Rn. 25 f.
- Hemmer/Wüst, Deliktsrecht Karteikarte Nr. 10

Fall 10: Gesundheit /
Einwirkung vor Zeugung des Kindes

Sachverhalt (vgl. BGHZ 8, 243):

Einer Frau wird infiziertes Blut übertragen. Bald darauf wird sie schwanger. Ihr Kind kommt an Syphilis erkrankt zur Welt; die Erkrankung ist auf das infizierte Blut zurückzuführen.

Frage: *Hat das Kind einen Ersatzanspruch aus § 823 I BGB gegen den für die Infusion Verantwortlichen?*

I. Einordnung

Im Vergleich zum vorangegangenen Fall ist hier der Anknüpfungspunkt für die Verletzungshandlung zeitlich noch weiter vorgelagert. Als die Mutter des Kindes mit infiziertem Blut behandelt wurde, war das anspruchstellende Kind noch nicht gezeugt. Der Körper des Kindes hatte daher zu keinem Zeitpunkt unversehrt bestanden. Der BGH (BGHZ 8, 243) hatte sich daher mit der Frage auseinander zu setzen, ob ein Schadensersatzanspruch des Kindes auch dann bestehen kann, wenn dessen Beeinträchtigung bereits im Zeitpunkt der Zeugung gegeben war.

II. Gliederung

Schadensersatzanspruch des K aus § 823 I BGB
1. **Gesundheits- und Körperverletzung** (+): Gesundheit ist Normalzustand, der von Schöpfung und Natur für den lebenden Organismus eines Menschen vorgesehen ist.
2. Im Übrigen Voraussetzungen (+)

III. Lösung

Dem K könnte ein Schadensersatzanspruch aus § 823 I BGB zustehen.

1. Rechtsgutsverletzung

Denkbar erscheint im Fall eine Verletzung des K in seinen absolut geschützten Rechtgütern Körper und Gesundheit.

Daran ist problematisch, dass das Kind einen unversehrten Zustand nie erlebt hat, seine Körperfunktionen sich nicht verändert haben. Im Zeitpunkt der schädigenden Handlung war eine Leibesfrucht noch nicht vorhanden, so dass es keinen Körper gab, der hätte verletzt werden können.

Anmerkung: Mit dieser oder einer ähnlichen Begründung versuchte sich das in Anspruch genommene Krankenhaus, einem Ersatzanspruch des Kindes zu entziehen. Die Argumentation weist inhaltlich eine Parallele zum Rechtsgut Eigentum auf: Eine Verletzung im Eigentum kann nur erfolgen, wenn dieses zuvor bereits mangelfrei bestanden hat. Hierzu noch später.

Für die Verletzung des Menschen in seiner Gesundheit ist richtigerweise aber nicht erforderlich, dass diese zuvor unbeeinträchtigt bestanden hatte. Diese Auffassung widerspricht dem besonderen Wesen der durch § 823 I BGB geschützten Rechtsgüter.

Diese sind in der Rechtsordnung vorgegeben. Sie sind „Ausdruck der Personenhaftigkeit des Menschen, als ein Teil der Natur und als ein Teil der Schöpfung".

Jede Entziehung oder Störung, die von einem Menschen herrührt und das natürliche Wachstum und die natürliche Entfaltung hindert oder beeinträchtigt, ist eine Verletzung dieser Rechtsgüter.

Der gesunde Zustand ist nach Auffassung des BGH „von Schöpfung und Natur für den lebenden Organismus eines Menschen vorausgegeben. Die Rechtsordnung ist in dieser Hinsicht an das Phänomen der Natur gebunden".

Eine Gesundheitsverletzung des Kindes liegt demnach vor.

2. Auch die übrigen Voraussetzungen des § 823 I BGB sind gegeben. Insoweit kann auf die Darstellung zum vorigen Fall verwiesen werden.

Dem K steht nach alledem ein Ersatzanspruch gegen die handelnde Person aus § 823 I BGB zu.

IV. Zusammenfassung

Sound: Der gesunde Zustand eines Menschen wird von Schöpfung und Natur vorgegeben, so dass eine Gesundheitsverletzung einen normalen unbeeinträchtigten Bestand nicht voraussetzt. Ein Schadensersatzanspruch aus § 823 I BGB kann demnach sogar dann bestehen, wenn der verletzte Mensch im Zeitpunkt der Verletzungshandlung noch gar nicht gezeugt war.

hemmer-Methode: Wem das Ganze nun doch zu weit geht, dem gefällt vielleicht eine andere dogmatische Konstruktion besser: Erst und sobald das Kind geboren ist, liegt eine Gesundheitsverletzung vor, da es die Abweichung vom „Normalzustand" nun tatsächlich „ertragen" muss. Dass Verletzungshandlung und Verletzungserfolg zeitlich (evtl. erheblich) auseinander fallen, ist kein Problem. Die einzige dogmatische Hürde ist, dass eine Verletzung eigentlich eine Minderung des Rechtsgutes darstellen muss und dieses nie ungemindert bestanden hat. Ob man mit dem BGH diese Klippe aus Verfassungs- und Wertungsgründen überwinden will, bleibt zumindest bis zum Ersten Staatsexamen jedem selbst überlassen. In Klausuren kann es jedoch oftmals klüger sein, den Anspruch nicht schon bei der Rechtsgutsverletzung „auszuschalten", da man sich evtl. weitere Probleme „verbaut".

V. Zur Vertiefung

- Hemmer/Wüst, Deliktsrecht I, Rn. 27
- Hemmer/Wüst, Deliktsrecht Karteikarte Nr. 10

Fall 11: Gesundheit / wrongful life

Sachverhalt:

Eine Frau erkrankt zu Beginn ihrer Schwangerschaft an Röteln. Sie fragt ihren behandelnden Arzt A nach der Ursache ihrer Krankheit und möchte über Risiken für ihr Kind aufgeklärt werden. Der Arzt verkennt die Erkrankung aufgrund einer schuldhaft falschen Diagnose und erteilt der F die Auskunft, für das Kind bestehe keine Gefahr. Das Kind kommt mit schweren Missbildungen zur Welt. Bei vorheriger Kenntnis der Gefahr, ein behindertes Kind K zur Welt zu bringen, hätte F rechtmäßigerweise abtreiben können und hätte dies auch getan.

Frage: *Hat K gegen A einen Anspruch auf Schadensersatz aus § 823 I BGB?*

I. Einordnung

Bei der Problematik „wrongful life" geht es stets um einen Ersatzanspruch des mit gesundheitlichen Schäden auf die Welt gekommenen Kindes. Dies hört sich auf den ersten Blick ganz ähnlich wie im zuvor besprochenen Fall an. Dennoch weist dieser Fall einen ganz erheblichen Unterschied auf, der im Folgenden dargestellt wird.

II. Gliederung

Anspruch des K gegen A auf Schadensersatz aus § 823 I BGB

Aus Wertungsgründen kein Anspruch:
Kein „Recht auf Nichtexistenz".

III. Lösung

Fraglich ist, ob K gegen A ein Schadensersatzanspruch aus § 823 I BGB zusteht.

Anmerkung: Vorsicht, hier existiert auch ein vertragliches Schuldverhältnis, nämlich der Behandlungsvertrag. Allerdings besteht dieser nur zwischen F und A.

Denkbar ist jedoch eine Einbeziehung des (damals noch ungeborenen) K in den Schutzbereich dieses Vertrages nach den Regeln über den Vertrag mit Schutzwirkung zugunsten Dritter. Ein solcher kann wohl zunächst bejaht werden (a.A. vertretbar); jedoch scheitert der Anspruch jedenfalls aus anderen Gründen, dazu unten.

1. Anspruch des K gegen A auf Schadensersatz aus § 823 I BGB

a) K weist aufgrund seiner Behinderung einen Gesundheitszustand auf, der vom gewöhnlichen Normalzustand abweicht. Das Problem, dass bei K nie ein solcher Normalzustand bestand und damit eine Gesundheits*verletzung* eigentlich ausscheiden müsste, ist mit der h.M. aus Verfassungs- sowie Wertungsgründen unbeachtlich (dazu ausführlich im vorigen Fall). Damit liegt eine Rechtsgutsverletzung in Gestalt einer Gesundheitsverletzung vor. Auch beruht diese äquivalent und adäquat kausal auf dem Verhalten des Arztes. Hätte dieser richtig beraten, wäre K nicht geboren worden und hätte somit den gesundheitlichen „Defekt" nicht zu tragen.

b) Allerdings ist mit der h.M. ein Schadensersatzanspruch **aus Wertungsgründen abzulehnen**:

Denn der Schaden des Kindes würde darauf beruhen, dass es behindert auf die Welt gekommen ist und nicht abgetrieben wurde. Auszugleichen wäre also der Nachteil, lebend zur Welt gekommen zu sein. Die h.M. sieht hierin eine ethisch nicht tragbare Betrachtung. Die Entstehung von Leben darf – auch im Falle einer Behinderung – nicht als zivilrechtlicher Nachteil des Erzeugten aufgefasst werden. Niemand soll in die Lage versetzt werden, beurteilen zu müssen, ob das Leben eines behinderten Kindes besser oder schlechter ist als seine Nichtexistenz. Anders herum wird formuliert: Jeder habe sein Leben so hinzunehmen, wie es von der Natur gestaltet ist.

Einen Anspruch darf niemand darauf stützen, lieber ungeboren als lebendig zu sein. Dem Kind steht ein „Recht auf Nichtexistenz" nicht zu.

Anmerkung: Der Hintergrund liegt auf der Hand: Die Richter des BGH wollen sich von jeder Nähe zu gefährlichem Gedankengut aus der Zeit des Dritten Reiches distanzieren, Stichwort Euthanasie. Der Sache nach ist es allerdings verwunderlich, wem dieser Schutz zugutekommt: Dem Kind wird ein geldwerter Anspruch verwehrt, der sicher zur besseren Gestaltung seines schwierigen Lebens beigetragen hätte. Auch der Laie würde die Zubilligung von Schadensersatz eher als Entschädigung für die Behinderung, nicht als Entschädigung für das „zur-Welt-Kommen" begreifen.

c) Ein rein dogmatisches Problem ist es nun, wo dieser Wertungsgesichtspunkt zu verorten ist.

Vertretbar erscheint es, eine Rechtspflicht des Arztes zu einer Beratung, die zum Schwangerschaftsabbruch führen wird, zu verneinen. Dies ließe sich beim Verschulden (keine Fahrlässigkeit mangels Sorgfaltspflichtverletzung) anbringen; folgt man der Lehre vom Handlungsunrecht, die zur Begründung der Rechtswidrigkeit stets einen besonderen Pflichtenverstoß fordert, ließe sich die Rechtswidrigkeit verneinen.

Am vernünftigsten erscheint es, die Kausalität auf der dritten Stufe, der Durchbrechung des Zurechnungszusammenhangs, aus Wertungsgründen (Schutzzweck der Norm) zu verneinen, da es ja letztlich um eine Wertungsfrage geht.

2. Ergebnis

K hat keinen Anspruch gegen A aus Anspruch des K gegen A auf Schadensersatz aus § 823 I BGB.

Anmerkung: Der wesentliche Unterschied zum zuvor besprochenen Fall liegt darin, dass bei „pflichtgemäßem" Verhalten des Schädigers das Kind dort *gesund* zur Welt gekommen wäre, hier aber abgetrieben worden wäre. Es gibt eben ein Recht des ungeborenen Kindes auf ein gesundes Leben, nicht aber auf einen Schwangerschaftsabbruch.

IV. Zusammenfassung

Sound: Der Mensch hat sein Leben so wie von der Natur gegeben hinzunehmen und kann von anderen nicht verlangen, dass sie es zerstören. Es gibt kein „Recht auf Nichtexistenz".

hemmer-Methode: Bringen Sie Schlagworte. Die Begriffe „wrongful life" und „Kein Recht auf Nichtexistenz" werden in der vorliegenden Konstellation honoriert, wenn nicht sogar von Ihnen erwartet. Schlagworte bringen den Korrektor dazu, den Abschnitt, in dem das Schlagwort auftaucht, gedanklich als „richtig" einzuordnen. Der richtige Einsatz der „Sounds" ist vor allem auch Übungssache. Nutzen Sie die Möglichkeiten, zur Übung Klausuren zu schreiben! Mit dem hemmer-Klausurenkurs werden Ihnen in nahezu allen Fällen mehr und examenstypischere Klausuren angeboten als an den Universitäten. Wir verstehen uns im Hinblick auf die Examensvorbereitung als „erfahrene Praktiker", die die Tücken, aber auch die sich ständig wiederholenden Examenskonstellationen kennen. Entscheidend ist für Sie und damit auch für uns, was beim Examen für Sie „herauskommt", nicht ob Sie eine juristische (von niemandem vertretene?) Lehrmeinung im Stile einer Dissertation auseinandernehmen können.

Wir wollen keine „Fachidioten" hervorbringen, sondern Juristen, die mit der Situation des Examens ebenso wie mit den juristischen Anforderungen des Arbeitsalltags zurechtkommen. Wer mit dem hemmer-Programm gearbeitet hat, kann schwierige Rechtsfragen mit einfachen Worten beschreiben und dennoch juristisch exakt bleiben. Gerade dies zählt im Examen!

V. Zur Vertiefung

- Hemmer/Wüst, Deliktsrecht I, Rn. 28 ff.
- Hemmer/Wüst, Deliktsrecht Karteikarte Nr. 10

Fall 12: Gesundheit / „Kind als Schaden"

Sachverhalt (vgl. BGH NJW 1994, 788):

F hat vor Jahren ein körperlich und geistig schwer behindertes Kind zur Welt gebracht. Da sie das Vorliegen einer genetisch bedingten Erbkrankheit befürchtet, fragt sie bei einer allgemeinen Untersuchung durch ihren Gynäkologen A, ob diesbezüglich Gefahren bestünden. A kommt nach eingehender Untersuchung zu dem schuldhaft unrichtigen Ergebnis, dass eine weitere Schwangerschaft bedenkenlos sei. Ein Jahr später bringt F – ohne Komplikationen – ein weiteres Kind zur Welt, das die gleiche Behinderung hat wie das erste.

F verlangt deshalb Schadensersatz von A.

I. Einordnung

Verwechseln Sie die vorliegende Konstellation keinesfalls mit der Problematik „wrongful life" (voriger Fall). Dort ging es um Ersatzansprüche des behinderten Kindes selbst. Vorliegend möchte aber die Mutter wegen der Geburt eines behinderten Kindes Schadensersatz.

II. Gliederung

Anspruch der F gegen A

1. Vertraglicher Sekundäranspruch aus § 280 I BGB

a) Schuldverhältnis
   (+): Behandlungsvertrag

b) Pflichtverletzung (+)

c) Vertretenmüssen (+)

d) Ersatzfähiger Schaden

aa) Nach Differenzhypothese liegt ein Schaden vor: Belastung mit Unterhaltspflicht

bb) Nach h.M. auch kein abweichendes Ergebnis aus Wertungsgründen; „Kind als Schaden" ist anzuerkennen.

2. Deliktischer Anspruch aus § 823 I BGB

(-), da bereits keine Rechtsgutsverletzung: komplikationsfreie Schwangerschaft stellt keine Gesundheitsverletzung dar.

3. Ergebnis: Anspruch der F gegen A aus § 280 I BGB (+).

III. Lösung

F könnte gegen A ein Schadensersatzanspruch wegen der Geburt des behinderten Kindes zustehen.

1. Vertraglicher Sekundäranspruch aus § 280 I BGB

Da zwischen F und A eine vertragliche Beziehung bestand, kommt ein Anspruch aus § 280 I BGB in Betracht.

a) Schuldverhältnis

Zwischen F und A bestand eine vertragliche Beziehung, im Rahmen derer der A seine gutachtliche Auskunft gegeben hat. Denn es kann nicht davon ausgegangen werden, dass beide Seiten nur aufgrund von Gefälligkeiten handelten, so dass in jedem Fall ein Rechtsbindungswille bestand.

Problematisch ist aber die Art des geschlossenen Vertrages. Bei einer allgemeinen ärztlichen Behandlung ist von einem Dienstvertrag i.S.d. §§ 611 ff. BGB auszugehen, da das Erbringen einer Tätigkeit, nicht die Produktion eines konkret fassbaren Arbeitsergebnisses im Vordergrund steht; selbst bei einer Operation geht die h.M. von einem Dienstvertrag aus (Palandt, v. § 611 Rn. 18).

Zwar unterfallen Gutachterverträge häufig dem Werkvertragsrecht, §§ 631 ff. BGB.

Hier ist aber nicht davon auszugehen, dass A und F einen über das allgemeine Behandlungsverhältnis hinausgehenden und von diesem losgelösten Gutachtervertrag geschlossen haben. Vielmehr wurde die Auskunft i.R.d. allgemeinen Behandlung erbracht, so dass insgesamt von der Anwendung der §§ 611 ff. BGB auszugehen ist.

Also liegt zwischen A und F ein Dienstvertrag i.S.d. §§ 611 ff. BGB vor; dieser stellt ein Schuldverhältnis i.S.d. § 280 I BGB dar.

Anmerkung: Etwas anderes ließe sich vertreten, wenn Gegenstand der Beziehungen zwischen Frau und Arzt *nur* ein Gutachten über die Unbedenklichkeit der Schwangerschaft war. Da aber selbst eine Operation als Dienstvertrag anzusehen ist, müsste wohl auch hierbei von den §§ 611 ff. BGB auszugehen sein. Sofern Sie dagegen die §§ 631 ff. BGB für richtig halten: Der Schadensersatzanspruch würde sich als Mangelfolgeschaden ebenfalls aus § 280 I BGB ergeben, und zwar i.V.m. § 634 Nr. 4 BGB.

b) Pflichtverletzung

A hat seine vertragliche Primärpflicht aus dem Behandlungsvertrag, die Untersuchung der F auf das Risiko einer Erbkrankheit ordnungsgemäß vorzunehmen, verletzt. Da laut Sachverhalt dieses Risiko für ihn erkennbar war, hat er objektiv schlecht geleistet. Da die §§ 611 ff. BGB kein speziell geregeltes Gewährleistungsrecht vorsehen, ist § 280 I BGB anzuwenden.

c) Vertretenmüssen

Nach dem Sachverhalt hat A die Pflichtverletzung schuldhaft i.S.v. § 276 I S. 1 BGB begangen, so dass er die Pflichtverletzung i.S.v. § 280 I S. 1, 2 BGB zu vertreten hat.

d) Ersatzfähiger Schaden

Nach § 280 I BGB hat der die Pflicht verletzende Schuldner dem Gläubiger den hieraus entstehenden Schaden zu ersetzen.

Der Umfang ersatzfähiger Schäden richtet sich hierbei nach den §§ 249 ff. BGB.

aa) Im Rahmen der vertraglichen Sekundäransprüche muss stets beachtet werden, dass das sog. positive Interesse als „Schadensersatz statt der Leistung" nur unter den zusätzlichen Voraussetzungen der §§ 281-283, 311a II BGB ersetzt wird. Nur der sog. Begleitschaden als „Schadensersatz neben der Leistung" wird unmittelbar nach § 280 I BGB ersetzt.

Die Abgrenzung erfolgt danach, ob bei Nachholung der verletzten Pflicht der Schaden wieder entfallen würde. Ist dies der Fall, handelt es sich um das nur nach den §§ 281 ff. BGB ersatzfähige positive Interesse.

Vorliegend würde bei einem nachträglich richtigen Gutachten sich für die F hinsichtlich des geborenen Kindes nichts ändern. Somit kann ein hiermit verbundener Schaden bereits nach § 280 I BGB ersetzt werden.

bb) Da eine Naturalrestitution nicht in Betracht kommt, verbleibt nur die Schadenskompensation nach § 251 I BGB. Eine solche setzt einen ersatzfähigen **Vermögensschaden der F** voraus.

(1) Aufgrund der Pflichtverletzung kam das behinderte Kind zur Welt. Bei pflichtgemäßem Verhalten des A hätte F von dem vorhandenen Risiko erfahren und hätte abgetrieben. Das Vorhandensein des behinderten Kindes beruht damit kausal auf der Pflichtverletzung. Hiermit verbunden ist als Vermögensschaden die Unterhaltspflicht der Mutter für ihr Kind, § 1601 BGB. Diese Belastung mit einer Verbindlichkeit würde ohne das schädigende Ereignis nicht bestehen, so dass nach der **Differenzhypothese** ein Vermögensschaden der F vorliegt.

Anmerkung: Die Kausalität ist allerdings nicht mehr gegeben, wenn im Zeitpunkt der ärztlichen Behandlung und Untersuchung eine Abtreibung rechtlich nicht mehr möglich gewesen war, § 218a StGB. Denn es kann nicht zu Lasten des Arztes gehen, dass die Mutter bei richtiger Aufklärung eine strafbare bzw. rechtswidrige Abtreibung vorgenommen hätte.
Diese Problematik können Sie anhand zweier aktueller Entscheidungen des BGH vertiefen: Life&Law 09/2002, 575 ff. und Life&Law 11/2002, 723 ff.

Bedenken Sie aber auch: die Unterhaltsaufwendungen sind nur dann als zurechenbarer Schaden anzusehen, wenn der Schutz vor diesen Belastungen Gegenstand des jeweiligen Behandlungsvertrages gewesen ist. So hatte der BGH einen Fall zu entscheiden, in dem die Schwangere beim Hautarzt wegen eines Hautausschlages in Behandlung war, dabei beiläufig die Schwangerschaft erwähnte und der Hautarzt eine Rötelnerkrankung nicht erkannte, BGH, Life&Law 05/2005, 273 ff. Hierzu führt der BGH aus: Ein Ersatz kommt nur in Betracht, wenn sich ein Risiko verwirklicht, auf dessen Vermeidung die Behandlung der Mutter i.R.d. Behandlungsvertrages gerichtet war. Der Hautarzt war nicht im Hinblick auf die Schwangerschaft eingeschaltet worden.

Zwar ist auch denkbar, dass selbst bei Durchführung eines Schwangerschaftsabbruches das Kind lebend zur Welt gekommen wäre. Für die Annahme eines solchen atypischen Falles fehlen jedoch die Anhaltspunkte. Bei ärztlichen Kunstfehlern geht die Rechtsprechung bzgl. der Kausalität ohnehin von einer Umkehrung der Beweislast aus; A wird zur Annahme eines derartigen Kausalverlaufes nichts vortragen können.

Die Tatsache, dass die F das behindert geborene Kind möglicherweise lieb gewonnen hat und nunmehr gar nicht mehr missen möchte, kann als nachgelagerter Umstand die bereits begründete Kausalität nicht mehr beeinflussen.

(2) Dennoch könnte die Annahme eines Schadens **aus Wertungsgründen** zu verneinen sein.

Die ständige Rechtsprechung des BGH, die den Eltern einen entsprechenden Schadensersatzanspruch zugestand (z.B. BGH, NJW 1983, 1371), wurde vom 2. Senat des BVerfG kritisiert (BVerfG, NJW 1993, 1751 (1763 f.). Danach verbiete es die Menschenwürde, Art. 1 I GG, ein Kind als Schadensquelle anzusehen.

Dennoch hielt der BGH richtigerweise an seiner Rechtsprechung fest (BGH, NJW 1994, 788). Zwar wäre es in der Tat grundgesetzwidrig, ein "Kind als Schaden" zu betrachten. Jedoch geht es nicht um das Kind, sondern um die Unterhaltsverpflichtung als Schadensposten. Im Rahmen der §§ 249 ff. BGB findet lediglich ein Vergleich zweier Vermögenslagen statt, wobei ausschließlich die Unterhaltsverpflichtung in Ansatz zu bringen ist. Dabei wird auch keine negative Aussage über die Existenz des Kindes getroffen; vielmehr trägt die finanzielle Entlastung der Eltern durch Überwälzung der Unterhaltsverpflichtung auf den Arzt zur Integration des Kindes in die Familie bei.

Dem hat sich unterdessen der 1. Senat des BVerfG mit vergleichbarer Argumentation angeschlossen (BVerfG, NJW 1998, 519).

Die Qualifikation der Unterhaltsverpflichtung der F gegenüber K als Schadensposten ist somit verfassungsrechtlich unbedenklich. Es liegt ein ersatzfähiger Schaden vor. Dieser umfasst den gesamten Unterhaltsbedarf des Kindes, soweit ihn die F zu decken hat. Es ist nicht etwa nur der Mehrbedarf durch die Behinderung zu gewähren.

2. Deliktischer Anspruch aus § 823 I BGB

In Betracht kommt auch ein Anspruch der F gegen A aus § 823 I BGB.

Dies setzt eine Rechtsgutsverletzung der F voraus. F musste den Ablauf einer Geburt eines Kindes ertragen, wozu das Verhalten des A kausal beigetragen hat. Allerdings kann eine ohne Komplikationen verlaufende Schwangerschaft nicht als Gesundheitsverletzung angesehen werden, auch wenn sie mit Schmerzen verbunden ist. Das Gebären eines Kindes entspricht den Vorgaben der Natur und stellt keinen „pathologischen Zustand" dar. Da die Schwangerschaft der F komplikationsfrei verlief, scheidet ein Anspruch aus § 823 I BGB mangels Rechtsgutsverletzung aus.

3. Ergebnis

F kann von A nach § 280 I BGB Ersatz für den mit der Geburt ihres zweiten behinderten Kindes verbundenen Unterhaltsaufwand verlangen.

IV. Zusammenfassung

Sound: Es ist verfassungsrechtlich unbedenklich den mit der Geburt eines Kindes verbundenen Unterhaltsaufwand als vermögensrechtlichen Schaden anzusehen. Nicht das Kind, sondern die rechtliche Unterhaltsverpflichtung stellt den Schaden dar.

hemmer-Methode: Sie haben es bemerkt: Der Fall spielt vorwiegend außerhalb der §§ 823 ff. BGB, nämlich primär im allgemeinen Schuldrecht. Da sich zwischen den Fallgruppen „wrongful life" und „Kind als Schaden" aber recht häufig Verwechslungen ereignen, erfolgte die Darstellung dieser wichtigen Problematik an dieser Stelle. Freilich kann von Ihnen nicht die genaue Kenntnis der Rechtsprechung verlangt werden („welcher Senat hat was gesagt" etc.). Das Problem sollte man aber einmal durchdacht haben und in der Klausur Argumente pro und contra finden können. Da der Streit um das „Kind als Schaden" nun schon seit einigen Jahren ziemlich „ausgelutscht" ist, müsste eine Examensklausur in diesem Bereich als relativ einfach eingestuft werden. Gerade in solchen „easy-Klausuren" bewegen Sie Sich aber auf einem schmalen Grat: Wer sich Fehler leistet, stürzt schnell ab. Gehen Sie also noch einmal in sich, ob Sie mit dem Sound „Kind als Schaden" in der Klausur wirklich etwas anfangen könnten!

V. Zur Vertiefung

- Hemmer/Wüst, Deliktsrecht I, Rn. 23
- Lesen Sie zusammenfassend zu der Thematik BGH, Life&Law 05/2005, 273 ff.

Fall 13: Eigentumsverletzung:
Gebrauchsbeeinträchtigung / Fleet-Fall

Sachverhalt (nach BGHZ 55, 153):

Der Schifffahrtsunternehmer U beliefert eine Mühle, die an einem im Gemeinge-brauch stehenden Fleet (eine Art Anlegestelle) liegt. Durch Verschulden des E stürzt ein Stück der Ufermauer ein. Das Fleet wird deshalb unpassierbar, so dass ein Schiff des U, das gerade an der Mühle entladen wurde, das Fleet für etwa 8 Monate nicht mehr verlassen kann. Andere Schiffe des U können die Mühle nun nicht mehr anfahren um dort entladen zu werden.

U verlangt von E Verdienstausfall hinsichtlich aller Schiffe ersetzt.

I. Einordnung

Die Verletzung des Eigentums ist i.R.d. § 823 I BGB stets von besonderer Examensrelevanz. Dabei bereitet der klassische Fall der Substanzverletzung (etwa: eine Scheibe wird eingeschla-gen) regelmäßig keine Probleme. Schwierig und bis heute nicht ganz ge-klärt ist allerdings die Frage, wann bei bloßen Gebrauchsbeeinträchtigungen eine Eigentumsverletzung i.S.d. § 823 I BGB vorliegen kann. Diese Problematik lässt sich am vorliegenden Fall besonders gut verdeutlichen.

Diesen klassischen „Fleet-Fall" sollte man einmal gehört haben!

II. Gliederung

1. Ansprüche hinsichtlich des ein-geschlossenen Schiffes

a) Anspruch aus § 823 I BGB

(P): Rechtsgutsverletzung. Eigentums-verletzung bei Gebrauchsbeein-trächtigung nur bei vollständiger Entziehung des bestimmungsge-mäßen Gebrauchs. Eine solche liegt bei dem eingeschlossenen Schiff vor.

b) Anspruch aus § 823 II BGB
Keine Schutzgesetzverletzung er-sichtlich

2. Ansprüche hinsichtlich der aus-geschlossenen Schiffe

(-), da insoweit keine vollständige Ent-ziehung des bestimmungsgemäßen Gebrauchs.

III. Lösung

U möchte von E Ersatz für seinen aus-gefallenen Verdienst hinsichtlich des eingeschlossenen wie der ausge-schlossenen Schiffe ersetzt haben. Dies setzt einen entsprechenden An-spruch voraus. Da vertragliche oder dingliche Rechtsbeziehungen zwischen U und E nie bestanden, kommen An-sprüche nur nach den §§ 823 ff. BGB in Betracht.

1. Ansprüche hinsichtlich des ein-geschlossenen Schiffes

Zunächst könnte ein Schadensersatz-anspruch bzgl. des im Fleet einge-schlossenen Schiffes des U bestehen.

Anmerkung: Man muss kein Jurist sein, um zu erkennen, dass wohl irgendwie zwischen dem eingeschlossenen und den ausgeschlossenen Schiffen zu differenzieren ist. Anderenfalls hätte dem Aufgabensteller ein einzelnes Schiff genügt. Nehmen Sie derartige Vorgaben an und gliedern Sie Ihren Fall entsprechend.
Sollte dennoch alles gleich laufen, kann ja immer noch großzügig nach oben verwiesen werden. Wer allerdings alles „zusammenpackt", läuft Gefahr, dass der Korrektor die Ausführungen nicht mehr genau zuordnen kann („Was prüft der jetzt hier eigentlich??"). Wenn der Korrektor Ihre Ausführungen nicht nachvollziehen kann, wird er Ihnen auch keine gute Punktzahl geben.

a) Anspruch aus § 823 I BGB

Ein solcher Anspruch könnte sich aus § 823 I BGB ergeben.

aa) Rechtsgutsverletzung

Problematisch ist dabei bereits die Rechtsgutsverletzung.
U ist Eigentümer des eingeschlossenen Schiffes. Fraglich ist aber die Verletzung dieses Eigentums. Eine Beschädigung oder gar Zerstörung des Schiffes (sog. Substanzverletzung) ist nicht vorgefallen. Jedoch gebietet es der Schutz des Eigentums, nicht nur Substanzverletzungen dem § 823 I BGB zu unterstellen. Auch andersartige Beeinträchtigungen können die Ausübung des verfassungsrechtlich geschützten Eigentumsrechts in erheblicher Weise beeinträchtigen und damit auch Eigentumsverletzungen i.S.v. § 823 I BGB darstellen.

Eine Eigentumsverletzung kann daher auch im Falle einer Gebrauchsbeeinträchtigung vorliegen. Denn die Nutzung des Eigentums gehört zum Wesen des Eigentumsrechts, vgl. § 903 S. 1 BGB. Um einer Ausuferung der Schadensersatzhaftung entgegenzuwirken, die in die Nähe eines gesetzgeberisch nicht gewollten allgemeinen Vermögensschutzes führen würde, muss die Einwirkung jedoch ein gewisses Maß erreicht haben. Ein solches soll nach dem BGH dann vorliegen, wenn der **bestimmungsgemäße Gebrauch der Sache vollständig für nicht unerhebliche Dauer entzogen wird**.

Schiffe stellen Fortbewegungsmittel dar. Dieser bestimmungsgemäße Gebrauch war beim eingeschlossenen Schiff für die Dauer des Einschlusses vollständig entzogen.

Daher ist hier eine Eigentumsverletzung **zu bejahen**.

Anmerkung: Die Rechtsprechung ist sehr umstritten und ihre Anwendung oft zweifelhaft. Argumentiert man, der bestimmungsgemäße Gebrauch des Schiffes ist das Schwimmen als solches, wäre dieser nicht vollständig entzogen.

bb) Weitere Voraussetzungen

Diese Rechtsgutsverletzung hat E durch sein Verhalten rechtswidrig und schuldhaft bewirkt. Damit haftet er dem U aus § 823 I BGB.

cc) Ersatzfähiger Schaden

Soweit dem U durch den Einschluss des Schiffes Gewinn entgangen ist, hat diesen der E nach § 252 BGB zu ersetzen.

Also besteht der geltend gemachte Anspruch hinsichtlich des eingeschlossenen Schiffes nach § 823 I BGB.

b) Anspruch aus § 823 II BGB

Ein Anspruch aus § 823 II BGB würde die Verletzung eines Schutzgesetzes voraussetzen. Eine nur fahrlässige Sachbeschädigung ist aber nicht strafbar, so dass ein Anspruch aus § 823 II BGB nicht gegeben ist.

2. Ansprüche hinsichtlich der ausgeschlossenen Schiffe

Auch hinsichtlich der ausgeschlossenen Schiffe kommt nur ein Anspruch aus § 823 I BGB in Betracht. Problematisch ist wiederum allein die Rechtsgutsverletzung. Fraglich ist, ob eine Eigentumsverletzung auch an diesen Schiffen anzunehmen ist.

Dies wird von der h.M. verneint, da der bestimmungsgemäße Gebrauch dieser Schiffe nicht *vollständig* entzogen wurde: Die Schiffe können immer noch überall hin fahren *außer* in das versperrte Fleet.

Würde man dennoch einen Anspruch aus § 823 I BGB zuerkennen, käme dies einem Anspruch wegen verhinderten Gemeingebrauches gleich. Da der Gemeingebrauch aber der Allgemeinheit als solcher zusteht und keine individuellen Rechte vermittelt, darf es einen solchen Anspruch nicht geben.

Trotz der in der Literatur teilweise geäußerten Kritik (vgl. nur Medicus, BR, Rn. 613) ist dieser Auffassung zu folgen. Zur Vermeidung einer Ausuferung der Haftung aus § 823 I BGB muss eine *vollständige* Entziehung des bestimmungsgemäßen Gebrauches zur Bejahung einer Eigentumsverletzung bei § 823 I BGB gefordert werden.

Da eine solche bei den ausgeschlossenen Schiffen nicht gegeben ist, scheidet ein Anspruch aus § 823 I BGB aus.

Nichts anderes ergibt sich bei Abstellen auf das Recht am eingerichteten und ausgeübten Gewerbebetrieb (ReaG) des U als „sonstiges Recht" i.S.d. § 823 I BGB. Hierzu fehlt es an einer Betriebsbezogenheit des Eingriffs (dazu noch später).

Damit ist ein Anspruch bzgl. der ausgeschlossenen Schiffe abzulehnen.

3. Ergebnis

Nur hinsichtlich des eingeschlossenen Schiffes kann U von E Ersatz für den Verdienstausfall verlangen. Bzgl. der ausgeschlossenen Schiffe bestehen keine Ansprüche.

IV. Zusammenfassung

Sound: Nicht nur Substanzverletzungen fallen unter den Begriff der Eigentumsverletzung i.S.v. § 823 I BGB. Weitere wichtige Fälle sind die Sachentziehung, die Gebrauchsbeeinträchtigung und die Zuordnungsverletzung.

Eine als Eigentumsverletzung i.S.d. § 823 I BGB zu beurteilende Gebrauchsbeeinträchtigung liegt nur bei *vollständiger* Entziehung des bestimmungsgemäßen Gebrauchs vor.

hemmer-Methode: Andererseits verneinte der BGH eine Eigentumsverletzung in dem Fall, dass aufgrund eines Brandes auf dem Nachbargrundstück die Löschfahrzeuge die Zufahrt zu einem Betrieb versperrten. Es wäre „abwegig", wenn die kurzfristige Störung des öffentlichen Verkehrs eine Eigentumsverletzung darstellen könnte (BGH, NJW 1977, 2264). Aber: Der wesentliche Unterschied zum Fleetfall lag darin, dass Eigentum an dem *Grundstück* bestand und nicht nur an den (außen wartenden) Fahrzeugen. *Dieses* Eigentum konnte für die Dauer der Blockierung nicht bestimmungsgemäß genutzt werden (zur Kritik vgl. auch Medicus, BR, Rn. 613).

V. Zur Vertiefung

- Hemmer/Wüst, Deliktsrecht I, Rn. 38
- Hemmer/Wüst, Deliktsrecht Karteikarte Nr. 13
- Die „aktuelle Version" des Fleetfalles können Sie nachlesen: BGH, Life&Law 12/2016, 854 f.

Fall 14: Eigentumsverletzung:
Gebrauchsbeeinträchtigung / Garagenfall

Sachverhalt:

V stellt seinen PKW aus Unachtsamkeit vor der Garage des E ab. Als dieser vor einem wichtigen Geschäftstermin kurz noch einmal zu seinem Hausgrundstück, auf dem sich auch die Garage befindet, fährt, um wichtige Unterlagen zu holen, kann er nicht in die durch V's PKW blockierte Garage einfahren. Da er nicht genügend Zeit hat, um auf einen Abschleppdienst zu warten, sucht er einen anderen Parkplatz, den er nach längerem Suchen findet. Aufgrund dieser zeitlichen Verzögerung verpasst er den Geschäftstermin.

E fordert von V Ersatz für den hierdurch entgangenen Gewinn. Ein Warten auf den Abschleppdienst hätte tatsächlich noch länger gedauert. Auf Vorschriften der StVO ist nicht einzugehen.

Abwandlung: *E lässt den Wagen des V abschleppen, obwohl er gar keinen dringenden Termin hat.*

Frage: *Kann er die Kosten dafür von V ersetzt verlangen?*

I. Einordnung

So bekannt der Fleet-Fall ist, so selten wird man ihn in der Praxis antreffen. Anschaulicher ist daher der täglich vorkommende Fall einer zugeparkten Garage.

II. Gliederung

Ausgangsfall

1. Anspruch des E gegen V aus § 823 I BGB

a) Rechtsgutsverletzung

aa) PKW:
Wie beim Fleetfall (-)

bb) Garage:
Eigentumsverletzung (+), da Garage vollständig nicht nutzbar

b) Sonstige Anspruchsvoraussetzungen (+)

c) Ersatzfähiger Schaden: § 252 BGB

2. Anspruch des E gegen V aus §§ 823 II, 858 BGB

a) Verbotene Eigenmacht (+)

b) Schaden wie oben

Abwandlung

1. Anspruch des E gegen V aus § 823 I BGB

a) Tatbestandsvoraussetzungen (+)

b) Kausaler und zurechenbarer Schaden?
Herausforderungssituation

c) Kein Verstoß gegen § 254 II S. 1 BGB

2. Anspruch des E gegen V aus §§ 823 II, 858 BGB

Wie oben: Anspruch gegeben

III. Lösung Ausgangsfall

Fraglich ist, ob E von V Ersatz des ihm durch den verpassten Geschäftstermin entgangenen Gewinns verlangen kann. Dies setzt einen entsprechenden Anspruch voraus.

1. Anspruch aus § 823 I BGB

Ein solcher könnte sich aus § 823 I BGB ergeben.

a) Rechtsgutsverletzung

Zunächst müsste der E in einem von § 823 I BGB geschützten Rechtsgut verletzt worden sein. Dabei kommt nur eine Eigentumsverletzung in Betracht.

aa) PKW

E ist Eigentümer seines PKW. Mit diesem konnte er nicht in die Garage einfahren, da diese vom Fahrzeug des V blockiert wurde. Hierdurch wird der Gebrauch seines PKW beeinträchtigt.

Zwar setzt eine Eigentumsverletzung nicht zwingend eine Substanzverletzung voraus. Gebrauchsbeeinträchtigungen können zur Vermeidung einer Ausuferung des Haftungstatbestandes jedoch nur dann unter § 823 I BGB fallen, wenn der bestimmungsgemäße Gebrauch der fraglichen Sache vollständig bzw. nahezu vollständig aufgehoben wurde (vgl. den vorigen Fleet-Fall). Dies ist bei dem PKW nicht der Fall gewesen: E wurde lediglich darin beschränkt, mit seinem PKW einen bestimmten Ort aufzusuchen (die Garage). Im Übrigen war der PKW zum bestimmungsgemäßen Gebrauch weiterhin geeignet. Also liegt insoweit eine Eigentumsverletzung nicht vor.

bb) Garage

E ist aber auch Eigentümer an der Garage. Deren bestimmungsgemäßer Gebrauch ist es, einen PKW in ihr abstellen zu können. Diese Art der Nutzung wurde für die Dauer des Blockierens durch den Wagen des V vollständig aufgehoben. Damit liegt hinsichtlich der *Garage* eine Eigentumsverletzung vor.

Anmerkung: Anders der BGH im Fall BGH, NJW 1977, 2264, vgl. die hemmer-Methode zum Fleet-Fall. Allerdings sprechen die besseren Argumente für die Annahme einer Eigentumsverletzung, a.A. selbstverständlich vertretbar.

b) Sonstige Anspruchsvoraussetzungen

Diese Rechtsgutsverletzung wurde durch das Handeln des V kausal und rechtswidrig bewirkt. V handelte aus Unachtsamkeit, also fahrlässig i.S.v. § 276 II BGB und damit schuldhaft.

Anmerkung: Wenn wirklich keine Probleme vorliegen, erwähnen Sie die jeweiligen Anspruchsvoraussetzungen nur ganz kurz. Erwähnen Sie sie aber! So zeigen Sie, dass Ihnen der Prüfungsaufbau geläufig ist und Sie mit diesem „spielerisch" – je nach Schwerpunkt des jeweiligen Falles – umgehen können.

c) Ersatzfähiger Schaden

Der entgangene Gewinn ist nach § 252 BGB ersatzfähig.

Diesbezüglich kann auch nicht von einem anspruchskürzenden Mitverschulden gem. § 254 BGB ausgegangen werden. Lt. Sachverhalt konnte E nicht verhindern, den Geschäftstermin zu verpassen, insbesondere wäre ein Abschleppdienst nicht rechtzeitig erreichbar gewesen. Dass E sich entsprechend den Regeln der StVO verhalten und ordnungsgemäß geparkt hat, kann ihm nicht zum Vorwurf gemacht werden.

Anmerkung: Beweispflichtig für ein Mitverschulden ist der Anspruchsgegner. Kann dieser Nachweis nicht geführt werden, kann ein Mitverschulden auch dann nicht vermutet werden, wenn der Rechtsgedanke einer Anspruchsgrundlage, bei der der Geschädigte selbst aus vermutetem Verschulden haften würde (z.B. § 832 I BGB) herangezogen wird (BGH, Life&Law 08/2012). Denn hinsichtlich des Umfangs der Kürzung wäre lediglich aufgrund einer Vermutungsregelung kein hinreichend sicheres Ergebnis erzielbar.

d) Ergebnis

Also muss V dem E den durch den verpassten Geschäftstermin entgangenen Gewinn ersetzen.

2. Anspruch aus §§ 823 II, 858 BGB

Ein Anspruch könnte sich auch aus §§ 823 II, 858 BGB ergeben.

a) Schutzgesetzverletzung

Dann müsste § 858 BGB ein Schutzgesetz darstellen und dieses müsste verletzt worden sein.

Nach gefestigter Rechtsprechung des BGH stellt § 858 BGB ein Schutzgesetz dar. Mit dem unbefugten Abstellen vor der Garage beging V verbotene Eigenmacht.

b) Schadensfolge und Ergebnis

Hinsichtlich der Schadensfolgen ergeben sich keine Unterschiede, so dass der Anspruch bejaht werden kann.

IV. Lösung Abwandlung

Fraglich ist, ob E von V Ersatz der ihm durch das Abschleppen verursachten Kosten verlangen kann.

1. Anspruch aus § 823 I BGB

a) Tatbestand

Der Tatbestand ist grundsätzlich erfüllt (s.o.).

b) Haftungsausfüllende Kausalität / Zurechnung

Fraglich ist, ob es sich bei den Abschleppkosten um einen Schaden handelt, der kausal auf der Eigentumsverletzung beruht (haftungsausfüllende Kausalität) und dem V auch zurechenbar ist.

Hätte V nicht vor der Garage geparkt, hätte ihn E nicht abschleppen lassen. Es ist auch keine fernliegende Folge, wenn der gestörte Eigentümer auf das Zuparken der Garage damit reagiert, den Wagen abschleppen zu lassen, so dass die Schadensfolge adäquat kausal auf der Eigentumsverletzung beruht.

Fraglich ist allerdings, ob der Schaden dem V auch zurechenbar ist. Denn die Abschleppkosten beruhen letztlich auf einem eigenen Willensentschluss des Geschädigten.

In diesen Fällen ist danach zu fragen, ob sich der Geschädigte herausgefordert fühlen durfte, die entsprechende Handlung vorzunehmen (sog. psychisch vermittelte Kausalität).

Das wäre insbesondere der Fall, wenn das Gesetz dem E die Handlung gestatten würde. Gem. § 859 III BGB besteht das Recht zur Besitzkehr. Diese muss sofort erfolgen, d.h. sobald dies nach objektiven Maßstäben möglich ist. Insoweit wird z.T. sogar eine Frist von 1 Tag für ausreichend angesehen. Es ist vorliegend davon auszugehen, dass E unmittelbar gehandelt hat, so dass eine Herausforderungssituation gegeben ist und der Schaden dem V zugerechnet werden kann.

c) Kein Verstoß gegen § 254 II S. 1 BGB

Der Anspruch könnte aber zu kürzen sein, wenn E es zumutbar unterlassen hat, den Schaden abzuwenden bzw. zu verringern.

Diese Prüfung erfolgt deshalb, weil das Selbsthilferecht gem. § 859 III BGB nach h.M. nicht schrankenlos besteht. Vielmehr handelt der Gestörte nur dann rechtmäßig, wenn die Handlung notwendig, geboten und angemessen ist.

Daran kann man zweifeln, wenn der Schaden besonders hoch ist und weniger einschneidende Möglichkeiten zur Verfügung gestanden hätten. Nach Ansicht des BGH gilt das Gebot der schonendsten Sanktion.

hemmer-Methode: Das könnte man annehmen, wenn der Aufenthaltsort des Störers bekannt ist. Zu verlangen, diesen Ort zu vermitteln, würde die Anforderungen aber wohl übersteigen.

Nach überzeugender Ansicht des BGH kommt es für diese Betrachtung nicht darauf an, ob die Garage benötigt wurde oder ob E auch hätte woanders parken können. Das würde bedeuten, die Beeinträchtigung faktisch hinnehmen zu müssen. Es kann dem Geschädigten aber allenfalls angelastet werden, die Beeinträchtigung nicht auf mildere Art und Weise abgewendet zu haben.

Derartige Aspekte sind nicht ersichtlich, so dass ein Verstoß gegen § 254 II S. 1 BGB nicht vorliegt.

2. Anspruch aus §§ 823 II, 858 BGB

Der Anspruch lässt sich wiederum in gleicher Weise auf §§ 823 II, 858 I BGB stützen.

V. Zusammenfassung

Sound: Das Zuparken einer Garage stellt keine Eigentumsverletzung des außerhalb der Garage befindlichen PKW dar. Aber das Eigentum an der Garage selbst wird i.S.d. § 823 I BGB verletzt. Befindet sich ein PKW *in* der Garage und kann wegen des Zuparkens nicht ausfahren, liegt eine Eigentumsverletzung am PKW vor (wie beim Fleet-Fall).

hemmer-Methode: Wer zugeparkt wird, dessen Eigentum am PKW wird i.S.d. § 823 I BGB verletzt. Davon zu trennen ist die Eigentumsverletzung bezogen auf Grund und Boden bzw. die Garage im Abwandlungsfall. Hier müssen Sie fragen, ob sich der Geschädigte herausgefordert fühlen durfte, die Abschleppmaßnahme durchzuführen. Das setzt nicht voraus, dass die Fläche / Garage dringend benötigt wird.

V. Zur Vertiefung

- Hemmer/Wüst, Deliktsrecht I, Rn. 38
- Hemmer/Wüst, Deliktsrecht Karteikarte Nr. 13
- BGH, Life&Law 08/2009, 511 ff.; 12/2012, 853 ff. zur Abwandlung. Zu dieser beachten Sie auch die Entscheidung des BGH in Life&Law 07/2016, 457 ff. Dort wurden die Abschleppkosten gegenüber dem Halter geltend gemacht, während ein anderer das Fahrzeug „falsch" geparkt hatte. Da ein Verschulden des Halters nicht festgestellt werden konnte, wurde die Haftung auf die GoA gestützt! Der BGH bejaht hier erstmals einen Anspruch aus §§ 683 S. 1, 670 BGB.

Fall 15: Eigentumsverletzung / Stromkabelfall

Sachverhalt (vgl. BGHZ 29, 65 – Stromkabel; BGHZ 41, 123 – Bruteier):

G ist Inhaber einer Geflügelzucht, deren Betriebsablauf darin besteht, Eier in elektrisch beheizten Brutvorrichtungen auszubrüten. Durch ein Verschulden des S wird eine den Geflügelbetrieb mit Elektrizität versorgende Stromleitung zerstört. Die Reparatur der Stromleitungen nimmt einen Tag in Anspruch. Infolge des Stromausfalles verderben dem G 3500 Eier. Außerdem kann G während dieser Zeit seinen Betrieb nicht durch Einlegen weiterer Eier in die Brutkästen nutzen.

Frage: Kann G von S Schadensersatz aus § 823 I BGB verlangen?

I. Einordnung

Probleme im Deliktsrecht zeichnen sich dadurch aus, dass ein rein tatsächlicher Sachverhalt in ein abstraktes rechtliches System eingepasst werden muss. Dabei ist es oft unerlässlich, den Fall aus verschiedenen rechtlichen Perspektiven zu betrachten: Kommen unterschiedliche Ansatzpunkte für die Verletzungshandlung in Betracht? Sind verschiedene Rechtsgüter verletzt? Wer hier nur feststellt, dass die verdorbenen Bruteier eine Eigentumsverletzung darstellen, schöpft die Tiefe des Falles nicht aus.

II. Gliederung

1.   Schadensersatz aus § 823 I BGB wegen Eigentumsverletzung

a)   Haftungsbegründender Tatbestand

aa)   Rechtsgutsverletzung

(1)   Stromkabel (-),
da nicht in Eigentum des G

(2)   Maschinen: nach BGH ebenfalls (-), da die Beeinträchtigung des schuldrechtlichen Stromversorgungsanspruches im Vordergrund steht.

(3)   Bruteier: (+), Substanzverletzung

bb)   Sonstige Voraussetzungen (+), insb. auch Verschulden des S

b)   Haftungsausfüllender Tatbestand
entgangener Gewinn und Wertersatz

2.   Schadensersatz aus § 823 I BGB wegen Beeinträchtigung des Betriebsablaufes
Kein geschütztes Rechtsgut: Recht am eingerichteten und ausgeübten Gewerbebetrieb ist gegenüber der Substanzverletzung der Bruteier subsidiär.

3.   Ergebnis: Anspruch (+)

III. Lösung

Fraglich ist, ob G von S Schadensersatz nach § 823 I BGB verlangen kann.

1. Schadensersatz aus § 823 I BGB wegen Eigentumsverletzung

Ein solcher Anspruch könnte wegen Vorliegens einer Eigentumsverletzung gegeben sein.

a) Haftungsbegründender Tatbestand

aa) Rechtsgutsverletzung

Erforderlich ist im haftungsbegründenden Tatbestand zunächst eine Rechtsgutsverletzung des G. Dabei kommt eine Eigentumsverletzung in Betracht.

(1) Eine solche lässt sich hinsichtlich des beschädigten **Stromkabels** nicht bejahen. Denn es ist davon auszugehen, dass dieses im Eigentum des Stromlieferanten, nicht aber im Eigentum des G steht.

G kann einen Anspruch aus § 823 I BGB aber naturgemäß nur auf die Verletzung *eigener* Rechtsgüter stützen.

(2) Allerdings kommt eine Eigentumsverletzung an den **Brutmaschinen** in Betracht.

Der umfassende Eigentumsschutz des Grundgesetzes wie des BGB gebietet es, nicht nur eine Substanzverletzung als Eigentumsverletzung anzusehen; vielmehr ist eine solche auch als sog. Gebrauchsbeeinträchtigung bei vollständiger Entziehung des bestimmungsgemäßen Gebrauchs für einen nicht unerheblichen Zeitraum anzunehmen. Auch wenn man die Frage des bestimmungsgemäßen Gebrauchs richtigerweise objektiv und nicht subjektiv betrachtet, muss man zu dem Ergebnis kommen: Die Brutmaschinen konnten wegen mangelnder Stromzufuhr für die Dauer der Unterbrechung zu ihrem bestimmungsgemäßen Gebrauch nicht eingesetzt werden.

Dennoch lehnte der BGH eine Eigentumsverletzung an den nicht einsetzbaren Maschinen ab (BGHZ 29, 65).

Hierbei wollte er die Konsequenz einer unüberschaubaren Haftung vermeiden: Wer einen Stromausfall verursacht, wäre allen Betreibern elektrischer Geräte potentiell schadensersatzpflichtig. Diese wertende Argumentation lässt sich auch dogmatisch untermauern: Vorrangig verletztes Gut bei einer solchen Konstellation ist der rein schuldrechtliche (und damit § 823 I BGB nicht unterfallende) Anspruch des Betreibers gegen sein Stromversorgungsunternehmen. Würde man eine Eigentumsverletzung der Maschinen annehmen, so würde man letztlich eine von § 823 I BGB nicht erfasst Beeinträchtigung schuldrechtlicher Ansprüche in einen Fall des § 823 I BGB umkonstruieren. Dies wird dem fragmentarischen Charakter des Deliktsrechts nicht gerecht.

Also liegt auch hinsichtlich der Maschinen keine Eigentumsverletzung vor.

Anmerkung: Wer die Ausführungen des BGH im Fleet-Fall ernst nimmt, muss hier eigentlich zu einer Eigentumsverletzung kommen. Die Argumentation des BGH hört sich eher als Angst vor der eigenen Courage (Gefahr einer ausufernden Haftung) an als eine echte dogmatische Begründung. Andere Ansicht an dieser Stelle daher natürlich vertretbar!

(3) Allerdings ist eine Eigentumsverletzung an den **Bruteiern** selbst anzunehmen: Diese befanden sich im Eigentum des G und wurden in Gestalt des Verderbs in ihrer Substanz verletzt. Dies stellt den unstreitigen Grundfall einer Eigentumsverletzung i.S.d. § 823 I BGB dar.

Anmerkung: Natürlich hätte man die Bruteier auch nach vorne ziehen können. Es gilt aber: Probleme schaffen, nicht wegschaffen. Die Diskussion der Eigentumsverletzung an den Maschinen ist vom Klausurersteller im „Klassiker" Stromkabelfall ersichtlich gewollt. In einem Gutachten ist das Durchdenken mehrerer Alternativen für die Erfüllung eines Tatbestandsmerkmales auch absolut zulässig (in einem Zivilrechtsurteil würde es anders aussehen).

bb) Sonstige Voraussetzungen

Die Zerstörung der Bruteier erfolgte durch eine kausale Handlung des S, die auch rechtswidrig war. S handelte laut Sachverhalt auch schuldhaft. Die Zerstörung von Eigentum aufgrund des Stromausfalles hätte er in jedem Fall vorhersehen können.

b) Haftungsausfüllender Tatbestand

Als ersatzfähiger Schaden muss zumindest der Wert der Eier ersetzt werden; dies erfolgt nach dem BGH über die Naturalrestitution nach § 249 II S. 1 BGB, nach anderer Auffassung über § 251 I BGB. Auch ist gem. § 252 BGB dem G der entgangene Gewinn zu ersetzen.

2. Schadensersatz aus § 823 I BGB wegen Beeinträchtigung des Betriebsablaufes

Durch den Stromausfall wurde ersichtlich der Ablauf des Betriebes des G beeinträchtigt.

Der Betriebsablauf stellt jedoch kein von § 823 I BGB erfasstes Rechtsgut dar.

Zwar erkennt die h.M. das „Recht am eingerichteten und ausgeübten Gewerbebetrieb" i.R.d. § 823 I BGB als schützenswert an; ein solches darf aber stets nur hilfsweise herangezogen werden, wenn kein anderes Rechtsgut des Anspruchstellers verletzt ist. Da dies mit den Bruteiern vorliegend aber der Fall ist, lässt sich ein Anspruch aus § 823 I BGB insoweit nicht begründen.

3. Ergebnis: G hat gegen S wegen Zerstörung der Bruteier aus § 823 I BGB Anspruch auf Schadensersatz.

Dieser umfasst den Wertersatz für die verdorbenen Eier sowie hierdurch entgangenen Gewinn.

IV. Zusammenfassung

Sound: Die Unterbindung der Stromzufuhr stellt nach dem BGH keine Eigentumsverletzung der betroffenen elektrischen Geräte dar. Sofern es aber hierdurch zu Substanzverletzungen kommt, ist eine Eigentumsverletzung in jedem Fall gegeben.

hemmer-Methode: § 823 II BGB kommt demgegenüber nicht in Betracht, weil fahrlässige Sachbeschädigung nicht strafbar ist.

V. Zur Vertiefung

- Hemmer/Wüst, Deliktsrecht Karteikarte Nr. 17

Fall 16: Eigentum / Weiterfressende Schäden

Sachverhalt (vgl. BGHZ 67, 359 – Schwimmerschalterfall):

A kauft eine Reinigungsanlage im Wert von 4.000 €. Aufgrund eines von Anfang an defekten Schwimmerschalters (Wert: 1 €) kommt es zu einem Brand, bei dem die Anlage vollständig zerstört wird.

Frage: *Liegt eine Eigentumsverletzung i.S.d. § 823 I BGB vor?*

I. Einordnung

Halten Sie sich stets vor Augen: § 823 I BGB setzt eine Rechtsgutsverletzung voraus. Dass hier das Vermögen des A ersichtlich gemindert wurde, kann nicht das entscheidende Kriterium für die Begründung eines Anspruches aus § 823 I BGB sein. Die Problematik des weiterfressenden Schadens (Sound!) ist eine solche, die man ohne Vorkenntnis nicht erkennen wird. Daher der vorliegende Fall.

II. Gliederung

Eigentumsverletzung gem. § 823 I BGB?

1. **Eigentum von Beginn an mangelhaft**
   A hatte nie Eigentum an einer mangelfreien Anlage; Problematik des weiterfressenden Schadens

2. **Abgrenzung von Äquivalenz- und Integritätsinteresse**
   Kriterium der Stoffgleichheit

3. **Anwendung auf den vorliegenden Fall**
   Eigentumsverletzung i.H.v. 3.999 €; 1 € nur nach Gewährleistungsrecht ersatzfähig.

III. Lösung

Eigentumsverletzung gem. § 823 I BGB?

Fraglich ist das Vorliegen einer Eigentumsverletzung.

1. Eigentum von Beginn an mangelhaft

A wurde wirksam Eigentümer der Reinigungsanlage. Diese Reinigungsanlage hatte von Beginn an einen fehlerhaften Schwimmschalter. Dieser „Mangel" hat sich später durch den Brand fortgesetzt.

Wenn aber das Eigentum des A von Beginn an schon mangelhaft war, stellt sich die Frage, unter welchen Voraussetzungen eine weitere Vertiefung des Schadens überhaupt noch eine Eigentumsverletzung darstellen kann. Die Problematik ist derjenigen der Verletzung eines Kindes vor der Geburt zu vergleichen; während jedoch dort aus verfassungsrechtlichen Gründen eine Gesundheitsverletzung auch dann angenommen wird, wenn das Kind nie gesund war sondern geschädigt zur Welt kam, werden derartige Erwägungen im Bereich des Eigentumserwerbes nicht herangezogen.

Fraglich ist also, ob im Falle eines solchen „weiterfressenden Schadens" eine Eigentumsverletzung anzunehmen ist.

Anmerkung: Gerade wenn Sie das zentrale Problem eines Falles behandeln, wird Genauigkeit honoriert: Stellen Sie zunächst dar, *warum* ein Problem vorliegt; erst danach können Sie dazu übergehen, *wie* dieses Problem möglicherweise zu lösen ist. Der Korrektor ist dankbar für Klausuren, die einer klar nachvollziehbaren logischen Vorgehensweise folgen! Wer seine gedankliche Systematik dann noch durch entsprechende Gliederungspunkte verdeutlicht, hebt sich deutlich von der Masse ab.

2. Abgrenzung von Äquivalenz- und Integritätsinteresse

§ 823 I BGB schützt den unbeeinträchtigten Fortbestand der genannten Rechtsgüter, sog. **Integritätsinteresse**.

Das Interesse des Käufers, für den gezahlten Kaufpreis eine mangelfreie Kaufsache zu erhalten, sog. **Äquivalenzinteresse** (Gleichwert von Leistung und Gegenleistung) wird hingegen von den §§ 823 ff. BGB nicht erfasst, sondern allein durch die Mängelgewährleistungsvorschriften, z.B. die §§ 434 ff. BGB, geschützt.

Die Abgrenzung ist *dogmatisch* daher einfach: Geht es um den Mangel, den die Sache von vorne herein hat, so greift nur das Gewährleistungsrecht. Geht es um einen Schaden, der bei Erhalt des Eigentums noch nicht vorhanden war, ist § 823 I BGB einschlägig.

In der Praxis der Rechtsprechung sind mehrere Versuche unternommen worden, einfache Abgrenzungskriterien zu finden. So stellte der BGH zunächst darauf ab, ob ein funktionell abgrenzbares Teil schadhaft war und dieser Schaden dann auf den Rest der Sache eingewirkt hat.

Teilweise wurde auch auf die Zufälligkeit des Schadenseintritts oder darauf abgestellt, ob ein hoher Schaden eingetreten sei. Derartige Kriterien werden aber der gesetzlichen Systematik nicht gerecht. Vielmehr ist schlicht danach zu fragen, ob durch das „Weiterfressen" des Schadens die Sache noch weiter an Wert verloren hat. Ist dies der Fall, ist das Integritätsinteresse betroffen und insoweit § 823 I BGB anzuwenden. Es ist ein Wertvergleich anzustellen zwischen dem Wert der Sache bei Eigentumserwerb (mit dem vorhandenen Mangel) und dem Wert im jetzigen Zeitpunkt (also nach dem „Weiterfressen" des Mangels).

Die griffige Formel der neueren Rechtsprechung lautet: Nur Gewährleistungsrecht und nicht § 823 I BGB ist anzuwenden, **soweit der geltend gemachte Schaden mit dem Mangelunwert der Sache stoffgleich ist**.

Anmerkung: Einfacher: „... soweit der geltend gemachte Schaden dem Mangelunwert *entspricht*". Der Korrektor will aber das Schlagwort „Stoffgleichheit" hören!

3. Anwendung auf den vorliegenden Fall

Bei Erwerb des Eigentums hatte diese Maschine wegen des mangelhaften Schalters einen Wert von lediglich 3.999 €. Die teilweise vertretene Ansicht, durch die innewohnende Gefahr einer vollständigen Zerstörung sei die Sache von Beginn an nichts wert gewesen, entspricht nicht der wirtschaftlichen Realität. Nach dem Brand war die Anlage nur noch 0 € wert (vollständige Zerstörung).

Das Integritätsinteresse ist daher i.H.v. 3.999 € betroffen, so dass insoweit eine Eigentumsverletzung i.S.d. § 823 I BGB zu bejahen ist. 1 € entspricht dem Äquivalenzinteresse und ist nur über Gewährleistungsrecht zu behandeln (denn dieser Schaden bestand von Anfang an).

Ergebnis: Also liegt eine Eigentumsverletzung vor; der nach § 823 I BGB ersatzfähige Schaden beträgt 3.999 €.

Anmerkung: Also nichts anderes als eine banale Vergleichsrechnung: Wie viel war die Sache vor dem Brand wert? 3.999 €. Wie viel nach dem Brand? 0 €. Also der nach § 823 I BGB ersatzfähige Schaden: 3.999 €.

Der Restbetrag ist eine Frage des Gewährleistungsrechts.

In einer Klausur ließe sich die Problematik gut mit der Konstellation der Produzentenhaftung verbinden. Dazu aber noch später.

IV. Zusammenfassung

Sound: Bei den sog. weiterfressenden Schäden liegt eine Eigentumsverletzung i.S.d. § 823 I BGB nur vor, soweit der geltend gemachte Schaden nicht mit dem Mangelunwert der Sache stoffgleich ist. Denn insoweit kommt allein ein Ausgleich nach dem jeweiligen Gewährleistungsrecht in Betracht.

hemmer-Methode: Angesichts der gefestigten und zutreffenden Rechtsprechung des BGH zu den weiterfressenden Schäden ist eine derartige Konstellation im Examen dankbar. Dies auch deshalb, weil viele der Bearbeiter zwar schon einmal etwas von „Stoffgleichheit" gehört haben, die abstrakte Rechtsprechungsformel aber nicht auf den konkreten Einzelfall übertragen können. Hier lassen sich Punkte gewinnen!

Im vorliegenden Fall war nur nach dem Vorliegen einer Eigentumsverletzung gefragt. Wäre nach einem Anspruch aus § 823 I BGB gefragt gewesen, wäre noch eine Einschränkung zu bedenken gewesen. Erfolgt die Eigentumsverletzung durch den Verkäufer, ist das Verhältnis zum Mängelrecht von Bedeutung. Im Mängelrecht hat der Verkäufer die Möglichkeit, den Mangel zu beheben, bevor er Schadensersatz leisten muss. Das ergibt sich aus dem Fristsetzungserfordernis in §§ 437 Nr.3, 281 I BGB. Die Nacherfüllung ist auf einen Zustand gerichtet, der einer ordnungsgemäßen Erfüllung entspricht. Dazu gehört auch die Beseitigung der Weiterfresserschäden. Problematisch wird die Lösung, wenn der Käufer den Weiterfresserschaden selbst behebt, ohne dem Verkäufer zuvor eine Frist gesetzt zu haben. Ein Anspruch aus § 281 I S. 1 BGB scheidet dann aus. Kann der Käufer dann Schadensersatz gem. § 823 I BGB verlangen? Das käme faktisch einem Selbstvornahmerecht gleich. Der BGH hat diese Frage bislang nicht entschieden.

V. Zur Vertiefung

- Hemmer/Wüst, Deliktsrecht I, Rn. 34
- Hemmer/Wüst, Deliktsrecht Karteikarte Nr. 12

Fall 17: Eigentum /
Verletzung der rechtlichen Zuordnung

Sachverhalt:

L verkauft und veräußert D einen Palandt, den er selbst von E geliehen hat. D verkennt leicht fahrlässig, dass L nicht Eigentümer ist.

Frage: *Kann E von L oder D Schadensersatz aus § 823 I BGB verlangen?*

I. Einordnung

Die Substanzverletzung sowie die Beeinträchtigung des bestimmungsgemäßen Gebrauchs als Formen der Eigentumsverletzung i.R.d. § 823 I BGB kennen Sie schon. Die Sachentziehung stellt letztlich nur die stärkste Form der Gebrauchsbeeinträchtigung dar. Ein weiterer – oft übersehener – Fall der Verletzung von Eigentum ist aber die Fallgruppe der Verletzung der rechtlichen Zuordnung, um die es im vorliegenden Fall geht.

II. Gliederung

1. Anspruch gegen L aus § 823 I BGB

a) Anwendbarkeit der §§ 823 ff. BGB

§ 993 I HS 2 BGB? (-), da keine Vindikationslage zwischen E und L

b) Rechtsgutsverletzung

Gutgläubiger Erwerb des D (+), damit Verletzung des Eigentums des E: Verletzung der rechtlichen Zuordnung

c) Sonstige Voraussetzungen (+)

2. Anspruch gegen D aus § 823 I BGB

a) Anwendbarkeit

Unproblematisch (+), da D mit Besitz auch Eigentum erlangte, so dass ihm gegenüber nie eine Vindikationslage bestand und § 993 I HS 2 BGB nicht eingreifen kann.

b) Rechtsgutsverletzung (+), s.o.

c) Kausale Handlung (+)

d) keine Rechtswidrigkeit

3. Ergebnis:

Anspruch gegen L, nicht aber gegen D.

III. Lösung

1. Anspruch gegen L aus § 823 I BGB

E könnte gegen L einen Anspruch aus § 823 I BGB haben.

a) Anwendbarkeit der §§ 823 ff. BGB

Dies setzt zunächst die Anwendbarkeit der §§ 823 ff. BGB voraus.

Die Unanwendbarkeit der deliktischen Schadensersatzvorschriften könnte sich aus § 993 I HS 2 BGB ergeben.

Sofern im Zeitpunkt der schädigenden Handlung ein Eigentümer-Besitzer-Verhältnis (EBV) bestand, führt § 993 I HS 2 BGB grundsätzlich zum Ausschluss weiterer Schadensersatzansprüche außerhalb der §§ 987 ff. BGB.

Anmerkung: Ein Eigentümer-Besitzer-Verhältnis oder auch eine „Vindikationslage" liegen zwischen zwei Personen vor, von denen der eine Eigentümer und der andere Besitzer ohne ein Recht zum Besitz i.S.d. § 986 BGB ist. Mit anderen Worten: Eine Beziehung, bei der der eine gegen den anderen Beteiligten einen Anspruch aus § 985 BGB (Eigentum / Besitz / kein Recht zum Besitz) hat.

Eine Vindikationslage war zwischen E und L im Zeitpunkt der Weitergabe an D jedoch nicht gegeben: Zwar war E Eigentümer und L (unmittelbarer) Besitzer, aber L hatte aus dem Leihvertrag gem. §§ 598 ff. BGB ein Recht zum Besitz.

Die z.T. vertretene Figur des „nicht so berechtigten" Besitzers ist abzulehnen, Danach hat L zwar Besitz, übt diesen aber in einer vertragswidrigen Art aus, so dass er insoweit als besitzrechtsloser Besitzer aufgefasst wird.

Ein Bedürfnis für diesen Ansatz besteht nicht, weil der Besitzer in diesen Fällen aus Vertrag und ggfs. – worauf sich die Prüfung vorliegend beschränkt – aus § 823 I BGB haftet.

Damit sind die §§ 823 ff. BGB anwendbar.

b) Rechtsgutsverletzung

Es könnte eine Verletzung des Eigentums des E am Palandt vorliegen.

Eine solche kommt in Gestalt der Verletzung der rechtlichen Zuordnung in Betracht.

L sich mit D über die Übereignung des Palandt dinglich i.S.d. § 929 S. 1 BGB geeinigt und ihn ihm übergeben. Allerdings handelte L als Nichtberechtigter. Da ein Abhandenkommen i.S.d. § 935 I BGB nicht gegeben war, kam ein gutgläubiger Erwerb des D vom Nichtberechtigten nach § 932 I S. 1 BGB in Betracht. D kannte weder die Nichtberechtigung des Veräußerers L noch hat er sie grob fahrlässig verkannt, so dass er gutgläubig war, § 932 II BGB. Seine leichte Fahrlässigkeit schadet ihm insoweit nicht: Gem. § 932 II BGB führt erst *grobe* Fahrlässigkeit zur Bösgläubigkeit.

Damit hat D wirksam Eigentum am Palandt erworben. Dies stellt für E eine Verletzung seines Eigentums dar: Er hat sein Eigentum verloren; dass dies nicht aufgrund eines tatsächlichen (z.B. Zerstörung), sondern eines rechtlichen Grundes geschah, ist für die Anwendung des § 823 I BGB irrelevant. Daher liegt eine Rechtsgutsverletzung vor.

c) Sonstige Voraussetzungen

Diese Rechtsgutsverletzung beruht kausal auf dem Verhalten des L, der auch rechtswidrig handelte. L kannte seine fehlende Berechtigung, so dass er im Hinblick auf die Rechtsgutsverletzung vorsätzlich und damit schuldhaft handelte.

Der von L zu ersetzende Schaden beläuft sich auf den Betrag, welcher zur Ersatzbeschaffung erforderlich ist, § 249 II S. 1 BGB. Sollte eine Wiederbeschaffung unterbleiben, wäre die Umsatzsteuer in Abzug zu bringen, § 249 II S. 2 BGB.

Anmerkung: In einer umfangreichen Klausur müssten noch weitere Ansprüche gegen L geprüft werden: wegen Unmöglichkeit der Rückgabepflicht aus § 604 I BGB Schadensersatz nach §§ 280 I, III, 283 S. 1 BGB. Gem. §§ 687 II, 681 S. 2, 667 BGB sowie gem. § 816 I S. 1 BGB auf Erlösherausgabe.

2. Anspruch gegen D aus § 823 I BGB

Möglicherweise steht dem E auch ein entsprechender Anspruch gegen D zu.

a) Anwendbarkeit

Im Hinblick auf § 993 I HS 2 BGB ergeben sich gegenüber D keine Probleme: D erwarb mit dem Besitz zeitgleich Eigentum (s.o.), war also nie Besitzer ohne auch Eigentümer zu sein. Damit konnte ihm gegenüber nie eine Vindikationslage bestanden haben, die zur Anwendbarkeit der Sperrwirkung des § 993 I HS 2 BGB führen könnte.

b) Rechtsgutsverletzung

Eine Rechtsgutsverletzung zu Lasten des E liegt vor, s.o.

c) Kausale Handlung

Das Handeln des D war hierfür ebenso kausal wie das oben betrachtete Handeln des L. Ohne das Zutun des D hätte E sein Eigentum nicht verloren.

d) Keine Rechtswidrigkeit

Da der D das Eigentum aber gem. §§ 932 ff. BGB gutgläubig erworben hat, kann die Verletzung nicht als rechtswidrig bezeichnet werden.

Andernfalls würde der gutgläubige Erwerb in Fällen leichter Fahrlässigkeit entwertet, d.h. faktisch würde die Regelung zur Bösgläubigkeit (§ 932 BGB) ausgehebelt werden.

Da das Gesetz in diesen Vorschriften die Güterzuordnung zum gutgläubigen Erwerber billigt, kann der gutgläubige Erwerb nicht im Hinblick auf den Eigentumsverlust des vormals Berechtigten als recht*swidrig* anzusehen sein.

Damit scheidet ein Anspruch gegen D aus.

3. Ergebnis:

E kann von L Ersatz des Palandt verlangen. Ein Anspruch gegen D besteht nicht.

IV. Zusammenfassung

Sound: Der gutgläubige Erwerb vom Nichtberechtigten stellt eine i.R.d. § 823 I BGB relevante Eigentumsverletzung zu Lasten des bisherigen Eigentümers dar. Die Wertungen der §§ 932 ff. BGB lassen jedoch einen Schadensersatzanspruch gegen den Erwerber nicht zu, sehr wohl aber gegen den nichtberechtigten Veräußerer.

hemmer-Methode: Denkbar wäre noch ein Anspruch gegen den gutgläubig erwerbenden Dritten nach Bereicherungsrecht. Da E jedoch an D nicht geleistet hat, kommt die allgemeine Leistungskondiktion nach § 812 I S. 1 Alt. 1 BGB nicht in Betracht; die Nichtleistungskondiktion gem. § 812 I S. 1 Alt. 2 BGB würde am Vorrang der Leistungsbeziehung scheitern: L hat das Eigentum ja an D geleistet. § 816 I S. 2 BGB lässt nur im Falle eines unentgeltlichen Erwerbes des D von L einen Durchgriff des E gegen D zu. Darum geht es im vorliegenden Fall jedoch nicht, so dass auch ein bereicherungsrechtlicher Anspruch gegen D ausscheidet.

V. Zur Vertiefung

▪   Hemmer/Wüst, Deliktsrecht I, Rn. 42

Fall 18: Sonstige Rechte / Besitz

Sachverhalt:

V vermietet dem G den Sommer über sein Segelboot. S, der gerade seinen Segelschein gemacht hat, rammt das Boot fahrlässig. G lässt das Boot für 200 € reparieren, ohne V von der ganzen Sache zu unterrichten.

Frage: *Kann G von S die 200 € ersetzt verlangen?*

Abwandlung: *Was würde gelten, wenn V dem G das Boot unter Eigentumsvorbehalt verkauft und G den Kaufpreis noch nicht vollständig gezahlt hätte?*

I. Einordnung

Neben Leben, Körper, Gesundheit, Freiheit und Eigentum kommt bei § 823 I BGB auch die Verletzung eines „sonstigen Rechts" in Betracht. Dass die Ausfüllung dieses unbestimmten Rechtsbegriffs zu einigen Meinungsstreitigkeiten führt, liegt auf der Hand. Wichtiger Anhaltspunkt ist jedoch, dass diese „sonstigen Rechte" dem Eigentum vergleichbar sein müssen; dies schafft eine recht handhabbare Auslegung des Begriffs des sonstigen Rechts, vgl. im Folgenden.

II. Gliederung

Anspruch des G gegen S auf Schadensersatz in Höhe von 200 €

In Frage kommt nur Anspruch aus § 823 I BGB

1. Haftungsbegründender Tatbestand

a) Rechtsgutverletzung
   Jedenfalls berechtigter Besitz ist „sonstiges Recht"; Verletzung (+)

b) Sonstige Voraussetzungen
   Rechtswidrige und schuldhafte Verletzung durch S (+)

2. Haftungsausfüllender Tatbestand
   § 249 II S. 1 BGB (+), etwaiger Ersatzanspruch des G gegen V unbeachtlich

3. Exkurs: Gläubigermehrheit
   Nach Reparatur hat V keinen Schaden mehr, so dass G alleiniger Anspruch zusteht.

4. Abwandlung:
   Anwartschaftsrecht des G ist sonstiges Recht i.S.d. § 823 I BGB.

III. Lösung

Anspruch des G gegen S auf Schadensersatz in Höhe von 200 €

Fraglich ist, ob G von S Ersatz der aufgewendeten 200 € verlangen kann. Dies setzt einen entsprechenden Anspruch voraus. Als solcher kommt allein § 823 I BGB in Betracht; § 823 II BGB scheidet mangels eines ersichtlichen Schutzgesetzes aus.

1. Haftungsbegründender Tatbestand

a) Rechtsgutverletzung

Erforderlich ist zunächst eine Rechtsgutverletzung.

Das Eigentum des V ist verletzt worden. Dies ist aber für den hier zu prüfenden Anspruch des G unbeachtlich: Erforderlich ist stets eine *eigene* Rechtsgutsverletzung des Anspruchstellers. Für G kommt nur ein „sonstiges Recht" i.S.d. § 823 I BGB in Betracht.

Mit dem Wort „sonstig" zeigt das Gesetz, dass die sonstigen Rechte in gewisser Weise den ausdrücklich in § 823 I BGB genannten Rechtsgütern ähnlich sein müssen. Daher muss es sich nach h.M. um ein **absolutes Recht** handeln, d.h. um ein solches, das **gegenüber jedermann** wirkt.

Damit scheiden rein schuldrechtliche Berechtigungen wie das Nutzungsrecht des Mieters aus.

Ein sonstiges Recht liegt jedenfalls im Falle eines **eigentumsähnlichen** Rechts vor. Zivilrechtliches Eigentum kennzeichnet sich dadurch, dass der Eigentümer die Sache nach freiem Belieben nutzen darf (**Nutzungsfunktion**, § 903 S. 1 Alt. 1 BGB) und zum anderen Dritte von jeder Einwirkung ausschließen darf (**Ausschlussfunktion**, § 903 S. 1 Alt. 2 BGB). Liegt eine Rechtsposition mit beiden Elementen vor, ist von Eigentumsähnlichkeit auszugehen und ein „sonstiges Recht" i.S.d. § 823 I BGB gegeben.

Das Vorliegen eines sonstigen Rechts ist nach ganz überwiegender Auffassung jedenfalls für den **berechtigten Besitz** zu bejahen. Denn aus dem Besitzrecht folgt auch regelmäßig das Recht zur Nutzung (Nutzungsfunktion); die Ausschlussfunktion ergibt sich aus den Besitzschutzrechten der §§ 859 ff. BGB. Als berechtigter Besitzer ist G damit Inhaber eines sonstigen Rechts i.S.d. § 823 I BGB.

Anmerkung: Nicht ganz so klar ist die Rechtslage beim unberechtigten Besitz. Man ist geneigt, hier generell das Vorliegen eines sonstigen *Rechts* abzulehnen, denn der Besitz beschreibt ja nur die tatsächliche Beziehung zu der Sache. Demgegenüber will *Medicus* (BR Rn. 607) danach differenzieren, ob der unberechtigte Besitzer im Einzelfall die Nutzungen behalten darf (so der gutgläubige, unverklagte Besitzer im EBV) oder nicht (so z.B. der unentgeltliche Besitzer wegen § 988 BGB). Diese Differenzierung leuchtet ein, weil die eigentumsähnliche Nutzungsfunktion (s.o.) gegeben ist, wenn gezogene Nutzungen nicht herausgegeben werden müssen. Die Ausschlussfunktion steht in Form der §§ 859 ff. BGB dem nichtberechtigten Besitzer ebenso wie dem berechtigten Besitzer zu.

Dieses sonstige Recht wurde durch die Beschädigung auch i.S.d. § 823 I BGB **verletzt**: Denn hierdurch wurde die in dem berechtigten Besitz enthaltene Berechtigung zur Nutzung des Bootes eingeschränkt.

b) Sonstige Voraussetzungen

Das kausale Handeln des S war mangels in Betracht kommender Rechtfertigungsgründe rechtswidrig. S handelte laut Sachverhalt fahrlässig und damit schuldhaft.

2. Haftungsausfüllender Tatbestand

a) Die Kosten der Reparatur von 200 € stellen einen nach § 249 II S. 1 BGB ersatzfähigen Schaden dar.

b) Möglicherweise könnte aber zu berücksichtigen sein, dass G diese Kosten **von seinem Vermieter V eventuell ersetzt bekommt**.

Zwar sind die Regeln eines solchen sog. Vorteilsausgleiches grundsätzlich auf die Berechnung eines Vermögensschadens i.R.d. Schadenskompensation gem. § 251 BGB zugeschnitten. Doch auch bei der Naturalrestitution nimmt die Rechtsprechung eine Anrechnung von durch das schädigende Ereignis ausgelösten Vermögensvorteilen vor. Dies ist auch gerechtfertigt, da im Schadensrecht generell das Verbot der Bereicherung gilt, d.h.: Der Geschädigte darf durch die Schädigung nicht besser stehen als er ohne sie stünde.

Anmerkung: Klassischer Anwendungsfall dieser Überlegung ist der sog. „Abzug neu für alt" bei der Zerstörung eines PKW.
Der am Boot hervorgerufene Schaden stellt fraglos einen Sachmangel der Mietsache i.S.d. § 536 I BGB dar. Beseitigt der Mieter einen solchen selbst, kann er Ersatz hierfür vom Vermieter nur unter den einschränkenden Voraussetzungen des § 536a II BGB verlangen, die vorliegend aber nicht gegeben waren. Damit steht dem G gegen seinen Vermieter V bzgl. der 200 € gar kein Ersatzanspruch zu.

Doch selbst wenn dies der Fall wäre, würde sich der Anspruch gegen den Schädiger S nicht mindern: Die Vornahme eines Vorteilsausgleichs hängt stets auch von Wertungskriterien ab, insbesondere darf die Anrechnung eines Vorteils nicht den Schädiger in unbilliger Weise entlasten. Für den S stellt es sich aber als Zufall dar, dass G nicht selbst Eigentümer, sondern Mieter ist. Dem S darf eine etwaige Ausgleichsbeziehung zwischen G und V nicht zugutekommen, da diese allein im Innenverhältnis zwischen G und V wirkt.

Also scheidet ein Vorteilsausgleich in jedem Fall aus.

Anmerkung: Hier sind im haftungsausfüllenden Tatbestand durchaus knifflige Erwägungen anzustellen, die sicher nicht als „Standard" zu bezeichnen sind.
Man sollte sich aber stets überlegen, ob der nach § 823 I BGB Anspruchsberechtigte auch tatsächlich einen Schaden hat.

3. Exkurs: Gläubigermehrheit

Problematisch ist, dass V als Eigentümer ebenfalls gegen S ein Anspruch auf Schadensersatz aus § 823 I BGB zusteht. Da S insgesamt nur einmal die 200 € zahlen muss, ist zu klären, welcher Art die Gläubigermehrheit zwischen V und G ist.

Anmerkung: Sind an einem Anspruch mehrerer beteiligt, so spricht man von Gläubigermehrheit (auf Gläubigerseite) bzw. von Schuldnermehrheit (auf Schuldnerseite).

Dies bedarf aber nur dann einer Diskussion, wenn auch V von S Zahlung von 200 € verlangen kann. Hierbei ist zu berücksichtigen, dass das Boot bereits repariert wurde; das Vermögen des V wurde also unter dem Strich nicht gemindert. Es ist daher davon auszugehen, dass seitens des V kein Schaden mehr vorliegt, so dass nunmehr allein G Anspruchsinhaber ist. Damit stellt sich das Problem der Gläubigermehrheit nicht.

Anmerkung: Etwas anderes würde nur in Fällen des sog. merkantilen Minderwertes gelten, d.h. wenn trotz der Reparatur ein Minderwert aufgrund der Unfallbeschaffenheit zurückbleibt.

Daher kann G den Anspruch alleine geltend machen.

Anmerkung: Wäre das Boot noch nicht repariert worden, so bestünde der Anspruch des V noch. Die h.M. geht von Mitgläubigerschaft zwischen Eigentümer (V) und Besitzer (G) aus, § 432 BGB.

Ergebnis: G kann von S Zahlung von 200 € verlangen.

IV. Lösung Abwandlung

In der Abwandlung steht dem G ein Anwartschaftsrecht an dem Boot zu. Ein solches liegt vor, wenn bei einem mehrstufigen Erwerbsvorgang noch nicht alle Stufen erfüllt sind, aber dem zukünftigen Erwerber bereits eine gesicherte Rechtsposition zusteht, die ihm nicht mehr einseitig genommen werden kann. Dies ist bei einem Vorbehaltskäufer vor Bedingungseintritt der Fall: Der Tatbestand der Übereignung nach § 929 S. 1 BGB ist noch nicht vollständig abgeschlossen, da die hierzu erforderliche dingliche Einigung unter der aufschiebenden Bedingung (§ 158 I BGB) der vollständigen Kaufpreiszahlung steht und diese noch nicht eingetreten ist. Die gesicherte Rechtsposition ergibt sich insbesondere aus dem gesetzlichen Schutz nach § 161 I BGB.

Das Anwartschaftsrecht wird als „wesensgleiches Minus" zum Vollrecht gesehen. Daher wird es mit diesem in nahezu allen Fällen gleich behandelt. Daher stellt das Anwartschaftsrecht des Vorbehaltskäufers ein sonstiges Recht i.S.d. § 823 I BGB dar. Im Übrigen vgl. Grundfall.

V. Zusammenfassung

Sound: Sonstige Rechte i.S.d. § 823 I BGB sind nur absolute Rechte. Ein sonstiges Recht liegt jedenfalls bei Eigentumsähnlichkeit vor. Dies setzt zwei Elemente, nämlich die Ausschluss- und die Nutzungsfunktion voraus.
Beides ist beim berechtigten Besitz gegeben. Anwartschaftsrechte sind als wesensgleiches Minus zum Vollrecht auch bzgl. des § 823 I BGB wie das Vollrecht (v.a. Eigentum) zu behandeln.

hemmer-Methode: *Medicus* vertritt, dass die Figur des Anwartschaftsrechts eigentlich überflüssig und dogmatisch völlig überbewertet ist. Denn aus dem Anwartschaftsrecht könne sich nichts ergeben, was das Gesetz ohnehin vorsehe. Dies stimmt auch hier: Man hätte ebenso gut auf den berechtigten Besitz des G abstellen können und wäre zum identischen Ergebnis gekommen.

VI. Zur Vertiefung

- Hemmer/Wüst, Basics Zivilrecht, Band 2, Rn. 98
- Hemmer/Wüst, Deliktsrecht I, Rn. 46 f.
- Hemmer/Wüst, Deliktsrecht Karteikarte Nr. 14

Fall 19: Sonstige Rechte / Ehestörungsfälle

Sachverhalt:

F muss nach langjähriger Ehe feststellen, dass ihr Ehemann M ein Verhältnis mit der Geliebten D hat. F gerät in tiefe Depressionen und bedarf zeitweise ärztlicher Behandlung. F nimmt sich einen Anwalt und verlangt, dass M diese „unsägliche Beziehung" sofort beende und verlangt von M auch die Kosten der ärztlichen Behandlung. Als M sich wenig beeindruckt zeigt, stellt sie die gleichen Forderungen auch an D.

Frage: Bestehen die von F geltend gemachten Ansprüche?

I. Einordnung

Sobald man sich im Bereich der „sonstigen Rechte" von dinglichen Rechtspositionen entfernt, wird vieles ungewiss. Wie soll man auch beurteilen, ob ein Interesse, etwa das Interesse auf ungestörten Fortbestand der ehelichen Lebensgemeinschaft, mit Leben, Gesundheit, Körper und Freiheit vergleichbar sind? Andererseits können Sie sich vorstellen, dass Fälle wie der obige in der Praxis durchaus häufig vorkommen und dementsprechend auch bereits mehrmals dem BGH zur Entscheidung vorlagen. Die vom BGH entwickelten Ansichten zur Behandlung der „Ehestörung" sollten daher bekannt sein.

II. Gliederung

1. Ansprüche der F gegen M

a) **Beendigung der ehebrecherischen Beziehung**

aa)   **§ 1353 I S. 2 HS 1 BGB**
Allgemeiner Anspruch auf Herstellung der ehelichen Lebensgemeinschaft (+), allerdings nicht vollstreckbar wegen § 120 III FamFG.

bb) **§ 1004 I BGB analog**
Nach h.M. (-), da Umgehung von § 120 III FamFG

b) **Schadensersatz**
§ 823 I BGB aus gleichen Gründen wie bei § 1004 I BGB analog (-)

2. Ansprüche der F gegen D

a) **Beendigung der ehebrecherischen Beziehung, § 1004 I BGB analog**
Str.; überzeugend: (-), da ehel. Lebensgemeinschaft nur zwischen den Ehegatten wirkt

b) **Schadensersatz, § 823 I BGB**
Mit gleicher Argumentation abzulehnen.

3. Ergebnis: Nur Anspruch auf Herstellung der ehelichen Lebensgemeinschaft gem. § 1353 I S. 2 HS 2 BGB.

III. Lösung

1. Ansprüche der F gegen M

F könnte zunächst Ansprüche gegen ihren Ehemann M haben.

a) Beendigung der ehebrecherischen Beziehung

aa) § 1353 I S. 2 HS 1 BGB

Ein Anspruch der F gegen M, die ehebrecherische Beziehung des M zu D zu beenden, ergibt sich unproblematisch aus § 1353 I S. 2 HS 1 BGB: Die Verpflichtung zur ehelichen Lebensgemeinschaft schließt die Verpflichtung zur geschlechtlichen Treue ein. Daher kann F von M hiernach die Beendigung der Beziehung verlangen.

Ein erstrittenes Urteil kann die F aber wegen § 120 III FamFG nicht vollstrecken, so dass dieser Anspruch für sie von geringer praktischer Relevanz ist.

bb) § 1004 I BGB analog

§ 1004 I BGB gibt einen Anspruch auf Beseitigung bzw. Unterlassung von Störungen des Eigentums. Diese Störungen müssen nur rechtswidrig, nicht auch schuldhaft sein (Wortlaut). Dafür ist der Anspruch aber auch nur auf Beseitigung / Unterlassung, nicht auf Schadensersatz nach den §§ 249 ff. BGB gerichtet.

Freilich geht es vorliegend nicht um eine Eigentumsbeeinträchtigung. Nach zutreffender Auffassung ist § 1004 I BGB aber analog als sog. **quasi-negatorischer Anspruch** auf alle von § 823 I BGB geschützten Rechtsgüter anzuwenden. Denn diese genießen den gleichen Schutz wie das in § 1004 I BGB ausdrücklich genannte Eigentum.

Anmerkung: § 1004 I BGB gilt auch analog für die in § 823 II BGB i.V.m. mit dem jeweiligen Schutzgesetz geschützten Rechtsgüter!

Für den Erfolg eines Beseitigungsanspruches aus § 1004 I BGB ist die Störung (d.h. Verletzung) eines geschützten Rechtes erforderlich. Problematisch ist, ob auch der **ungestörte Fortbestand der Ehe** hierzu zählt.

Die Rechtsprechung lehnt dies weitgehend mit dem Argument ab, die gesetzlichen Regelungen über die Ehe haben abschließenden Charakter. Nach § 823 I BGB und nach § 1004 I BGB analog sei daher nur der **räumlich-gegenständliche Bereich** der Ehe geschützt (z.B.: Aufnahme der Geliebten in die gemeinsame Ehewohnung).

Dem ist zuzustimmen: Würde man einen Anspruch aus § 1004 I BGB gegen den Ehemann M bejahen, könnte dieses Urteil nach § 890 ZPO vollstreckt werden. Dies liefe aber dem in § 120 III FamFG normierten Vollstreckungsverbot für Ansprüche auf Herstellung der ehelichen Gemeinschaft zuwider. Diese Norm könnte über den Umweg eines Anspruches aus § 1004 I BGB umgangen werden.

Sofern es allerdings nur um den räumlich-gegenständlichen Bereich der Ehe geht, stehen rein vermögensrechtliche Fragen im Vordergrund, so dass es eines Schutzes vor staatlichem Eingriff nicht bedarf.

Vorliegend ist aber der räumlich-gegenständliche Bereich der Ehe nicht betroffen, so dass ein Anspruch aus § 1004 I BGB gegen M ausscheiden muss.

b) Schadensersatz

Mit derselben Argumentation scheidet auch ein Anspruch auf Schadensersatz aus § 823 I BGB gegen M aus.

2. Ansprüche der F gegen D

F könnte aber Ansprüche gegen die Geliebte D haben.

a) Beendigung der ehebrecheri-schen Beziehung, § 1004 I BGB analog

Wiederum kommt ein Anspruch aus § 1004 I BGB analog in Betracht.

Hiergegen wird mitunter eingewendet, hierdurch würde entgegen der Wertung des § 120 III FamFG mittelbar auch ein Zwang auf den ehestörenden Ehegatten ausgeübt.

Am stärksten erscheint aber folgende Argumentation: Die Verpflichtung zur ehelichen Lebensgemeinschaft betrifft allein die Innenbeziehung zwischen den verheirateten Partnern. Ein Dritter kann von außen nicht in dieses Internum eingreifen.

Eine Ausnahme soll wiederum der räumlich-gegenständliche Bereich der Ehe darstellen, der vorliegend aber nicht betroffen ist.

Daher ist mit der h.M. ein Beseiti-gungsanspruch aus § 1004 I BGB ana-log auch gegenüber der D abzulehnen.

Anmerkung: Anders wiederum dann, wenn es um den räumlich-gegen-ständlichen Bereich der Ehe geht.

b) Schadensersatz, § 823 I BGB

Außerhalb des Eingriffs in den räum-lich-gegenständlichen Bereich lehnt die h.M. mit der zu § 1004 I BGB analog bereits angeführten Argumentation auch einen Schadensersatzanspruch gegen den ehestörenden Dritten aus § 823 I BGB ab.

Zusätzlich wird angeführt, der den Ehebruch begehende Ehegatte selbst könnte neben dem Dritten als Beteilig-ter haften, so dass eine Haftung des Dritten ausscheiden müsse. Dies ist nicht überzeugend, da eine die Haftung auslösende Beteiligung des Ehegatten in jedem Fall aus den unter 1. genann-ten Gründen auszuscheiden hätte.

Tragend sind jedoch die übrigen Grün-de, die zu einer Ablehnung einer Haf-tung des ehestörenden Dritten führen, insbesondere das Verständnis der ehe-lichen Lebensgemeinschaft als Inter-num zwischen den Eheleuten.

Ein Anspruch ist daher abzulehnen.

Anmerkung: Sofern in der Literatur ein Schadensersatzanspruch gegen den ehestörenden Dritten bejaht wird, wird dieser hinsichtlich des Umfangs teilwei-se wieder eingeschränkt: Geschützt sein soll nur das Abwicklungs- (z.B. Scheidungskosten), nicht das Be-standsinteresse der Ehe. In der Klausur machen Sie es sich leichter, wenn Sie dem BGH folgen.

Ergebnis: F kann also nur den allge-meinen Anspruch auf Herstellung der ehelichen Lebensgemeinschaft aus § 1353 I S. 2 HS 1 BGB geltend ma-chen. Ansprüche auf Schadensersatz sowie Ansprüche gegen D bestehen nicht.

IV. Zusammenfassung

Sound: Nur soweit der räumlich-gegen-ständliche Bereich der ehelichen Lebensgemeinschaft betroffen ist, bildet die Ehe ein von § 823 I BGB sowie von § 1004 I BGB analog geschütztes Recht.
Daher begründet eine ehebrecherische Beziehung weder Ansprüche gegen den Ehegatten noch gegen den Dritten. Es besteht nur der allgemeine Anspruch aus § 1353 I S. 2 HS 2 BGB gegen den Ehegatten.

hemmer-Methode: Sie müssen zweimal differenzieren: Anspruch gegen den Ehegatten / Anspruch gegen den Dritten und Anspruch auf Beseitigung (§ 1004 I BGB analog) / Anspruch auf Schadensersatz (§ 823 I BGB). Gliedern Sie Ihre Klausur entsprechend und verwenden Sie Überschriften! Auch wenn es Ihnen albern vorkommen mag: Eine klare Gliederung der Klausur auch durch Überschriften trägt wesentlich zur Notengebung bei, da sie dem Korrektor das Lesen erleichtert.

V. Zur Vertiefung

- Hemmer/Wüst, Familienrecht, Rn. 72 ff.
- Hemmer/Wüst, Deliktsrecht I, Rn. 45
- Hemmer/Wüst, Deliktsrecht II, Rn. 450 ff. (§ 1004 BGB analog)

Kapitel IV: Probleme der Kausalität

Fall 20: Kausalität / Herausforderungsfälle (1)

Sachverhalt (vgl. BGHZ 63, 189 und BGH NJW 1971, 1982):

Der Straftäter S soll in seiner Wohnung festgenommen werden. Als die Polizisten X und Y den S zu diesem Zweck aufsuchen, flüchtet dieser aus dem Fenster. X springt aus dem Fenster hinterher. Da er – im Gegensatz zu S – die örtlichen Gegebenheiten nicht kennt, bemerkt er zu spät, dass sich direkt unter dem Fenster eine Treppe befindet und bricht sich das Bein. Y ist klüger und verlässt das Haus durch den Vordereingang. Bei der Verfolgung des S rutscht er allerdings auf dem nassen Rasen vor dem Haus aus und staucht sich den Knöchel. X und Y wollen den S in Anspruch nehmen.

Frage: Zu Recht?

I. Einordnung

Im haftungsbegründenden Tatbestand lassen sich neben der Problematik der Rechtsgutsverletzung noch weitere Probleme verorten, insbesondere in der haftungsbegründenden Kausalität. Im vorliegenden Fall handelt es sich um zwei Klassiker zum Thema Herausforderungsfälle.

II. Gliederung

1. Anspruch des X gegen S

a) **Rechtsgutsverletzung**

Beinbruch, unproblematisch (+)

b) **Verletzungshandlung**

Flucht des S als Verletzungshandlung

c) **Haftungsbegründende Kausalität**

Äquivalenz und Adäquanz (+); beim Schutzzweck der Norm Kriterien der Herausforderungsfälle prüfen; hier im Ergebnis (+)

d) **Rechtswidrigkeit, Verschulden** (+)

e) **Haftungsausfüllender Tatbestand**

Heilbehandlungskosten gem. § 249 II S. 1 BGB; Schmerzensgeld gem. § 253 II BGB

2. Anspruch des Y gegen S

a) **Rechtsgutsverletzung** (+)

b) **Kausale Verletzungshandlung**

Kausalität vom BGH wegen Verwirklichung des allgemeinen Lebensrisikos verneint; hier andere Ansicht vertreten, da sich das Risiko des Ausrutschens durch die Verfolgung erhöht hat.

c) **Weitere Voraussetzungen** (+)

3. Ergebnis:

X und Y können von S Schadensersatz verlangen.

III. Lösung

1. Anspruch des X gegen S

Dem X könnte ein Anspruch gegen S zustehen.

Obwohl es sich bei S um einen Straftäter handelt, kommt dabei ein Anspruch aus § 823 II BGB nicht in Betracht:

Das verletzte Strafgesetz schließt als Schutzgesetz sicher nicht Schäden bei der Ergreifung des Täters ein (sachlicher Schutzbereich). Damit verbleibt allein ein möglicher Anspruch aus § 823 I BGB.

a) Rechtsgutsverletzung

X hat einen Beinbruch erlitten. Damit liegt eine Verletzung seines Rechtsguts Gesundheit bzw. Körper vor.

Anmerkung: Bleiben Sie bei der Rechtsgutsverletzung noch wertfrei! Die Beziehung zwischen der Rechtsgutsverletzung und dem Anspruchsgegner X stellen Sie erst i.R.d. haftungsbegründenden Kausalität her! Zunächst genügt also die Feststellung, dass ein nach § 823 I BGB geschütztes Rechtsgut des Anspruchstellers verletzt ist.

b) Verletzungshandlung des S

Das Flüchten des S stellt eine Handlung im Rechtssinne dar.

c) Haftungsbegründende Kausalität

Um einen Anspruch aus § 823 I BGB zu begründen, müsste die Handlung des S kausal für die beschriebene Rechtsgutsverletzung gewesen sein.

aa) Handlungen sind jedenfalls dann nicht kausal, wenn die Handlung hinweggedacht werden könnte, ohne dass die konkrete Rechtsgutsverletzung entfiele, sog. conditio-sine-qua-non-Formel, Äquivalenztheorie.

Wäre S nicht geflohen, wäre X nicht aus dem Fenster gestürzt und hätte sich das Bein nicht gebrochen. Also war seine Handlung äquivalent kausal.

bb) Des Weiteren sind solche Handlungen auszuscheiden, die zu einer Rechtsgutsverletzung geführt haben, obwohl der konkrete Kausalverlauf außerhalb jeglicher Lebenserfahrung lag, sog. Adäquanztheorie.

Es liegt nicht außerhalb jeder Lebenserfahrung, dass ein Polizist einen flüchtigen Straftäter auf dem direktesten Wege, auch durch ein geöffnetes Fenster, verfolgt. Damit war die Handlung des S auch adäquat kausal.

Anmerkung: Die Äquivalenztheorie entspricht dem, was sie im Strafrecht unter dem Prüfungspunkt „Kausalität" prüfen. Die Adäquanz ist hingegen bereits ein wertender Gesichtspunkt, der im Strafrecht meist unter „objektive Zurechnung" verortet wird. Anders im Zivilrecht:
Die h.M. lässt wertende Gesichtspunkte bereits bei der Kausalitätsprüfung zu.
Beachten Sie: Die Adäquanztheorie ist im Zivilrecht ein äußerst stumpfes Schwert. Wenn einmal die äquivalente Kausalität bejaht wurde, ist das Verhalten nahezu immer auch adäquat kausal. Daher sollten Sie im Zweifel stets die adäquate Kausalität bejahen.

cc) Im Rahmen der Kausalität sind aber noch weitere wertende Betrachtungen zulässig, die gemeinhin mit der Formulierung „Schutzzweck der Norm" zusammengefasst werden. Hierbei geht es um eine Wertungsprüfung, ob eine Zurechnung der Rechtsgutsverletzung an das deliktische Verhalten trotz äquivalenter und adäquater Kausalität zu verneinen ist.

Anmerkung:
Also immer (wenigstens gedanklich) drei Schritte bei der Kausalitätsprüfung:

1. **Äquivalenztheorie**
2. **Adäquanztheorie**
3. **Schutzzweck der Norm!**

Beim Schutzzweck der Norm gibt es ein paar klassische Fallgruppen. Die Problematik des Schockschadens haben sie bereits in Fall 6 kennen gelernt!

Einer Zurechnung könnte hier entgegenstehen, dass das unmittelbare Ereignis, das zur Verletzung des X führte, nämlich der Sprung aus dem Fenster, auf einem eigenen Willensentschluss des Verletzten beruhte. Dieser Willensentschluss könnte den Zurechnungszusammenhang zum Verhalten des S durchbrochen haben.

Anmerkung: Noch einmal: Es geht hier um eine *reine Wertung*! Dass X selbst entschieden hat, den S durch das Fenster zu verfolgen, ändert *nichts* an der äquivalenten und adäquaten Kausalität des Fluchtverhaltens des S!

In derartigen „**Herausforderungsfällen**", bei denen das unmittelbare schädigende Ereignis auf einem eigenen Verhalten des Verletzten beruht, ist aus Wertungsgründen von folgenden einschränkenden Voraussetzungen auszugehen:

(1) Der Verletzte muss durch das Verhalten des Anspruchsgegners **tatsächlich herausgefordert worden** sein.

Dies ist letztlich eine Wiederholung des Äquivalenzkriteriums. X wurde durch das Verhalten des S tatsächlich zu dem Sprung aus dem Fenster veranlasst.

(2) Erforderlich für eine Zurechnung an S ist des Weiteren, dass sich X zu seinem Verhalten **herausgefordert fühlen durfte**.

Bei diesem Wertungskriterium sollen unangemessene Verhaltensweisen, etwa das Begehen strafbarer Handlungen oder die Eingehung hoher Gefahren aus dem Zurechnungszusammenhang ausgeschieden werden.

Als Polizist war es die dienstliche Pflicht des X, den S zu fassen. Da S aus dem Fenster sprang und dieses offenbar sich nicht sonderlich hoch über dem Boden befand, ging X aus seiner objektivierten Sicht kein erhöhtes Risiko ein. Er durfte sich zu seinem Verhalten herausgefordert sehen.

(3) Schließlich muss sich auch in der eingetretenen Rechtsgutsverletzung ein **herausforderungsspezifisches Risiko** verwirklicht haben. Es muss sich also ein Risiko verwirklichen, das in der herausgeforderten Handlung verwirklicht ist und nicht nur dem allgemeinen Lebensrisiko entspricht.

Dies ist vorliegend zu bejahen. Dem Sprung aus dem Fenster wohnt die Gefahr inne, hierbei Verletzungen davon zu tragen.

Damit ist die Rechtsgutsverletzung des X dem S auch nach wertenden Kriterien zurechenbar.

Anmerkung: Bei den Herausforderungsfällen sind also wieder drei Kriterien zu prüfen:

1. Wurde der Verletzte **tatsächlich** durch das Verhalten des Schädigers **herausgefordert**?
2. **Durfte er** sich herausgefordert fühlen?

3. Hat sich in der Rechtsgutsverletzung ein **herausforderungsspezifisches Risiko** verwirklicht? Dazu gibt es eine interessante Entscheidung des BGH (Life&Law 07/2012). Hier haben Polizisten das Fluchtfahrzeug vorsätzlich gerammt, was dem Fliehenden im konkreten Fall aufgrund der extrem rücksichtslosen Flucht zugerechnet wurde. Achten Sie aber immer darauf, dass es hier um Einzelfallentscheidungen geht.

d) Rechtswidrigkeit, Verschulden

S handelte mangels ersichtlicher Rechtfertigungsgründe **rechtswidrig**. Die Lehre vom Handlungsunrecht, wonach zur Feststellung der Rechtswidrigkeit stets noch eine besondere Pflichtverletzung hinzutreten müsse, ist abzulehnen: Hierdurch werden die Voraussetzungen von Rechtswidrigkeit und Verschulden in unzulässiger Weise vermischt. Das Gesetz geht ersichtlich von der Trennung beider Merkmale aus (vgl. den Wortlaut von § 823 I BGB „wer *vorsätzlich oder fahrlässig* [...] *widerrechtlich* verletzt").

Anmerkung: Diesen „Schlenker" zum Thema Rechtswidrigkeit müssen Sie nicht unbedingt bringen. Es sei aber darauf hingewiesen, dass – teils auch in der Rechtsprechung – gerade bei Fällen mittelbarer Schädigungen die Lehre vom Handlungsunrecht vertreten wird. Sie können freilich aus oben beschriebenen Gründen stets der Lehre vom Erfolgsunrecht (Rechtswidrigkeit (+), wenn kein Rechtfertigungsgrund vorliegt) folgen.

Fahrlässig handelt, wer die im Verkehr erforderliche Sorgfalt außer Acht lässt.

Das Verschulden bezieht sich bei § 823 I BGB auf die Rechtsgutsverletzung. Für S stellte es sich als pflichtwidrig dar, den rechtmäßig handelnden Polizeibeamten zu entfliehen. Dabei war es voraussehbar, dass diese die Verfolgung aufnehmen und dabei eventuell zu Schaden kommen könnten. Also handelte S fahrlässig.

e) Haftungsausfüllender Tatbestand

Der Umfang des zu ersetzenden Schadens des X richtet sich nach den §§ 249 ff. BGB und schließt zumindest die Kosten der Heilbehandlung gem. § 249 II S. 1 BGB ein. Hinzu kommt gem. § 253 II BGB ein Schmerzensgeld.

Mangels näherer Sachverhaltsangaben fehlen für ein anspruchsverursachendes Mitverschulden des X gem. § 254 I BGB die Anhaltspunkte.

Anmerkung: Hier sehen Sie übrigens auch den Grund, warum bei der Prüfung der „Herausforderung" nicht allzu hohe Anforderungen gestellt werden dürfen: Es gibt ja immer noch das Mitverschulden gem. § 254 I BGB, das im Einzelfall zu einem sachgerechten Ausgleich zwischen Verletztem und Schädiger führen kann.

f) Ergebnis zu 1.

Also hat S dem X den entstandenen Schaden aus § 823 I BGB zu ersetzen.

2. Anspruch des Y gegen S

Auch Y könnte gegen S einen Anspruch auf Schadensersatz gem. § 823 I BGB haben.

a) Rechtsgutsverletzung

Die Stauchung seines Fußes stellt eine Verletzung des Rechtsguts Körper/Gesundheit dar.

Anmerkung: Meist liegt *sowohl* eine Verletzung des Rechtsguts Körper *als auch* des Rechtsguts Gesundheit vor. Für längere Ausführungen (Definitionen etc.) hierzu werden Sie in der Klausur regelmäßig keine Zeit haben, also lassen Sie diese weg!

b) Kausale Verletzungshandlung

Fraglich ist die Kausalität des Flüchtens des S als Verletzungshandlung für die Rechtsgutsverletzung des Y. Wie auch beim Anspruch des X ist dabei die Kausalität nach der Äquivalenz- wie nach der Adäquanzformel zu bejahen.

Problematisch ist wiederum der Schutzzweck der Norm. Auch hier geht es um die Fallgruppe der Herausforderungsfälle.

Y fühlte sich zu seinem Verfolgungsverhalten herausgefordert und durfte sich auch hierzu herausgefordert fühlen. Allerdings hat der BGH im Falle des Ausrutschens auf dem Rasen eine Verwirklichung des herausforderungsspezifischen Risikos verneint: Es handele sich nur um eine Verwirklichung des **allgemeinen Lebensrisikos**.

Dem ist entgegenzuhalten, dass sicher jeder auf einem nassen Rasen ausrutschen kann. Die Rutschgefahr ist aber bei einer Verfolgung eines Straftäters mit erhöhter Laufgeschwindigkeit ungleich größer. Es ist nicht recht einsichtig, worin der Unterschied zu der Verletzung des X liegen soll.

Daher ist entgegen dem BGH von einem Vorliegen des Zurechnungszusammenhangs auszugehen.

Anmerkung: Da es der BGH anders gesehen hat, ist natürlich eine abweichende Auffassung vertretbar. Als reine Verwirklichung des allgemeinen Lebensrisikos wäre es z.B. anzusehen, wenn bei der Verfolgungsjagd der Y von einem außer Kontrolle geratenen PKW angefahren worden wäre. Dies hätte ihm genauso gut in jeder anderen Situation passieren können.

c) Weitere Voraussetzungen

Im Übrigen ist auf die Ausführungen zum Anspruch des X zu verweisen. Auch Y wird nötige Heilbehandlungskosten nach § 249 II S. 1 BGB und ein (sicher geringer ausfallendes) Schmerzensgeld nach § 253 II BGB ersetzt verlangen können.

d) Ergebnis zu 2.

Auch Y steht gegen S ein Anspruch auf Schadensersatz zu.

IV. Zusammenfassung

Sound: Die Kausalität ist in drei Schritten zu prüfen: Äquivalenz, Adäquanz, Schutzzweck der Norm. Beim letzten Prüfungspunkt sind Wertungsüberlegungen anzustellen. Eine wichtige Fallgruppe bildet die Situation, wo in der Kausalkette zwischen Verletzungshandlung und Rechtsgutsverletzung eine eigene Willensentschließung des Verletzten „zwischengeschaltet" ist, sog. Herausforderungsfälle.

hemmer-Methode: Es gibt immer mal wieder neue Rechtsprechung zu diesem Thema. Bei BGH, Life&Law 2002, 663 sprang jemand aus Angst vor einem eifersüchtigen Ehemann aus dem Fenster im dritten Stockwerk. Selbst hier ging der BGH von einer Zurechnung aus. Wichtig für die Einordnung solcher Fälle ist stets das Bewusstsein, das es sich um Einzelfallentscheidungen handelt. Den unbekannten Fall in der Klausur können Sie wertungsmäßig überzeugend nur dann lösen, wenn Sie die Wertungskriterien beherrschen und anhand dieser im Einzelfall argumentieren.

V. Zur Vertiefung

▪ Hemmer/Wüst, Deliktsrecht I, Rn. 72

▪ Hemmer/Wüst, Deliktsrecht Karteikarte Nr. 26 f.

▪ Zur Frage, ob ein fliehender Verkehrssünder für die Schäden an verfolgenden Polizeifahrzeugen auch dann verantwortlich ist, wenn die Polizei den Fliehenden vorsätzlich rammt, vgl. BGH, Life&Law 2012, 478 ff.

Fall 21: Kausalität / Herausforderungsfälle (2)

Sachverhalt (vgl. BGHZ 101, 215 – Organspendefall):

Die 15-jährige K erleidet bei einer Behandlung durch den Arzt A aufgrund eines schuldhaften ärztlichen Kunstfehlers einen Nierenschaden, was zum Verlust beider Nieren der K führt. Die Mutter M lässt sich zur Rettung ihres Kindes vom Arzt B eine Niere entnehmen, nachdem sie ordnungsgemäß über die Risiken aufgeklärt wurde. Nach erfolgreicher Transplantation verlangt nun M, die einen „Hass auf die gesamte Ärzteschaft" hegt, im eigenen Namen Schadensersatz von A und B.

Frage: Besteht ein Anspruch aus § 823 I BGB?

I. Einordnung

Fehler bei ärztlichen Heilbehandlungen sind vor allem auch ein rechtliches Thema. Die Streitpunkte ergeben sich insbesondere aus dem Widerwillen der Mediziner, den ärztlichen Heileingriff als tatbestandliche Körperverletzung zu akzeptieren. Dazu Näheres in der Lösung des vorliegenden Falles.

Vorliegend wurde die Fragestellung auf deliktische Ansprüche beschränkt, da die M insbesondere gegenüber A von vorneherein keine vertraglichen Ansprüche haben dürfte.

Sofern es in der Klausur allerdings auch um vertragliche Ansprüche gehen sollte, müssen Sie zunächst einen Anspruch aus § 280 I BGB wegen Pflichtverletzung aus dem zugrunde liegenden Behandlungsvertrag prüfen, §§ 630a ff. BGB. Hier ist dann insbesondere § 630h BGB im Hinblick auf die Beweislastverteilung von Bedeutung. Die dortigen Regelungen beeinflussen sodann auch die Prüfung eines deliktischen Anspruchs.

II. Gliederung

1. Anspruch gegen Arzt B

a) Rechtsgutverletzung
Nieren-Entnahme ist Verletzung der Gesundheit; auch ärztliche Eingriffe unterfallen der Gesundheits- / Körperverletzung

b) Kausale Handlung (+)

c) Rechtswidrigkeit
(-), da Einwilligung vorlag.

2. Anspruch gegen Arzt A

a) Rechtsgutverletzung (+)

b) Kausale Handlung
Schutzzweck der Norm: Herausforderungsfall, da M die Nieren-Entnahme durch eine eigene Willensentscheidung mitveranlasst hat. Zurechnung (+)

c) Rechtswidrigkeit, Verschulden
(+), insbesondere bzgl. der Verletzung durch A keine Einwilligung der M gegeben

3. Ergebnis:
Schadensersatzanspruch gegen A, nicht gegen B.

III. Lösung

1. Anspruch gegen Arzt B

Fraglich sind die eigenen Ansprüche der M. Ihr könnte ein Anspruch auf Schadensersatz aus § 823 I BGB gegen den Arzt B zustehen. Ein solcher kommt vorliegend nur aus § 823 I BGB in Betracht.

Anmerkung: Es macht Sinn, mit dem Anspruch gegen Arzt B und nicht mit dem gegen Arzt A zu beginnen. Denn B ist der unmittelbare Schädiger.

a) Rechtsgutsverletzung

Der Verlust einer Niere stellt als solcher fraglos eine Gesundheitsverletzung der M dar.

Dies wird angezweifelt mit dem Hinweis, eine lege artis durchgeführte Behandlung sei im Ergebnis auf die Verbesserung, nicht die Verschlechterung der Gesundheit des Betroffenen gerichtet. Dem ist aber entgegenzuhalten, dass die Heilbehandlung als solche, sofern sie mit einem körperlichen Eingriff verbunden ist, auch als solche eine Verletzung von Körper oder Gesundheit darstellt. Über das Institut der Einwilligung kann der Arzt i.R.d. Rechtswidrigkeit von der Haftung befreit werden.

Jedenfalls stellt die Entnahme eines Organs nach allen Ansichten eine tatbestandliche Gesundheitsverletzung dar. Denn der Eingriff ist nicht einmal auf lange Sicht zur Verbesserung der gesundheitlichen Situation des Betroffenen gerichtet.

Anmerkung: Der Streit sollte aus dem Strafrecht bekannt sein und wird im Zivilrecht in gleicher Weise mit denselben Argumenten sowie demselben Ergebnis geführt.

b) Kausale Handlung

Das Verhalten des Arztes B war für diese Rechtsgutsverletzung kausal, da er die Niere selbst entnommen hat.

c) Rechtswidrigkeit

Die Rechtswidrigkeit könnte aber aufgrund der **Einwilligung** der M ausgeschlossen sein.

Das Institut der Einwilligung ist – genau wie im Strafrecht – ein anerkannter Rechtfertigungsgrund. Wer mit der Rechtsgutsverletzung einverstanden ist, dem geschieht kein materielles Unrecht („Volenti non fit iniuria" – Dem Wollenden geschieht kein Unrecht").

Wie im Strafrecht ist allerdings neben dem Recht des Verletzten, über das betroffene Rechtsgut zu disponieren, für eine Einwilligung erforderlich, dass diese frei von wesentlichen Willensmängeln erteilt wurde. Hierzu fordert die Rechtsprechung eine umfassende Aufklärung durch den Arzt, die dem Patienten ermöglicht, das Wesen, die Bedeutung und die Tragweite des ärztlichen Eingriffs in Grundzügen zu erkennen. Davon ist hier auszugehen.

Anmerkung: Im Vertragsrecht sind die Anforderungen der Rechtsprechung in den Normen der §§ 630d, 630e BGB konkretisiert worden.

M hat sich – zumindest konkludent – nach ordnungsgemäßer Aufklärung mit der Entnahme der Niere einverstanden erklärt, so dass der Eingriff des B gerechtfertigt ist.

Anmerkung: Wenn die Einwilligung z.b. wegen Bewusstlosigkeit des Opfers nicht vor dem Eingriff erteilt werden kann, greift das – ebenfalls aus dem Strafrecht bekannte – Institut der mutmaßlichen Einwilligung, vgl. auch § 630d I S. 4 BGB.

d) Ergebnis zu 1.

Damit besteht kein Anspruch der M gegen den Arzt B. Dieser handelte aufgrund der von M erteilten Einwilligung rechtmäßig.

2. Anspruch gegen Arzt A

Allerdings kommt ein Anspruch der M gegen den Arzt A aus § 823 I BGB in Betracht.

a) Rechtsgutverletzung

Eine Rechtsgutverletzung der M liegt aufgrund der entnommenen Niere vor.

b) Kausale Handlung

Problematisch ist aber, ob eine hierfür kausale Handlung des A vorliegt. Als relevantes Verhalten kommt nur der gegenüber der K verübte Kunstfehler in Betracht.

Dieses Verhalten war äquivalent und adäquat kausal für die Rechtsgutsverletzung der M: Hätte A den Kunstfehler nicht begangen, hätte sich M die Niere nicht entnehmen lassen. Dass sie dies tun würde, lag auch nicht außerhalb jeglicher Lebenserfahrung.

Im Rahmen des Schutzzwecks der Norm ist aber zu beachten, dass M ihre Rechtsgutsverletzung durch einen eigenen Willensentschluss selbst mitveranlasst hat. In einem solchen sog. Her-

ausforderungsfall ist neben der vorliegenden tatsächlichen Herausforderung insbesondere erforderlich, dass sich M zu ihrem selbstschädigenden Handeln herausgefordert fühlen durfte. M handelte aus verständlichem Anlass, nämlich zur Rettung ihres Kindes. Ob evtl. sogar die Voraussetzungen einer unterlassenen Hilfeleistung i.S.d. § 323c StGB im Falle eines Unterlassens der M vorgelegen hätten, muss gar nicht erörtert werden. Das Handeln der M ist ethisch billigenswert und menschlich nachvollziehbar, so dass es sich der A zurechnen lassen muss.

Also liegt eine kausale Handlung des A vor.

Anmerkung: Halten Sie sich vor Augen: Der A hat also letztlich die *M* in ihrer Gesundheit verletzt, weil durch die Fehlbehandlung der K eine Organspende erforderlich wurde, zu der sich die M bereit erklärte.
Allgemein gilt: Je länger die Kausalkette wird, desto höhere Anforderungen sind an die Zurechnung i.R.d. Schutzzweckes der Norm zu stellen.
Da es sich hierbei um eine Wertung handelt, sind oft unterschiedliche Ansichten vertretbar. Wichtig ist nur, *dass* sie das Problem sehen und diskutieren!

c) Rechtswidrigkeit, Verschulden

Im Unterschied zum Arzt B handelte A rechtswidrig. Eine Einwilligung in eine Verletzung durch A hat M nicht erteilt; dies konnte sie auch gar nicht, da sie nicht mit einer Verletzung durch A im maßgeblichen Zeitpunkt der Verletzungshandlung (= Behandlung der K) rechnete. A handelte auch schuldhaft.

d) Ergebnis zu 2.

M kann von A nach § 823 I BGB wegen des Verlustes der Niere Schadensersatz verlangen. Neben den Kosten der Organspende als Vermögensschaden ist daneben auch Schmerzensgeld gem. § 253 II BGB zu leisten.

Gesamtergebnis: M kann von A, nicht aber von B Schadensersatz verlangen.

IV. Zusammenfassung

Sound: Ärztliche Heileingriffe stellen eine Körper- bzw. Gesundheitsverletzung i.S.d. § 823 I BGB dar. Jedoch ist bei einer vorherigen ordnungsgemäßen Aufklärung die Rechtswidrigkeit wegen einer (zur Not konkludent anzunehmenden) rechtfertigenden Einwilligung des Verletzten ausgeschlossen.

hemmer-Methode: Dass die h.M. an der Tatbestandsmäßigkeit des ärztlichen – auch lege artis geführten – Heileingriffes festhält, hat einen Grund: Nur so kann das Erfordernis der Einwilligung dogmatisch begründet werden. Es ist zu vermeiden, dass Ärzte Eingriffe ohne eine solche Einwilligung vornehmen dürfen. Dies verbietet das Persönlichkeitsrecht des Patienten, Art. 1 I, 2 I und II GG.

V. Zur Vertiefung

Fall 22: Kausalität / Drittschädigerverhalten

Sachverhalt:

V wird bei einem von S verschuldeten Verkehrsunfall verletzt und ist vorübergehend bewusstlos. Später im Krankenhaus stellt sich heraus, dass die Armbanduhr des V (Wert: 200 €) fehlt. Ob diese beim Unfall oder bei der Rettung verloren ging oder ob ein Sanitäter die Uhr dem V entwendet hat, lässt sich nicht mehr aufklären.

Frage: Hat V gegen S wegen der Uhr einen Schadensersatzanspruch aus § 823 I BGB?

I. Einordnung

Ein Allerweltsfall: Bei einem Verkehrsunfall gehen irgendwelche Wertgegenstände des Verletzten verloren. Aber gerade solche in tatsächlicher Hinsicht einfachen Fälle haben es juristisch oft in sich. Gerade im vorliegenden Fall gibt es einen – nicht sogleich erkennbaren – Knackpunkt, der Ihnen in der Klausur (bildlich) das Genick brechen kann.

II. Gliederung

1. Haftungsbegründender Tatbestand

a) **Rechtsgutsverletzung**
   (+): Körper und Gesundheit
b) **Verletzungshandlung**
   Führen des Fahrzeugs durch S
c) **Haftungsbegründende Kausalität**
   S hat durch sein Verhalten kausal die Körper-/Gesundheitsverletzung des V verursacht, unproblematisch (+)!
d) **Rechtswidrigkeit, Verschulden** (+)

2. Haftungsausfüllender Tatbestand

a) **Schadensposten**
   Verlust der Uhr = ersatzfähiger Schaden

b) **Haftungsausfüllende Kausalität**
   Schutzzweck der Norm: Selbst ein Diebstahl der Uhr wäre dem S zuzurechnen, da er pflichtwidrig die Gefahr eines solchen Diebstahls geschaffen hat.

3. **Ergebnis**: Anspruch i.H.v. 200 € (+)

III. Lösung

Fraglich ist, ob V von S wegen des Verlustes der Armbanduhr Schadensersatz nach § 823 I BGB verlangen kann.

1. Haftungsbegründender Tatbestand

a) Rechtsgutsverletzung

Erforderlich ist eine Verletzung des S in einem nach § 823 I BGB geschützten Rechtsgut.

Hierbei könnte freilich auf die Verletzung des S in seinem Eigentum an der Uhr abgestellt werden. Dabei darf jedoch nicht aus den Augen verloren werden, dass bereits im Vorfeld eine andere Rechtsgutsverletzung vorliegt: V wurde durch den Unfall an Körper und Gesundheit verletzt.

Dies stellt eine Rechtsgutsverletzung i.R.d. § 823 I BGB dar.

Anmerkung: Kausalketten können lang sein! Stellen sie daher immer zuerst auf diejenige Rechtsgutsverletzung bzw. diejenige Handlung ab, die chronologisch als erster Anknüpfungspunkt in Betracht kommt und auch kausal für die geltend gemachte Schädigung sein könnte. Fehlt es an der Kausalität, können Sie mit dem nächsten zeitlich nachgelagerten Ereignis weiter machen. Anderenfalls droht die Gefahr, wichtige Punkte zu verschenken. Machen Sie es sich in der Klausur nicht zu einfach!

b) Verletzungshandlung

A hat durch das Führen seines Kraftfahrzeuges im Rechtssinne gehandelt.

c) Haftungsbegründende Kausalität

Die haftungsbegründende Kausalität steht nach dem Sachverhalt außer Frage: Durch das Verhalten des S wurde der Unfall verursacht und somit äquivalent und adäquat kausal die Verletzung des V bewirkt.

d) Rechtswidrigkeit, Verschulden

Diesbezüglich handelte S rechtswidrig und laut Sachverhalt auch schuldhaft. Damit liegt der haftungsbegründende Tatbestand des § 823 I BGB vor.

Anmerkung: Wer bei der haftungsbegründenden Kausalität irgendwelche Ausführungen zur der Armbanduhr macht, liegt weit daneben und setzt die Klausur unter den Strich. Denn es geht um die Körper-/Gesundheitsverletzung, für *diese* war das Handeln des S fraglos kausal! Auch hat dies der S schuldhaft verursacht.

2. Haftungsausfüllender Tatbestand

Fraglich ist allerdings der Umfang des von S dem V zu ersetzenden Schadens. Dies richtet sich nach den §§ 249 ff. BGB.

a) Ersatzfähiger Schadensposten

Sicher liegen auch nach § 249 II S. 1 BGB ersatzfähige Heilbehandlungskosten sowie die Voraussetzungen des Schmerzensgeldes nach § 253 BGB vor. Gefragt ist vorliegend aber nach der verlorenen Uhr.

Der Verlust der Uhr stellt einen Schaden im Rechtssinne dar. Nach Auffassung des BGH kann V wählen, ob er nach § 249 I BGB eine gleichwertige Uhr oder nach § 249 II BGB den hierfür erforderlichen Geldbetrag verlangt. In der zweiten Alternative sind 200 € ersatzfähig.

Nach abweichender Auffassung der Literatur soll auch bei vertretbarer Sache im Falle deren Zerstörung keine Naturalrestitution möglich sein, da *dieselbe* Sache nicht wiederbeschafft werden kann. Aus § 251 I BGB ergibt sich dann aber ebenfalls eine Ersatzfähigkeit von 200 €.

b) Haftungsausfüllende Kausalität

Der Schaden in Gestalt des Verlustes der Armbanduhr ist aber nur dann ersatzfähig, wenn er kausal auf der obigen Rechtsgutsverletzung beruht, sog. **haftungsausfüllende Kausalität**. Dabei ist der Kausalitätsbegriff der gleiche wie in der haftungsbegründenden Kausalität. Zu verknüpfen ist aber nicht die Verletzungshandlung mit der Rechtsgutsverletzung, sondern die Rechtsgutsverletzung mit dem jeweiligen Schadensposten.

Anmerkung: Es ist also keineswegs so, dass bei einer Gesundheitsverletzung nur der in dieser Gesundheitsverletzung liegende Schaden ersatzfähig ist. Vielmehr gilt: Alle durch die Rechtsgutverletzung kausal und zurechenbar verursachten Schäden sind i.R.d. § 823 I BGB zu ersetzen. Noch einmal: **Alle kausalen Schäden!!**

Wäre V nicht an Körper und Gesundheit verletzt worden, wäre der konkrete Schaden, der Verlust der Uhr, nicht eingetreten, so dass eine Kausalität i.S.d. **Äquivalenztheorie** vorliegt.

Egal welche Sachverhaltsalternative zum Verlust der Uhr geführt hat: Die jeweilige Verursachungskette lag selbst bei einem Diebstahl durch einen Sanitäter oder einen Passanten nicht außerhalb jeglicher Lebenserfahrungen, so dass auch **adäquate Kausalität** anzunehmen ist.

Anmerkung: Wieder sehen Sie: Bei der Adäquanz fliegen Sie so gut wie nie aus der Prüfung. Man kann sagen: Kaum etwas, das tatsächlich passiert ist, liegt außerhalb jeglicher Lebenserfahrung. Sonst wäre es nämlich erst gar nicht passiert.
Das denken Sie sich, schreiben es aber freilich nicht in Ihre Klausur. Denn es könnte einen Professor geben, der sich in einem 500seitigen Machwerk über die Adäquanztheorie habilitiert hat und ausgerechnet Ihre Klausur korrigiert!

Aus Wertungsgründen könnte jedoch eine Kausalität abzulehnen sein, sog. **Schutzzweck der Norm**.

Vorliegend ist unklar, wie genau die Uhr verloren gegangen ist.

Dabei wäre ein bloßes Verlieren im Zuge der Rettung oder unmittelbar aufgrund des Unfalles in jedem Falle zurechenbar.

Ob eine Zurechnung allerdings auch bei einem vorsätzlichen Diebstahl durch einen Dritten anzunehmen wäre, erscheint fraglich. Immerhin tritt hierbei eine vorsätzliche Drittschädigerhandlung in die Kausalkette mit ein, was den Zurechnungszusammenhang zu S unterbrechen könnte.

Allgemein gilt, dass fahrlässige Drittschädigerhandlungen so gut wie immer zuzurechnen sind, z.B. der ärztliche Kunstfehler, der eine aufgrund einer Verletzung ins Krankenhaus eingelieferte Person schädigt.

Vorsätzliche Drittschädigerhandlungen braucht sich der Erstschädiger dagegen grundsätzlich nicht zurechnen zu lassen. Hiervon gibt es eine wichtige Ausnahme: Hat der Erstschädiger durch sein pflichtwidriges Verhalten die Gefahr einer vorsätzlichen Drittschädigerhandlung geschaffen und hat sich diese verwirklicht, bleibt die Zurechnungskette an den Erstschädiger bestehen. Dem ist zuzustimmen, denn in einem solchen Fall stellt der Erstschädiger weiterhin den eigentlichen Verursacher des Schadens dar.

Im vorliegenden Fall hat S die Körper-/Gesundheitsverletzung des V pflichtwidrig verursacht.
Hierdurch wurde die Gefahr geschaffen, dass ein Dritter dem zunächst bewusstlosen und hilfebedürftigen V seine Armbanduhr entwendet. Sofern dies tatsächlich geschehen ist, wäre dem S der Verlust der Uhr zuzurechnen.

Damit ergibt sich, dass in allen denkbaren Sachverhaltsalternativen der Verlust der Uhr dem S zuzurechnen ist.

Damit ist die haftungsausfüllende Kausalität zu bejahen; eine Beweislastentscheidung erübrigt sich.

Anmerkung: ... und eine solche wäre bis zum Ersten Staatsexamen auch sicher nicht das Ziel des Klausurerstellers. In zivilrechtlichen Klausuren tauchen Sachverhaltsungewissheiten relativ selten auf. Sollte dies doch der Fall sein, werden Sie im Sachverhalt ausdrücklich darauf hingewiesen ("nicht mehr geklärt werden kann [...]"). Dann müssen Sie die einzelnen Alternativen durchprüfen. Kommen Sie in allen zum gleichen Ergebnis, dann bleibt dieses Ergebnis stehen. Wenn Sie zu unterschiedlichen Ergebnissen kommen, müssten Sie eine Entscheidung nach Beweislastgrundsätzen treffen, die aber sicher vom Ersteller nicht gewollt ist.

Ergebnis: V kann von S Schadensersatz bzgl. der Uhr in Höhe von 200 € aus § 823 I BGB verlangen.

IV. Zusammenfassung

Sound: Fahrlässiges Drittschädigerverhalten ist grundsätzlich immer zuzurechnen, vorsätzliches Drittschädigerverhalten hingegen grundsätzlich nicht. Etwas anderes gilt, wenn der Erstschädiger die Gefahr eines solchen Vorsatzverhaltens geschaffen hat.

hemmer-Methode: Tatsächlich bejahte der BGH die Ersatzfähigkeit auch in einem Fall, in dem bei einem Autounfall die Tür eines unfallbeteiligten Geldtransporters beschädigt wurde und Diebe auf das Geld zugriffen. Dies ist insbesondere i.R.d. Gefährdungshaftung des § 7 StVG bitter, zumal dieser nicht mal ein Verschulden des Ersatzpflichtigen voraussetzt.

V. Zur Vertiefung

▪ Hemmer/Wüst, Deliktsrecht I, Rn. 103 ff.

▪ Hemmer/Wüst, Deliktsrecht Karteikarte Nr. 47

Kapitel V: Einzelfragen zur Rechtswidrigkeit

Fall 23: Handeln auf eigene Gefahr

Sachverhalt:

V hatte auf einer Geburtstagsfeier – entgegen seiner vorherigen Absicht – Alkohol getrunken und deshalb seinen PKW stehen gelassen und sich zu Fuß auf den Nachhauseweg von 10 km gemacht. Nach einem Drittel des Weges hält neben ihm ein Fahrzeug: Es ist der S, der ebenfalls auf der Geburtstagsfeier war und – wie V weiß – erhebliche Mengen an Alkohol konsumiert hat. In lallendem Ton bietet S dem V eine Mitfahrtgelegenheit an. V steigt ein, da es ja schließlich als Beifahrer „nicht um seinen Führerschein gehe". Infolge der Alkoholisierung fährt S kurze Zeit später in einen Straßengraben. V erleidet mehrere Prellungen, die ärztlicher Behandlung bedürfen.

V verlangt nun von S die Kosten der Heilbehandlung ersetzt. S erwidert, V habe sich bewusst in Gefahr gegeben und daher keinerlei Ansprüche gegen S.

Frage: *Besteht ein Anspruch aus § 823 I BGB?*

I. Einordnung

§ 227 BGB regelt das allgemeine Notwehrrecht im Zivilrecht und ist letztlich wie § 32 StGB zu prüfen. Zum Notstand finden sich vor allem zwei Regelungen: § 228 BGB erlaubt den Eingriff in eine Sache bei einer *durch diese* drohenden Gefahr (sog. Defensivnotstand); § 904 S. 1 BGB betrifft den Eingriff in eine Sache zur Abwehr sonstiger Gefahren (sog. Aggressivnotstand).

Die rechtfertigende Einwilligung haben Sie bereits im Zusammenhang mit dem ärztlichen Heileingriff kennen gelernt.

Der Prüfungspunkt „Rechtswidrigkeit" birgt in zivilrechtlichen Klausuren regelmäßig kaum Probleme.

II. Gliederung

Anspruch V gegen S wegen des Unfalls aus § 823 I BGB

1. Rechtsgutsverletzung

Gesundheit des V verletzt

2. Kausale Handlung

Mitverursachung durch V nicht so schwerwiegend, dass Zurechnungszusammenhang unterbrochen sein könnte

3. Rechtswidrigkeit

Behandlung früher als konkludente Einwilligung; richtigerweise dies aber (-), stattdessen Berücksichtigung im Mitverschulden

4. Verschulden (+)

5. Haftungsausfüllender Tatbestand

Heilbehandlungskosten gem. § 249 II S. 1 BGB (+), aber Kürzung um Mitverschulden des V gem. § 254 I BGB.

III. Lösung

V könnte gegen S einen Anspruch auf Schadensersatz nach § 823 I BGB haben.

Anmerkung: Wäre die Fallfrage nicht auf § 823 I BGB beschränkt, wäre zudem an Ansprüche nach den §§ 7 ff. StVG sowie an § 823 II BGB i.V.m. StVO zu denken.

1. Rechtsgutverletzung

V hat sich behandlungsbedürftige Prellungen zugezogen. Damit ist sein Rechtsgut Gesundheit verletzt.

2. Kausale Handlung

Das Handeln des S, nämlich das Führen des Kraftfahrzeuges, war für diese Verletzung äquivalent und adäquat kausal.

Allerdings hat die Verletzung eine eigene freie Willensentscheidung des Verletzten V mitveranlasst: Er stieg in Kenntnis der Alkoholisierung des S und damit auch in Kenntnis der sich hieraus für ihn selbst ergebenden Gefahren in den PKW ein. Dies könnte zu einer Durchbrechung des Zurechnungszusammenhanges aus Wertungsgründen führen.

Zu beachten ist aber hierbei, dass keine eigenverantwortliche *Selbstschädigung* des V vorliegt, die sicher zur Verneinung der Zurechnung an S führen würde: V ging nicht davon aus, eine Verletzung davonzutragen. Er hoffte vielmehr darauf, dass er unversehrt am Fahrtziel ankommen werde. Eine Ablehnung der Zurechnung und damit eine Ablehnung der Haftung des S würde den S über Gebühr entlasten; immerhin hatte dieser die Zügel des Geschehensablaufes in der Hand und durch seine Trunkenheit im Straßenverkehr die Gefahr für V erheblich erhöht.

Damit handelte S hinsichtlich der Verletzung des V kausal.

3. Rechtswidrigkeit

Zweifel könnten jedoch an der Rechtswidrigkeit der Verletzung bestehen.

Nach früherer Rechtsprechung wurde im Falle eines „**Handelns auf eigene Gefahr**" die Rechtswidrigkeit der Verletzung verneint. Eine solche Konstellation wurde angenommen, wenn sich der Verletzte bewusst in die Gefahr der Verletzung begeben hat. So war die Sachlage auch hier: V ging zwar nicht davon aus, dass es zu einem Unfall kommen würde. Dass die Gefahr eines solchen angesichts der Alkoholisierung des S aber durchaus bestand, war V sich bewusst.

Allerdings lehnt die heute h.M. das Handeln auf eigene Gefahr als Rechtfertigungsgrund ab. Dies liegt zum einen an der schwachen dogmatischen Konstruktion: Die alte Rechtsprechung sah im „Handeln auf eigene Gefahr" eine **konkludente Einwilligung**.

Dies ist aber nicht richtig, da V nicht in die *Verletzung*, sondern nur in die *Gefahr* einer solchen eingewilligt hat. Bei einer rechtfertigenden Einwilligung muss der Verletzte aber gerade mit der *Verletzung* einverstanden sein.

Zudem gilt das zur Kausalität Gesagte: Eine vollständige Entlastung des S wäre unbillig.

Daher ist von der Rechtswidrigkeit des Handelns des S auszugehen.

4. Verschulden

S kannte die Menge an Alkohol, die er zu sich genommen hatte. Bei kritischer Selbstprüfung hätte er die hierdurch verursachte Einschränkung seiner Fahrtüchtigkeit erkennen können und müssen.

S hat daher die erforderliche Sorgfalt außer Acht gelassen und fahrlässig i.S.v. §§ 823 I, 276 II BGB gehandelt.

Zwar hätte V mit S einen Haftungsausschluss vereinbaren können, vgl. § 276 III BGB. Dies hat er aber – auch konkludent – nicht getan. Die Annahme eines konkludenten Haftungsausschlusses würde zur gleichen Unbilligkeit wie die ältere Rechtsprechung zum „Handeln auf eigene Gefahr", nämlich einer nicht hinzunehmenden vollständigen Entlastung des S führen.

5. Haftungsausfüllender Tatbestand

Die Heilbehandlungskosten stellen einen nach § 249 II S. 1 BGB ersatzfähigen Schaden dar.

Allerdings hat V durch sein Verhalten die Schädigung mitverursacht. Durch das Einsteigen in einen von einem deutlich angetrunkenen Fahrer geführten PKW hat er die in eigenen Angelegenheiten anzuwendende Sorgfalt außer Acht gelassen und dadurch den Schaden mitverursacht. Es liegt daher ein Mitverschulden des V i.S.v. § 254 I BGB vor, das zur Kürzung seines Anspruches führt. In welcher Höhe dies der Fall sein wird, hängt von weiter aufzuklärenden Umständen wie z.B. dem Blutalkoholgehalt des V sowie dem Maß der Erkennbarkeit seiner Alkoholisierung ab.

Ergebnis: V kann von S die Heilbehandlungskosten nach § 823 I BGB ersetzt verlangen, allerdings gekürzt um seinen Mitverschuldensanteil.

IV. Zusammenfassung

Anmerkung: Das „Handeln auf eigene Gefahr" wird heute zu Recht nicht mehr zur Verneinung der Rechtswidrigkeit herangezogen, da eine Einwilligung in den *Verletzungserfolg* nicht vorliegt. Jedoch ist i.R.d. Mitverschuldens gem. § 254 BGB je nach Einzelfall evtl. sogar eine Kürzung auf 0 € denkbar.

Anders als im Strafrecht gibt es bei der zivilrechtlichen Haftung nicht nur ein schwarz und weiß (Haftung / keine Haftung), sondern durch das Institut des Mitverschuldens gem. § 254 BGB auch etwas „dazwischen". Daher sollte bei schuldhafter Mitverursachung der Verletzung durch den Verletzten nur im Extremfall der Zurechnungszusammenhang verneint und ein gerechter Ausgleich stattdessen über § 254 BGB gefunden werden.

hemmer-Methode: Ähnlich ist die Problematik bei Sportverletzungen. Nur bei besonders gefährlichen Sportarten wie Kampfsportarten (Boxen etc.) kann eine Einwilligung in hieraus resultierende (übliche) Verletzungen angenommen werden. Bei anderen Spielen mit Körperkontakt (Fußball, Eishockey o.ä.) folgert der BGH aus § 242 BGB (Verbot widersprüchlichen Verhaltens), dass Verletzungen infolge regelkonformen Verhaltens oder geringfügigen Regelverstößen (z.B. das „normale" Foul beim Fußball) einen Ausschluss der Haftung.

Dies ist auch sachgerecht, wenn man sich nur mal die an jedem Bundesligaspieltag durch Foulspiel hervorgerufenen Verletzungen vor Augen hält. Mit diesem Risiko muss der Fußballspieler rechnen und kann hieraus keine zivilrechtliche Haftung (Verdienstausfall!!) ableiten. Zum Teil wird auch ein Ansatz über einen stillschweigenden Haftungsausschluss gewählt. Die Rechtsprechung ist von der dogmatischen Verortung her nicht einheitlich. Das bedeutet für Sie in der Klausur, dass Sie die Thematik an verschiedenen Stellen diskutieren können. Bedenken Sie aber stets, dass der BGH einen Haftungsausschluss dann ablehnt, wenn Versicherungsschutz besteht, weil sich der Schädiger dann, wenn eine Versicherung zahlt, keine Gedanken zur Haftung macht, so dass ein stillschweigender Haftungsausschluss eine reine Unterstellung wäre, vgl. Life&Law 2008, 376 ff.

V. Zur Vertiefung

- Hemmer/Wüst, Basics Zivilrecht, Band 2, Rn. 105 f.
- Hemmer/Wüst, Deliktsrecht I, Rn. 79 ff., 90
- Hemmer/Wüst, Deliktsrecht Karteikarte Nr. 29 ff.
- OLG Frankfurt, Life&Law 2006, 443 ff.

Fall 24: Ansprüche beim Aggressivnotstand

Sachverhalt:

In einer kleinen bayerischen Gemeinde herrschen seit langem Feindschaften zwischen den Grundstücksnachbarn. Als E den F aufgrund dessen Sympathien für die SPD wieder einmal als „linke Kommunistensau" bezeichnet hat, sieht F rot und legt auf dem Grundstück des E ein Feuer. Da E nicht zu Hause ist und die Feuerwehr auf sich warten lässt, entschließt sich der mit E befreundete Nachbar N zu helfen: Er bricht die Tür eines Schuppens auf dem Grundstück seines anderen Nachbarn Y auf, weil er dort zu Recht einen Feuerlöscher vermutet. Tatsächlich kann er das Feuer löschen noch bevor Sachen des E zu Schaden kommen. Y möchte nun die Kosten der Reparatur seiner Tür ersetzt haben. N ist der Auffassung, diesen Schaden müsse Y hinnehmen; sofern er aber haften müsse, möchte er „Regress nehmen".

Frage: *Wie ist die Rechtslage?*

I. Einordnung

Auch im Deliktsrecht sind Mehrpersonenbeziehungen durchaus nicht ungewöhnlich. Vorliegend gibt es neben dem Schädiger F auch einen Schädiger N, einen durch die Einwirkung des N begünstigten E und einen durch die Einwirkung des N geschädigten Y. Hier gilt es: Ruhe bewahren und die Personen nicht verwechseln!

II. Gliederung

1. Ansprüche des Y

a) Ansprüche des Y gegen N

§ 823 I BGB (-), da Einwirkung des N nach § 904 S. 1 BGB gerechtfertigt; jedoch Anspruch nach § 904 S. 2 BGB.

b) Ansprüche des Y gegen F

§ 823 I BGB (+), F muss sich Drittschädigerverhalten des N zurechnen lassen.

c) Schuldnermehrheit

Gesamtschuld zwischen F und N i.S.d. §§ 421 ff. BGB

2. Ansprüche des N

a) Ansprüche des N gegen F

aa) Freistellungsanspruch aus § 426 I S. 1 BGB (+)

bb) § 823 I BGB (-), da kein Rechtsgut des N verletzt

b) Ansprüche des N gegen E

§§ 683 S. 1, 670 BGB: Berechtigte GoA; Verpflichtung des N gegenüber Y aus § 904 S. 2 BGB als ersatzfähige „Aufwendung"

c) Schuldnermehrheit

E und F sind Gesamtschuldner des Freistellungsanspruches des N

III. Lösung

Fraglich ist, ob die von den Beteiligten geltend gemachten Ansprüche bestehen. Dabei ist insbesondere ein Schadensersatzanspruch des Y wegen seiner beschädigten Schuppentür zu prüfen.

Anmerkung: Bei der offenen Fragestellung „wie ist die Rechtslage" sollten Sie sich zunächst um die Ansprüche kümmern, die die Beteiligten im Sachverhalt geltend gemacht haben oder aufgrund des Sachverhalts wahrscheinlich geltend machen werden. Danach dürfen und müssen Sie sich aber auch noch anderen in Betracht kommenden Anspruchsbeziehungen zuwenden; Sie haben ein *umfassendes* Gutachten zu erstellen.

1. Ansprüche des Y

Y könnten Schadensersatzansprüche wegen der Beschädigung seiner Tür zustehen.

a) Ansprüche des Y gegen N

N hat die Tür des Y beschädigt, so dass ein Schadensersatzanspruch gegen N aus § 823 I BGB nahe liegt.

aa) Rechtsgutsverletzung, kausale Handlung

N hat das Eigentum des Y an der Tür durch das Aufbrechen äquivalent und adäquat kausal verletzt.

bb) Rechtswidrigkeit

Fraglich ist allerdings die Rechtswidrigkeit dieses Verhaltens des N. Es könnte ein Rechtfertigungsgrund eingreifen.

(1) Da die abzuwendende Gefahr nicht von der Schuppentür selbst ausging, kommt der **Defensivnotstand** des **§ 228 BGB** nicht in Betracht („eine durch *sie* drohende Gefahr").

(2) Jedoch könnten die Voraussetzungen eines **Aggressivnotstandes** nach **§ 904 S. 1 BGB** gegeben sein.

Das Feuer auf dem Grundstück des E drohte auf dort befindliche Sachen überzugreifen, so dass eine gegenwärtige Gefahr für den E bestand.

Die Einwirkung durch N auf die Tür des Y war aus objektiver ex-ante-Sicht auch notwendig zur Gefahrenabwehr: N vermutete zu Recht im Schuppen des Y einen Feuerlöscher, den er zur Gefahrabwendung einsetzen wollte.

Schließlich stand der mit der Einwirkung auf die Tür verbundene Schaden nicht außer Verhältnis zu dem durch die Gefahr drohenden Schaden für E. Damit liegen alle Voraussetzungen des § 904 S. 1 BGB vor.

Die Folge des § 904 S. 1 BGB ist, dass „der Eigentümer [...] nicht berechtigt ist, die Einwirkung [...] zu verbieten". Dies bedeutet anders formuliert, dass Y den Eingriff des N hinzunehmen hat. Rechtlich ist § 904 S. 1 BGB daher als Rechtfertigungsgrund für die Einwirkung des N auf die Tür des Y heranzuziehen.

Da N somit nicht rechtswidrig handelt, scheidet ein Anspruch des Y gegen N aus § 823 I BGB aus.

Gleiches würde wegen der Rechtfertigung nach § 904 S. 1 BGB für einen Anspruch aus § 823 II BGB i.V.m. § 303 StGB (Sachbeschädigung) gelten.

cc) Anspruch aus § 904 S. 2 BGB

Allerdings sieht § 904 S. 2 BGB einen besonderen Anspruch vor: Der Eigentümer, der wegen § 904 S. 1 BGB eine Einwirkung auf sein Eigentum dulden musste, kann Ersatz des ihm entstandenen Schadens verlangen. Hierbei handelt es sich um einen verschuldensunabhängigen Anspruch auf Grundlage eines gerechtfertigten Verhaltens, man spricht von einem **zivilrechtlichen Aufopferungsanspruch**.

§ 904 S. 2 BGB regelt aber nicht eindeutig, *gegen wen* dem Eigentümer der Anspruch zusteht. Hierbei kommt sowohl der Einwirkende (N) als auch der durch die Einwirkungshandlung begünstigte (E) in Betracht. Die h.M. sieht zu Recht den Einwirkenden als Anspruchsschuldner, also vorliegend N. Denn dieser lässt sich in aller Regel leichter ermitteln als der Begünstigte.

Also kann Y von N Schadensersatz nach § 904 S. 2 BGB verlangen.

b) Ansprüche des Y gegen F

Ferner kommt auch ein Anspruch aus § 823 I BGB gegen F in Betracht.

Mit dem Aufbrechen der Tür wurde ein Rechtsgut des Eigentümers Y verletzt.

Hierfür war die Handlung des F, das Feuerlegen auf dem Grundstück des E, äquivalent und adäquat kausal. Der Zurechnungszusammenhang wird auch nicht durch das vorsätzliche Verhalten des N unterbrochen: Dieser durfte sich in jedem Fall zu der rechtmäßigen (s.o.) Einwirkungshandlung auf das Eigentum des Y herausgefordert fühlen. Da F rechtswidrig und im Hinblick auf die Schädigung des Y zumindest fahrlässig handelte, ist er gem. § 249 II S. 1 BGB ebenfalls dem Y zum Ersatz der Reparaturkosten verpflichtet.

Anmerkung: So die Prüfung des § 823 I BGB – da relativ unproblematisch – einmal im „Schnelldurchlauf". Gute Klausuren zeichnen sich auch gerade dadurch aus, dass die Schwerpunkte richtig gesetzt werden. Dem Korrektor genügt die Darstellung des Problematischen. Das Unproblematische sollte man im Urteilsstil kurz ansprechen um zu zeigen, dass man den Prüfungsaufbau der jeweiligen Anspruchsnorm kennt.

c) Schuldnermehrheit

F und N schulden damit Ersatz des gleichen Schadens. Da Y den fraglichen Betrag nicht zwei Mal verlangen kann, ist von einer Gesamtschuld zwischen F und N i.S.d. §§ 421 ff. BGB auszugehen.

2. Ansprüche des E

Ansprüche des E sind nicht ersichtlich. Denn Rechtsgüter des E wurden nicht verletzt, so dass kein Anspruch aus § 823 I BGB gegeben sein kann.

3. Ansprüche des N

a) Ansprüche des N gegen F

Dem N könnten Ansprüche gegen F zustehen.

aa) Ausgleichsanspruch nach § 426 I S. 1 BGB

N und F sind hinsichtlich des Schadensersatzes gegenüber Y Gesamtschuldner i.S.d. §§ 421 ff. BGB (vgl. oben).

Sobald N an den Y zahlt, geht nach § 426 II BGB der Anspruch des Y gegen F aus § 823 I BGB insoweit auf N über, sog. Legalzession. Dies gilt allerdings auch nur insoweit, als F im Innenverhältnis zwischen N und F zum Ersatz verpflichtet ist.

N hat aber noch keine Zahlungen an Y geleistet.

Anmerkung: § 426 II BGB ist keine Anspruchsgrundlage, sondern regelt nur den Anspruch*übergang*. Als Anspruchsgrundlage wäre also zitieren: Anspruch aus § 823 I BGB *i.V.m.* *§ 426 II BGB.*

Vor Zahlung durch N hat er jedoch einen Ausgleichsanspruch, den die h.M. aus § 426 I S. 1 BGB herleitet. Dieser ist auf Freistellung des N von der Schuld gegenüber Y durch F gerichtet, d.h.: N kann von F verlangen, dass dieser an Y zahlt. Dieser Anspruch besteht aber nur insoweit, als im Innenverhältnis zwischen N und F der F ersatzpflichtig ist. Die Verteilung im Innenverhältnis beträgt grundsätzlich ½ zu ½ sofern nicht anderweitige Umstände ein anderes Ergebnis rechtfertigen. Angesichts der Tatsache, dass F aufgrund einer schuldhaften unerlaubten Handlung, N aber nur aufgrund einer verschuldensunabhängigen Aufopferungshaftung verpflichtet ist, ist im Innenverhältnis F zu 100%, N zu 0% verpflichtet.

Daher kann N von F im *vollen Umfang* Freistellung verlangen.

Anmerkung: Der Anspruch aus § 426 I S. 1 BGB besteht zwischen den Gesamtschuldnern bereits mit Entstehung der Gesamtschuld. Sobald einer der Gesamtschuldner zahlt, ergibt sich aus § 426 I S. 1 BGB nunmehr ein *Zahlungs*anspruch und zudem greift die Legalzession des § 426 II BGB ein.

bb) § 823 I BGB

Ein Anspruch des N gegen F aus § 823 I BGB ist demgegenüber nicht ersichtlich, da kein Rechtsgut des N verletzt wurde.

Also kann N von F (nur) verlangen, dass F den Schadensersatz an Y in vollem Umfang leistet.

b) Ansprüche des N gegen E

N könnte auch einen Regressanspruch gegen E haben. Immerhin handelte N im alleinigen Interesse des E; ein Anspruch könnte sich aus Geschäftsführung ohne Auftrag (GoA) nach §§ 683 S. 1, 670 BGB ergeben.

N handelte, um Schaden von E abzuwenden. Sein Handeln fällt damit in den alleinigen Rechtskreis des E, so dass N ein objektiv fremdes Geschäft – ohne hierzu von E beauftragt zu sein – geführt hat, § 677 BGB. Dabei handelte er zumindest im objektiven Interesse des E, sog. berechtigte GoA, § 683 S. 1 BGB.

Nach § 683 S. 1 BGB kann N von E wie ein Beauftragter Ersatz seiner Aufwendungen verlangen, es wird hierdurch auf § 670 BGB verwiesen. Als eine solche Aufwendung kommt der gegenüber N entstandene Ersatzanspruch aus § 904 S. 2 BGB in Betracht.

Problematisch ist allerdings, dass unter einer „Aufwendung" grundsätzlich nur *freiwillige Vermögensopfer* zu verstehen sind. Richtigerweise sind aber auch ungewollte Vermögenseinbußen, die auf einer willentlichen Handlung beruhen, erfasst, was mit einer erweiternden Auslegung von § 670 BGB oder aber durch analoge Anwendung von § 110 HGB begründet wird. Da N die Tür des Y willentlich aufgebrochen hat und dadurch die Ersatzpflicht gegenüber Y als Vermögenseinbuße erlitten hat, kann er von E nach §§ 683 S. 1, 670 BGB diesbezüglich Ersatz verlangen. Dieser Ersatz ist durch Freistellung des N von der Ersatzpflicht gegenüber Y zu erbringen.

Anmerkung: Ein Anspruch aus §§ 812 ff. BGB kommt nicht in Betracht: Zum einen ist E nicht bereichert, zum anderen bildet die berechtigte GoA zwischen E und N einen Rechtsgrund.

c) Schuldnermehrheit

Damit sind E und F dem N in gleicher Weise zum Ersatz verpflichtet. Sie sind Gesamtschuldner i.S.d. §§ 421 ff. BGB.

Ergebnis: Y kann von N und F als Gesamtschuldnern Ersatz der Reparaturkosten für die Tür verlangen. N steht gegenüber E und F als Gesamtschuld-

nern ein Freistellungsanspruch bzgl. der Verpflichtung gegenüber Y zu.

IV. Zusammenfassung

Sound: Der durch § 904 S. 1 BGB Gerechtfertigte muss dem Eigentümer nach § 904 S. 2 BGB (verschuldensunabhängig) Ersatz leisten.

hemmer-Methode: Beachten Sie: Auch entstandene, gegen den Verletzten gerichtete Ansprüche können einen ersatzfähigen Schadensposten darstellen. Der Schadensersatz erfolgt durch Freistellung, d.h. durch Zahlung an den Gläubiger des Inhabers des Schadensersatzanspruches.

V. Zur Vertiefung

- Hemmer/Wüst, Basics Zivilrecht, Band 2, Rn. 105 f.
- Hemmer/Wüst, Deliktsrecht I, Rn. 79 ff., 87
- Hemmer/Wüst, Deliktsrecht Karteikarte Nr. 29 ff.

Kapitel VI: Rahmenrechte

Fall 25: Allgemeines Persönlichkeitsrecht / Herrenreiter-Fall

Sachverhalt (vgl. BGHZ 26, 349 - Herrenreiter):

Brauereiinhaber B betätigt sich in seiner Freizeit als Herrenreiter auf Turnieren. U ist Hersteller eines pharmazeutischen Präparats mit (angeblich) potenzsteigernder Wirkung. Hierfür wirbt er mit einer Abbildung des B, das diesen bei einem Reitturnier zeigt. B hatte sich hiermit nicht einverstanden erklärt.

B verlangt von U Schadensersatz.

Frage: *Zu Recht? Vorschriften des Kunsturhebergesetzes (KUG; Nr. 67 im Schönfelder-Hauptband) sollen für die Bearbeitung außer Betracht bleiben.*

I. Einordnung

Eine Sonderrolle im Bereich des § 823 I BGB nehmen die beiden sog. Rahmenrechte, nämlich das allgemeine Persönlichkeitsrecht und das Recht am eingerichteten und ausgeübten Gewerbebetrieb (ReaG) ein. Beide sind im Tatbestand schlecht eingrenzbar und damit recht weitläufig. Um einer ausufernden Haftung vorzubeugen, muss bei diesen Rahmenrechten die Rechtswidrigkeit stets anhand einer Abwägung festgestellt werden.

Der Herrenreiter-Fall ist von besonderer Bedeutung, da der BGH hier erstmals eine Geldentschädigung für die bloße Persönlichkeitsrechtsverletzung zugelassen hat.

II. Gliederung

Anspruch aus § 823 I BGB

1. Subsidiarität
Eigentlich wg. § 823 II BGB i.V.m. § 22 KUG (+), jedoch auf KUG nach Bearbeitervermerk nicht einzugehen

2. Eingriff in den Schutzbereich des allgemeinen Persönlichkeitsrechts
Recht am eigenen Bild (+)

3. Kausale Handlung (+)

4. Rechtswidrigkeit
Abwägung: Eingriff in die Individualsphäre schwerwiegend; keine schützenswerten Interessen des U, daher Rechtswidrigkeit (+)

5. Verschulden (+)

6. Haftungsausfüllender Tatbestand
- Vermögensschaden: evtl. über § 252 BGB entgangene Lizenzgebühr
- Immaterieller Schaden gem. § 253 I BGB eigentlich nicht ersatzfähig; nach Rechtsprechung aber dennoch Geldersatz aus verfassungsrechtlichen Gründen

III. Lösung

Da Vorschriften des KUG unberücksichtigt bleiben sollen, ist auf § 823 II BGB i.V.m. dortigen Regelungen nicht einzugehen. Es kommt allein ein Schadensersatzanspruch aus § 823 I BGB in Betracht.

1. Subsidiarität

Aus Art. 1 I und Art. 2 I GG hat Rechtsprechung und Literatur das allgemeine Persönlichkeitsrecht für den Bereich des Verfassungsrechts entwickelt.

Durch verfassungskonforme Auslegung des § 823 I BGB liegt eine Einbeziehung des allgemeinen Persönlichkeitsrechts als „sonstiges Recht" ins Zivilrecht nahe.

Einer solchen Vorgehensweise bedarf es jedoch nicht, wenn das allgemeine Persönlichkeitsrecht schon aufgrund anderer Vorschriften geschützt wird. Die Haftung aus § 823 I BGB wegen Verletzung des allgemeinen Persönlichkeitsrechtes ist daher nach h.M. subsidiär.

Subsidiarität ist auch bei einer Haftung aus § 823 II BGB anzunehmen, hier i.V.m. §§ 22-24 KUG. Da auf diese laut Bearbeitervermerk aber nicht einzugehen ist, bestehen vorliegend keine vorrangig anzuwendenden Vorschriften, dem Subsidiaritätserfordernis ist Genüge getan.

Anmerkung: Es wäre auch tatsächlich ein Anspruch aus § 22 KUG i.V.m. § 823 II BGB anzunehmen (Recht am eigenen Bild). Die Ausnahme des § 23 I Nr. 1 KUG greift mangels Vorliegens einer *Person der Zeitgeschichte* nicht ein. Selbst wenn B eine Person der Zeitgeschichte wäre: Nach h.M. umfasst § 23 I Nr. 1 KUG nicht die Verwendung des Bildes zu *Werbezwecken*. Ansonsten könnte § 22 KUG in der Werbeindustrie durch den Einsatz von berühmten Persönlichkeiten allzu leicht umgangen werden!

2. Eingriff in den Schutzbereich des allgemeinen Persönlichkeitsrechts

Durch die Verwendung des Bildes des B wurde in den Schutzbereich dessen allgemeinen Persönlichkeitsrechts eingegriffen. Das Recht am eigenen Bild ist ein anerkannter Bestandteil des allgemeinen Persönlichkeitsrechts.

Anmerkung: Sprechen Sie nicht von „Rechtsgutsverletzung", um zu zeigen, dass Sie den Unterschied zu den „normalen" Rechtsgütern des § 823 I BGB verstanden haben. Denn ob das Rechtsgut „allgemeines Persönlichkeitsrecht" wirklich verletzt ist, ergibt sich erst nach Bejahung der Rechtswidrigkeit.
Im Grunde gilt das Gleiche wie bei der allgemeinen Grundrechtsprüfung: Nicht jeder Eingriff ist schon eine Verletzung!

3. Kausale Handlung

Durch das Handeln des U, das Einsetzen des Bildnisses des B zu Werbezwecken, hat dieser kausal und zurechenbar in den Schutzbereich des allgemeinen Persönlichkeitsrechts des B eingegriffen.

4. Rechtswidrigkeit

Fraglich ist aber die Rechtfertigung des Eingriffes. Aufgrund der tatbestandlichen Weite des allgemeinen Persönlichkeitsrechts ist hierbei nach allen Auffassungen die Rechtswidrigkeit stets positiv anhand einer umfassenden Abwägung der widerstreitenden Interessen vorzunehmen.

a) Auf der Seite des B spielt der Grad der Beeinträchtigung des allgemeinen Persönlichkeitsrechtes eine besondere Rolle.

Den stärksten Schutz genießt die sog. **Intimsphäre** des Menschen. Eingriffe sind hierbei grundsätzlich unzulässig.

Weniger starken Schutz genießt die sog. **Privatsphäre**. Hierzu zählt z.b. die Veröffentlichung von Bildern aus dem Privatbereich des Betroffenen oder die Veröffentlichung von vertraulichen Gesprächen.

Den schwächsten Schutz genießt die sog. **Individualsphäre**. Hiermit ist insbesondere das Bild und die Stellung des Einzelnen in der Öffentlichkeit gemeint.

Das Bild des B stammte von einer öffentlichen Reitveranstaltung. Durch die Verbindung mit dem beworbenen Produkt wird für die Öffentlichkeit allerdings der Eindruck erweckt, B setze sich für das Produkt ein und verwende es evtl. sogar selbst. Dabei darf die Art des Produkts, ein Potenzmittel, nicht außer Acht gelassen werden. Die sexuelle Komponente der Verwendung seines Bildes erhöht die Schwere des Eingriffs.

Damit liegt zwar nur ein Eingriff in die Individualsphäre vor, der jedoch relativ schwerwiegend ist.

Anmerkung: Diese „Sphären-Rechtsprechung" dient nur der Vereinfachung der Rechtsanwendung. Im Grunde sind die Grenzen fließend.

b) Seitens des U ist allein seine Berufsfreiheit anzusprechen. U handelte allerdings aus reinem Profitstreben und wollte kostenlos in Anspruch nehmen, wofür seine Konkurrenten üblicherweise Geld aufwenden: Die Verwendung von Personen zu Werbezwecken.

c) Bei Abwägung der beiderseits betroffenen Interessen überwiegen die Interessen des B bei weitem. U hätte den B um Erlaubnis bitten müssen und zur Erteilung der Erlaubnis evtl. einen Geldbetrag dem B zahlen müssen. B hingegen konnte sich des Angriffes auf seine Rechte nicht erwehren. Er verdient den Schutz der Rechtsordnung.

Anmerkung: Bei Abwägungen arten die Ausführungen oft in undurchdringliches „Stammtischgelaber" aus. Gliedern Sie Ihre Ausführungen. Dabei macht ein Dreierschritt Sinn: Betroffenheit und Schwere der Betroffenheit von Interessen auf der Seite des Anspruchstellers / Betroffenheit und Schwere der Betroffenheit von Interessen auf der Seite des Anspruchsgegners / zusammenfassende Abwägung und Ergebnis.

5. Verschulden

U handelte vorsätzlich und damit schuldhaft.

Anmerkung: Vertretbar ist es auch zu unterstellen, U habe keine Kenntnis von der Rechtswidrigkeit seines Verhaltens gehabt und damit nur fahrlässig gehandelt. In der Sache macht das keinen Unterschied. Noch einmal zur Erinnerung: Der Vorsatz im Zivilrecht schließt die Kenntnis der Rechtswidrigkeit ein. Anders im Strafrecht, wo das sog. Unrechtsbewusstsein erst auf der Ebene der Schuld bei § 17 StGB (Verbotsirrtum) eine Rolle spielt.

6. Haftungsausfüllender Tatbestand

Fraglich ist der Umfang des zu ersetzenden Schadens.

a) B könnte einen – in jedem Fall ersatzfähigen – **Vermögensschaden** erlitten haben. Es ist denkbar, dass B, wäre er zuvor von U gefragt worden, gegen Zahlung eines Entgelts (sog. Lizenzgebühr) sich mit der Verwendung seines Bildes einverstanden erklärt hätte. Dann wäre diese entgangene Lizenzgebühr gem. § 252 BGB als entgangener Gewinn zu ersetzen. Hierzu fehlen nähere Sachverhaltsangaben.

b) Im Übrigen ist der Schaden des B rein immaterieller Natur. Dieser ist – soweit möglich – im Wege der **Naturalrestitution** gem. §§ 249, 250 BGB zu ersetzen.

Insbesondere bei einer Verletzung des allgemeinen Persönlichkeitsrechts durch unwahre Tatsachenbehauptungen oder beleidigende Werturteile in der Presse ist der Widerruf und die Gegendarstellung als Form der Naturalrestitution anerkannt.

Allerdings fehlen dem U die Mittel, das gestörte Bild des B in der Öffentlichkeit wieder gerade zu rücken, er ist nicht Herausgeber eines Printmediums. Daher kommt eine Naturalrestitution nicht in Betracht.

c) Bei Unmöglichkeit der Naturalrestitution kann **Geldersatz gem. § 251 I BGB** grundsätzlich nur für Vermögensschäden geschuldet sein, vgl. § 253 I BGB.

§ 253 II BGB als Ausnahme hiervon greift nicht ein: Die Verletzung des allgemeinen Persönlichkeitsrechts ist dort nämlich nicht genannt.

Allerdings spricht die Rechtsprechung bei schweren Beeinträchtigungen des allgemeinen Persönlichkeitsrechts, die nicht in anderer Weise wieder gut zu machen sind, dem Geschädigten einen Geldersatzanspruch zu. Dies ist nicht auf eine analoge Anwendung von § 253 II BGB zu stützen, sondern unmittelbar aus der Verfassung abzuleiten (vgl. dazu exemplarisch auch BGH, Life & Law 2011, 862 ff.).

Hier liegt eine schwere Beeinträchtigung des allgemeinen Persönlichkeitsrechts vor, die nicht in anderer Weise gut zu machen ist. Daher hat B einen Geldersatzanspruch gegen U.

Anmerkung: Im Fall „Caroline von Monaco" (BGHZ 128, 1) hat die Presse in einer Zeitschrift ein frei erfundenes Interview mit Caroline von Monaco abgedruckt.
Der BGH sprach eine Entschädigung in Geld mit obigen Gründen aus. Vor allem aber war das Gericht der Auffassung, dass sich die *Höhe des Ersatzanspruches* insbesondere auch betragssteigernd nach der Absicht zur Gewinnerzielung zu richten habe und eine spürbare Sanktion darstellen müsse.

Ergebnis: B kann von U einen im Ermessen des Gerichts (§ 287 ZPO) stehenden Geldbetrag verlangen.

Anmerkung: In gleicher Weise findet das allgemeine Persönlichkeitsrecht im Falle von rechtswidrigen Beeinträchtigungen auch Schutz über den quasi-negatorischen Anspruch des § 1004 I BGB analog. Allerdings kann hier stets nur Beseitigung und Unterlassung der Beeinträchtigung verlangt werden. Dies ist besonders relevant bei unrichtigen Tatsachenbehauptungen in den Medien. Bereits aus § 1004 I BGB ergibt sich dann ein Anspruch auf Widerruf.

IV. Zusammenfassung

Sound: Das allgemeine Persönlichkeitsrecht ist ein sonstiges Recht i.S.v. § 823 I BGB. Im Falle schwerer, in anderer Weise nicht wieder gut zu machender Verletzungen leitet die h.M. aus der Verfassung einen Geldersatzanspruch in Abweichung von § 253 I BGB ab.

hemmer-Methode: Die wesentlichen anerkannten Fallgruppen der Eingriffe in das allgemeine Persönlichkeitsrecht sind: Der Ehrenschutz, der Schutz des eigenen Namen (vgl. zur Begrenzung des Schutzes nach dem Tod BGH, Life&Law 2007, 297 ff.) und des eigenen Bildes, der Schutz schriftlicher Äußerungen (z.B. Veröffentlichung eines als privates Schreiben gedachten Briefes als Leserbrief, vgl. BGHZ 13, 338), der Schutz des nicht-öffentlich gesprochenen Wortes sowie der Schutz vor Weitergabe privater Informationen.
Die richterrechtliche Korrektur von § 253 I BGB wurde übrigens vom Bundesverfassungsgericht in BVerfGE 34, 269 gebilligt.

V. Zur Vertiefung

- Hemmer/Wüst, Basics Zivilrecht, Band 2, Rn. 117 ff.
- Hemmer/Wüst, Deliktsrecht I, Rn. 48 ff.
- Hemmer/Wüst, Deliktsrecht Karteikarte Nr. 15
- Dimensionen des Persönlichkeitsschutzes, Life&Law 2010, 334 ff.
- Zu einem Anspruch auf Unterlassung wegen APR-Verletzung lesen Sie BGH, Life&Law 2011, 306 ff.
- Zum postmortalen Schutz des APR lesen Sie BGH, Life&Law 2014, 494 ff. Hier verneint der BGH die Vererblichkeit eines Anspruchs wegen Verletzung der ideellen Bestandteile des APR.

Fall 26: Recht am eingerichteten und ausgeübten Gewerbebetrieb / Stromkabel-Fall

Sachverhalt (vgl. BGHZ 29, 65 – Stromkabel; vgl. Fall 15):

Bei Bauarbeiten beschädigt Baggerführer B schuldhaft ein Stromkabel. Dies hat zur Folge, dass der Betrieb des U sechs Stunden ohne Strom ist. U macht den sich hieraus ergebenden Schaden in Form entgangenen Gewinnes geltend.

Frage: *Anspruch des U gegen B?*

I. Einordnung

Den Stromkabelfall kennen Sie bereits aus Fall 15. Bereits dort wurde – sozusagen als Vorgriff – das zweite neben dem allgemeinen Persönlichkeitsrecht anerkannte Rahmenrecht angesprochen, nämlich das Recht am eingerichteten und ausgeübten Gewerbebetrieb. Dies soll hier noch einmal vertieft werden.

Auch das Recht am eingerichteten und ausgeübten Gewerbebetrieb ist ein sog. Rahmenrecht, d.h. der Schutzbereich ist relativ offen. Daher muss auch hier die Rechtswidrigkeit stets aufgrund einer gesonderten Abwägung positiv festgestellt werden.

II. Gliederung

Anspruch aus § 823 I BGB

1. **Strombezugsrecht** als verletztes Rechtsgut
   (-), da kein absolutes Recht, sondern nur schuldrechtlicher Anspruch des U

2. **Eigentumsverletzung** an den betroffenen elektrischen Geräten
   Nach BGH (-), keine relevante Gebrauchsbeeinträchtigung

3. **Recht am eingerichteten und ausgeübten Gewerbebetrieb** (ReaG) des U

   a) Subsidiarität
      keine vorrangigen Ansprüche ersichtlich

   b) Eingriff in den Schutzbereich des ReaG
      (-), es fehlt an Unmittelbarkeit

4. **Ergebnis**:
   Keine Ansprüche des U gegen B.

III. Lösung

Da zwischen B und U keine vertraglichen Beziehungen bestehen, kommt nur ein deliktischer Anspruch des U gegen B aus § 823 I BGB in Betracht. Für einen Anspruch aus § 823 II BGB fehlt es an einem einschlägigen Schutzgesetz zugunsten des U.

1. Strombezugsrecht als verletztes Rechtsgut

§ 823 I BGB setzt zunächst ein verletztes Rechtsgut voraus. In Betracht kommt dabei das Strombezugsrecht des U als „sonstiges Recht".

Allerdings ist zu beachten, dass sonstige Rechte mit den in § 823 I BGB ausdrücklich genannten Rechten vergleichbar sein müssen.

Das setzt zumindest einen „absoluten" Charakter voraus, das heißt: Geschützt werden nur Rechte, die gegenüber jedermann wirken (wie z.B. dingliche Rechtspositionen). Der Anspruch des U auf Strombezug ist hingegen lediglich ein schuldrechtlicher Anspruch des U gegen die jeweilige Stromversorgungsgesellschaft. Schuldrechtliche Beziehungen wirken nur *relativ* zwischen Schuldner und Gläubiger und sind dementsprechend keine absoluten Rechte.

Insoweit kommt ein Anspruch aus § 823 I BGB daher nicht in Betracht.

2. Eigentumsverletzung an den betroffenen elektrischen Geräten

U ist Eigentümer an den in seinem Betrieb befindlichen elektrischen Geräten.

Diese konnten während des Stromausfalles nicht betrieben werden, so dass eine Eigentumsverletzung in Betracht kommt. Denn eine solche kann auch in Form einer Gebrauchsbeeinträchtigung vorliegen.

Zur Vermeidung einer unüberschaubaren Haftungsausweitung ist hierbei allerdings erforderlich, dass der **bestimmungsgemäße Gebrauch der Sache für nicht unerhebliche Dauer vollständig entzogen** wurde. Dies scheint im Falle eines elektrischen Gerätes der Fall zu sein, da es ja ohne Strom überhaupt nicht genutzt werden kann.

Dennoch verneint der BGH in ständiger Rechtsprechung eine Eigentumsverletzung in derartigen Fällen des Stromentzuges. Hierbei will er vor einer allzu großen Ausweitung des Haftungstatbestandes des § 823 I BGB schützen; wesentliches Argument ist, dass eigentlich vordergründig nur der schuldrechtliche Anspruch des Unternehmers

auf Strombezug betroffen ist, dieser aber nicht in den Schutzbereich des § 823 I BGB fällt. Durch Annahme einer Eigentumsverletzung an den betroffenen elektrischen Geräten würde man sozusagen durch die Hintertür den Anwendungsbereich des § 823 I BGB eröffnen.

Daher liegt eine Eigentumsverletzung an den betroffenen elektrischen Geräten nicht vor.

Anmerkung: Andere Ansicht natürlich vertretbar, so wie hier aber die ständige Rechtsprechung. Der BGH folgt einer Wertung, die sich dogmatisch nicht besonders gut halten lässt.

3. Recht am eingerichteten und ausgeübten Gewerbebetrieb des U

Als möglicherweise betroffenes Recht kommt aber das Recht am eingerichteten und ausgeübten Gewerbebetrieb (ReaG) des U in Betracht.

Aufbauschema ReaG:

Haftungsbegründender Tatbestand

1. **Subsidiarität**
2. Eingriff in den **Schutzbereich** des ReaG
3. **Betriebsbezogenheit** des Eingriffs
4. **Verletzungshandlung**
5. **Haftungsbegründende Kausalität**
6. Positive Feststellung der **Rwkt**
7. **Verschulden**

Haftungsausfüllender Tatbestand

Keine Besonderheiten

a) Subsidiarität

Bei dem ReaG handelt es sich i.r.d. § 823 I BGB um einen – richterrechtlich seit langem anerkannten – Auffangtatbestand, der eine Lücke im Rechtsschutz schließen soll. Ein Anspruch aus § 823 I BGB wegen Verletzung des ReaG kommt daher nur dann in Betracht, wenn sich der Anspruch nicht bereits aufgrund Verletzung eines anderen Rechtsgutes oder aus anderen deliktischen Anspruchsgrundlagen wie insbesondere § 823 II BGB ergibt.

Derartige vorrangige Ansprüche sind jedoch vorliegend nicht ersichtlich.

Anmerkung: Es macht Sinn, eine Verletzung des ReaG erst am Ende zu prüfen. Dann kann man einer komplizierten Inzidentprüfung i.R.d. Subsidiarität des ReaG entgehen. Wäre oben eine Verletzung des Eigentums an den elektrischen Geräten zu bejahen gewesen, müsste schon deshalb ein Anspruch wegen Verletzung des ReaG als subsidiär ausscheiden.

Häufig scheitert der Anspruch an der Subsidiarität des ReaG: Insbesondere die stets wachsende Zahl wettbewerbsrechtlicher Bestimmungen führt i.V.m. § 823 II BGB zur Subsidiarität und belässt dem ReaG kaum noch einen Anwendungsspielraum.

b) Eingriff in den Schutzbereich des ReaG

Der Schutzbereich des ReaG ist sehr weitläufig. Grundsätzlich umfasst er sämtliche Güter und Interessen, die mit dem fraglichen Betrieb in Zusammenhang stehen. Dies schließt grundsätzlich auch das Interesse an störungsfreiem Fortgang des Betriebes ein.

Allerdings hat die Rechtsprechung aufgrund der tatbestandlichen Weite des ReaG schon frühzeitig eine Einschränkung vorgenommen, an der zumeist ein Anspruch aus § 823 I BGB wegen Verletzung des ReaG scheitert: Die **Betriebsbezogenheit** des Eingriffs. Ein i.r.v. § 823 I BGB relevanter Eingriff in das ReaG liegt nur vor, wenn der Eingriff betriebsbezogen ist. Zudem muss der Eingriff sich **unmittelbar** auf den Betrieb beziehen.

Ein Eingriff setzt daher die unmittelbare Beeinträchtigung des Gewerbebetriebes als solchen voraus, er muss sich spezifisch gegen den betrieblichen Organismus oder die unternehmerische Entscheidungsfreiheit richten und über eine bloße Belästigung oder sozialübliche Behinderung hinausgehen.

Im vorliegenden Fall fehlt es an der Unmittelbarkeit. *Unmittelbar* betroffen war das Stromkabel, die dadurch veranlasste Beeinträchtigung des Betriebs des U erfolgte nur *mittelbar*.

Daher liegt kein i.r.v. § 823 I BGB relevanter Eingriff in das ReaG des U vor.

Anmerkung: Der Begriff der Unmittelbarkeit ist besser zu handhaben als der schwer zugängliche Terminus der „Betriebsbezogenheit". Immer dann, wenn irgendein anderes Rechtsgut (auch eines Dritten) betroffen ist, fehlt es an einer unmittelbaren Beeinträchtigung des Betriebes (z.B. Verletzung eines Arbeitnehmers, Beschädigung einer Maschine etc.).

Ergebnis: U hat keine Ansprüche gegen B.

IV. Zusammenfassung

Sound: Das Recht am eingerichteten und ausgeübten Gewerbebetrieb stellt – ebenso wie das allgemeine Persönlichkeitsrecht – ein Rahmenrecht im Sinne eines „sonstigen Rechts" gem. § 823 I BGB dar. Jedoch führen nur unmittelbare, betriebsbezogene Eingriffe zu einem Anspruch aus § 823 I BGB.

hemmer-Methode: Anerkannte Fallgruppen beim ReaG sind:
(1)   unberechtigte Schutzrechtsverwarnungen / Abmahnungen,
(2)   Boykott von Geschäften,
(3)   rechtswidrige Streiks,
(4)   schädigende Werturteile oder Verbreitung abträglicher wahrer Tatsachen; in diesem Zusammenhang muss allerdings eine Interessenabwägung stattfinden, weil ggfs. ein schutzwürdiges Interesse an der Erlangung der Kenntnis der wahren Tatsachen besteht (so entschieden für Bonitätsbeurteilungen, vgl. BGH, NJW 2011, 2204 ff.); bei unwahren Tatsachen ist an § 824 BGB zu denken.

V. Zur Vertiefung

- Hemmer/Wüst, Basics Zivilrecht, Band 2, Rn. 112 ff.
- Hemmer/Wüst, Deliktsrecht I, Rn. 54 ff.
- Hemmer/Wüst, Deliktsrecht Karteikarte Nr. 16 ff.

Fall 27: Recht am eingerichteten und ausgeübten Gewerbebetrieb / Verletzung betriebszugehöriger Personen

Sachverhalt (vgl. BGH, Life&Law 2003, 402):

Eiskunstläuferin E bildet mit ihrem Partner P ein international bekanntes Eislaufpaar. Bei einem Verkehrsunfall, verschuldet durch S, wird P verletzt und kann aufgrund seiner Verletzung mehrere Wochen seinen Sport nicht mehr ausüben. E macht nun geltend, dass sie – mangels vorhandenen Ersatzpartners – mehrere Wettkämpfe ausfallen lassen musste und ihr daher zumindest die entgangene Antrittsgage zu zahlen sei.

Frage: Hat E einen entsprechenden Anspruch gegen S?

I. Einordnung

Auf den ersten Blick ist das ReaG ein willkommenes Instrument für Gewerbetreibende: Über diese Konstruktion scheint jeder schuldhaft zugefügte Vermögensschaden ersatzfähig zu sein, sofern er nur im Zusammenhang mit dem ausgeübten Gewerbe steht. Dies kann aber nicht richtig sein, sonst bestünde für Gewerbetreibende ein allgemeiner deliktischer Vermögensschutz! Daher sind die von der Rechtsprechung entwickelten einschränkenden Anforderungen durchaus ernst zu nehmen und führen häufig zur Ablehnung des Anspruchs.

II. Gliederung

1. § 823 I BGB

a) Rechtsgutsverletzung

aa) Verletzung von Körper/Gesundheit
(-), da E nicht verletzt wurde

bb) ReaG

(1) Subsidiarität: O.K., da § 823 II BGB (-)

(2) Profisportgruppe = „eingerichtetes und ausgeübtes Gewerbe"

(3) Aber Betriebsbezogenheit / Unmittelbarkeit (-):
Unmittelbar verletzt wurde nur eine zum Betrieb gehörige Person (P).

2. § 823 II BGB (-), s.o.

3. Ergebnis: Keine Ansprüche.

III. Lösung

Fraglich ist, ob E von S Ersatz des geltend gemachten Schadens verlangen kann.

1. § 823 I BGB

In Betracht kommt ein Anspruch der E aus § 823 I BGB.

a) Rechtsgutsverletzung

Dies setzt zunächst eine Rechtsgutsverletzung voraus.

aa) Verletzung von Körper/Gesundheit

Zwar wurde P an **Körper und Gesundheit** verletzt.

Dies kann jedoch für einen Anspruch der E aus § 823 I BGB nicht von Bedeutung sein: Erforderlich ist stets eine *eigene* Rechtsgutverletzung des *Anspruchstellers*. Nur wer in eigenen Rechtsgütern verletzt ist, kann einen eigenen Anspruch aus § 823 I BGB haben.

bb) ReaG

Allerdings kommt seitens der E ein die Haftung auslösender Eingriff in das **Recht am eingerichteten und ausgeübten Gewerbebetrieb** in Betracht.

(1) Dabei ist zunächst die **Subsidiarität** dieses Rahmenrechts zu berücksichtigen.

Denkbar ist nämlich auch ein Anspruch aus § 823 II BGB. Dies setzt ein verletztes Schutzgesetz voraus. Als solches kommen vorliegend nur evtl. verletzte Normen der StVO in Betracht. Diese schützen aber nur die unmittelbaren Verkehrsteilnehmer, nicht aber lediglich mittelbar betroffene Dritte. E war an dem Verkehrsunfall nicht beteiligt. Als außenstehende Dritte fällt sie daher nicht in den persönlichen Schutzbereich der verletzten StVO-Norm.

Damit kommen keine anderweitigen vorrangigen Ansprüche der E gegen S in Betracht.

Anmerkung: § 823 II BGB setzt nicht nur voraus, dass es sich *abstrakt* um ein Schutzgesetz handelt. Bei der *konkreten Verletzung* muss gerade der Anspruchsteller (persönlicher Schutzbereich) mit seinem konkreten Schaden

(sachlicher Schutzbereich) in den Schutzbereich der verletzten Norm fallen. Dies war hier zugunsten der E nicht der Fall.

(2) Fraglich ist allerdings, ob der E überhaupt ein Recht am eingerichteten und ausgeübten Gewerbebetrieb zusteht.

Profisportler üben ein Gewerbe aus i.S.d. allgemeinen handelsrechtlichen Gewerbebegriffes. Ihre Tätigkeit ist auch nicht etwa als freiberuflich anzusehen. Doch selbst wenn dies der Fall wäre: Die h.M. gesteht das ReaG aus Gleichbehandlungsgründen auch Freiberuflern zu.

Damit kann sich E grundsätzlich auf das ReaG berufen.

Anmerkung: Was Sie nicht unbedingt wissen müssen: Umstritten ist dennoch, ob eine Profisportlergruppe als solche einen Gewerbebetrieb darstellt. Allerdings handelt es sich bei Profisport zweifelsohne (auch steuerrechtlich) um eine gewerbliche Betätigung, die bei einer festen Gruppe eben gemeinschaftlich ausgeübt wird und daher eine Einheit bildet. Mehr spricht daher für eine Bejahung eines einheitlichen „eingerichteten und ausgeübten Gewerbebetriebes".

(3) Zur Einschränkung des begrifflich recht weiten Schutzbereiches des ReaG bejaht die h.M. einen relevanten Eingriff in diesen nur bei Betriebsbezogenheit und Unmittelbarkeit.

Hieran fehlt es, wenn unmittelbar verletztes Objekt nicht der Gewerbebetrieb, sondern ein anderes Recht oder Rechtsgut ist.

Daher ist im Falle einer Verletzung einer an einem Betrieb beteiligten Person ein Eingriff in das ReaG selbst dann zu verneinen, wenn diese Person für das betriebene Gewerbe von besonderer Wichtigkeit ist. Vorliegend wurde P verletzt.

Damit liegt ein relevanter Eingriff in den Schutzbereich des ReaG nicht vor.

b) Ergebnis zu 1.

Also ist ein Anspruch aus § 823 I BGB nicht gegeben.

2. § 823 II BGB

Ein Anspruch aus § 823 II BGB steht der E ebenfalls nicht zu (vgl. oben).

Ergebnis: E hat gegen S keine Ansprüche.

IV. Zusammenfassung

Sound: An der Betriebsbezogenheit / Unmittelbarkeit des Eingriffs fehlt es, wenn nur eine betriebsangehörige Person verletzt wurde. Dies gilt auch bei Personen mit herausragender Stellung im Betrieb.
Das ReaG steht auch Freiberuflern zu.

hemmer-Methode: Es gibt kaum Klausuren, in denen eine Verletzung des ReaG tatsächlich bejaht werden kann. Meistens geht es nur darum, das ReaG als denkbar verletztes „sonstiges Recht" i.S.d. § 823 I BGB zu sehen, ein paar Sätze zu der Besonderheit von Rahmenrechten (Subsidiarität, offener Tatbestand, positive Feststellung der Rechtswidrigkeit) zu schreiben und dann einen Anspruch aus § 823 I BGB – je nach Einzelfall – wegen Subsidiarität oder mangelnder Betriebsbezogenheit des Eingriffs abzulehnen. Nutzen Sie also die Möglichkeit, ein wenig „Wissen abzulassen", übertreiben Sie es aber nicht!

V. Zur Vertiefung

- Hemmer/Wüst, Basics Zivilrecht, Band 2, Rn. 112 ff.
- Hemmer/Wüst, Deliktsrecht I, Rn. 54 ff.
- Hemmer/Wüst, Deliktsrecht Karteikarte Nr. 16 ff.

Kapitel VII: Sonstiges zum haftungsbegründenden Tatbestand

Fall 28: Verschulden / Haftungsprivilegierung

Sachverhalt:

Kaufmann V ist dem Kaufmann K noch einen Gefallen schuldig. K und V vereinbaren daher schriftlich, dass V 50 Kaffeemaschinen des K für einen Monat unentgeltlich verwahrt. V, der gedanklich gerade abwesend ist, lässt seine Lagerhalle aus Versehen eines Abends unverschlossen. In der Nacht werden die Kaffeemaschinen von Dieben entwendet. K verlangt von V Schadensersatz.

Frage: *Zu Recht?*

I. Einordnung

Während Vertrags- und Deliktsrecht grundsätzlich gleichberechtigt nebeneinander stehen, gibt es doch zwei wichtige Schnittstellen: Sofern für vertragliche Ansprüche Vergünstigungen für den Schuldner bestehen, stellt sich die Frage einer Übertragung auf den deliktischen Anspruch.

II. Gliederung

1. §§ 695 S. 1, 280 I, III, 283 S. 1 BGB

a) **Wirksamer Primäranspruch**
Rechtsbindungswille (+), Verwahrungsvertrag i.S.d. §§ 688 ff. BGB geschlossen. Damit Unmöglichkeit des Rückforderungsanspruches aus § 695 S. 1 BGB denkbar.

b) **Nachträgliche Unmöglichkeit** (+)

c) **Vertretenmüssen**
Fahrlässigkeit (+), aber Haftungsprivilegierung des § 690 BGB

⇨ **Anspruch (-)**

2. § 823 I BGB

Verschulden wegen Fahrlässigkeit eigentlich (+), aber aus Wertungsgründen Anwendung von § 690 BGB auch i.R.d. § 823 I BGB, daher Anspruch (-)

III. Lösung

Fraglich ist, ob K von V Schadensersatz für den Verlust von 10 Kaffeemaschinen verlangen kann. Dies setzt einen entsprechenden Anspruch voraus.

1. §§ 695 S. 1, 280 I, III, 283 S. 1 BGB

Ein solcher Anspruch könnte sich wegen nachträglicher Unmöglichkeit des Rückforderungsanspruches aus § 695 S. 1 BGB ergeben.

a) **Wirksamer Primäranspruch**

Unmöglichkeit setzt stets einen wirksamen Anspruch voraus, dessen Erfüllung unmöglich geworden sein könnte. Was nicht besteht, kann auch nicht unmöglich geworden sein.

Einen solchen Primäranspruch stellt der Rückforderungsanspruch dessen, der eine Sache in Verwahrung gegeben hat (sog. „Hinterleger") aus § 695 S. 1 BGB dar.

Dazu müsste freilich ein wirksamer Verwahrungsvertrag geschlossen worden sein. Bei Vereinbarung einer unentgeltlichen Leistung stellt sich stets die Frage des Rechtsbindungswillens der Parteien, das bei einem reinen Gefälligkeitsverhältnis fehlt.

Dieser Wille, sich rechtlich binden zu wollen, ist nach dem objektiven Empfängerhorizont analog §§ 133, 157 BGB zu ermitteln.

Als Indiz kann angesehen werden, dass Kaufleute geschäftlich gehandelt haben; Kaufleute wollen grundsätzlich nicht ohne rechtliche Grundlage tätig werden. Für einen Rechtsbindungswillen spricht auch die schriftliche Fixierung der Absprache. Da somit nur die Unentgeltlichkeit der Verwahrung gegen den Rechtsbindungswillen beider Seiten spricht, ist von einem vorhandenen Rechtsbindungswillen auszugehen, zumal das Gesetz die unentgeltliche Verwahrung in § 690 BGB selbst vorsieht.

Mit Abschluss des wirksamen Verwahrungsvertrages entstand damit auch wirksam das Rückforderungsrecht des Hinterlegers K aus § 695 S. 1 BGB und konnte somit unmöglich werden.

Anmerkung: Bei Unentgeltlichkeit einer Vereinbarung sollten Sie die Problematik des Rechtsbindungswillens stets ansprechen.
Ist eine echte vertragliche Bindung nicht gewollt, kommt ein sog. *Gefälligkeitsverhältnis mit rechtsgeschäftsähnlichem Charakter* in Betracht:

Bei einem solchen bestehen zwar keine Primäransprüche, im Falle von Pflichtverletzungen wird aber wie bei einem wirksamen Vertrag gehaftet. Ist auch eine solche Bindung nicht gewollt, liegt also ein sog. *reines Gefälligkeitsverhältnis* vor, bleiben nur deliktische Ansprüche. Hier wird die entsprechende Anwendung der Haftungsprivilegierungen aus den Gefälligkeitsverträgen (§§ 599, 690, 521) nach h.M. verneint. Es kommt allenfalls ein stillschweigender Haftungsausschluss im Einzelfall in Betracht (vgl. BGH, Life&Law 2016, 591 ff.). Im umgekehrten Fall bedeutet dies aber auch, dass vertragliche Haftungsverschärfungen im Gefälligkeitsverhältnis keine Anwendung finden, vgl. dazu BGH, Life&Law 2011, 791 ff.

b) Nachträgliche Unmöglichkeit

Durch den Diebstahl der Kaffeemaschinen wurde die Erfüllung des Rückforderungsanspruches des K unmöglich. Es liegt eine nachträgliche Unmöglichkeit vor, so dass V die Leistung gem. § 275 I BGB nicht zu erbringen braucht.

c) Vertretenmüssen

Fraglich ist allerdings, ob V die Unmöglichkeit auch zu vertreten hat, § 280 I S. 2 BGB.

aa) Der Schuldner hat grundsätzlich stets **Vorsatz und Fahrlässigkeit** zu vertreten, § 276 I S. 1 BGB. Das nicht ausreichende Absichern fremden Eigentums vor dem unberechtigten Zugriff Dritter stellt eine Verletzung der verkehrsüblichen Sorgfalt und damit eine Fahrlässigkeit dar, § 276 II BGB.

bb) Allerdings hält § 690 BGB für den Fall der unentgeltlichen Verwahrung eine Haftungsprivilegierung des Verwahrers bereit: Dieser haftet nur für die eigenübliche Sorgfalt, sog. **diligentia quam in suis**.

(1) Hier liegt auch eine unentgeltliche Verwahrung vor: Es wurde keinerlei Gegenleistung des K vereinbart. Dass V dem K „noch einen Gefallen schuldig" war, hat hiermit nichts zu tun.

(2) Die Haftungsbeschränkung auf eigenübliche Sorgfalt entbindet gem. § 277 BGB nicht von der Haftung für grobe Fahrlässigkeit. Als grob fahrlässig gilt ein Verhalten, dessen Sorgfaltspflichtwidrigkeit jedermann einleuchten muss. Dies kann im vorliegenden Fall nicht bejaht werden, die Schwelle zur groben Fahrlässigkeit kann nicht als überschritten angesehen werden.

V ließ die Türen zu seinem Lager nur ausnahmsweise versehentlich unabgeschlossen. Er hat damit auch in eigenen Angelegenheiten in gleicher Weise fahrlässig agiert, da er auch die eigenen eingelagerten Gegenstände gefährdet hat. Damit handelte er generell auf einem herabgesetzten Sorgfaltsniveau. Er handelte daher eigenüblich leicht fahrlässig.

Damit hat V die Unmöglichkeit nicht zu vertreten.

Anmerkung: Wer hier freilich grobe Fahrlässigkeit annimmt, schneidet sich das Folgeproblem des Falles ab. Bei Haftungsprivilegierungen kann es in der Klausur oft ratsam sein, Zweifelsfragen über den Verschuldensgrad so zu entscheiden, dass die Haftungsprivilegierung greift (sofern natürlich die Entscheidung vertretbar ist). Probleme schaffen, nicht wegschaffen!

2. § 823 I BGB

In Betracht kommt allerdings ein deliktischer Anspruch des K gegen V aus § 823 I BGB.

a) V hat das Eigentum des K durch sein Verhalten verletzt. Das vorsätzliche Drittschädigerverhalten der Diebe vermag den Zurechnungszusammenhang i.R.d. haftungsbegründenden Kausalität nicht zu durchbrechen, da V gerade das Risiko eines solchen Drittschädigerverhalten geschaffen hat.

b) Grundsätzlich handelte V auch **schuldhaft**, da fahrlässig (s.o.). Fraglich ist aber, ob die Haftungsprivilegierung des § 690 BGB auch auf den Anspruch des § 823 I BGB anzuwenden ist.

aa) Eine direkte Anwendung erscheint fraglich: § 690 BGB ist auf vertragliche Schadensersatzansprüche zugeschnitten; Vertragsrecht und Deliktsrecht stehen grundsätzlich in Anspruchskonkurrenz, so dass eine Übertragung aus dem einen in den anderen Bereich eigentlich ausgeschlossen ist.

bb) Problematisch daran wäre allerdings im Ergebnis Folgendes:

Bei fahrlässigem Handeln des Verwahrers würde dann zwar die Haftungsprivilegierung des § 690 BGB den vertraglichen Schadensersatzanspruch ausschließen, daneben stünde aber der Anspruch aus § 823 I BGB, der Verwahrer würde also entgegen der Wertung des § 690 BGB doch für den verursachten Schaden haften. Dieser Wertungswiderspruch lässt sich nur vermeiden, wenn man § 690 BGB auch i.R.d. deliktischen Haftung des Verwahrers anwendet.

§ 690 BGB findet daher auf den deliktischen Anspruch analoge Anwendung.

Daher scheidet ein Anspruch aus § 823 I BGB aus.

Ergebnis: K hat keine Ansprüche gegen V.

§ 690 BGB ist ein beliebtes Beispiel. Die gleichen Überlegungen gelten aber auch für andere aus dem Vertragsverhältnis resultierenden Haftungsprivilegierungen wie § 599 BGB oder § 708 BGB.

IV. Zusammenfassung

Anmerkung: Haftungsprivilegierungen, die sich aus einem Vertragsverhältnis ergeben, sind auch auf die deliktischen Ansprüche zu übertragen. Anderenfalls würde dem Schuldner im Ergebnis die Haftungsprivilegierung genommen.

hemmer-Methode: Haftungsprivilegierungen sieht das Gesetz oftmals dort vor, wo jemand selbstlos zugunsten eines anderen handelt, vgl. §§ 521, 599, 680, 690, 968 BGB (Ausnahme: Auftrag!). Einen anderen Grund für eine Haftungsmilderung sieht das Gesetz in besonderen Nähebeziehungen vor, z.B. bei der BGB-Gesellschaft (§ 708 BGB), im Verhältnis der Ehegatten untereinander (§ 1359 BGB) oder im Eltern-Kind-Verhältnis (§ 1664 BGB).

V. Zur Vertiefung

- Hemmer/Wüst, Basics Zivilrecht, Band 2, Rn. 107
- Hemmer/Wüst, Deliktsrecht I, Rn. 93 ff., 101a
- Hemmer/Wüst, Deliktsrecht Karteikarte Nr. 32 ff.
- Haftung im Gefälligkeitsverhältnis: BGH, Life&Law 2016, 591 ff.

Fall 29: Verjährungsverkürzungen

Sachverhalt:

M „leiht" sich von V dessen PKW für die Dauer von 6 Monaten. Die Leihgebühr beträgt monatlich 170 €. Als M das Fahrzeug am Ende des Vertragsverhältnisses zurückgibt, stellt V eine tiefe Schramme fest. Diese beruht auf einem Missgeschick des M beim Einparken. Erst nach 2 Jahren macht V gegenüber M die Reparaturkosten in Höhe von 250 € geltend; M beruft sich auf Verjährung.

Frage: *Besteht ein durchsetzbarer Anspruch des V?*

I. Einordnung

Probleme ergeben sich, wenn mit dem deliktischen Anspruch vertragliche Ansprüche konkurrieren, für die Besonderheiten gelten. Im Fall 28 haben Sie bereits die Problematik von Haftungsprivilegierungen für den vertraglichen Anspruch kennen gelernt. Vorliegend geht es um die Behandlung unterschiedlicher Verjährungsfristen.

II. Gliederung

1. Vertragliche Ansprüche

a) Anspruch aus § 546 I BGB
Geschlossener Vertrag ist Mietvertrag; Rückgabepflicht wurde aber von M erfüllt; bei Beschädigung kein Anspruch aus § 546 I BGB selbst.

b) Anspruch aus § 280 I BGB
Grds. (+), aber **kurze Verjährung des § 548 I BGB** verstrichen. Anspruch nach Erhebung der Verjährungseinrede undurchsetzbar

2. Deliktische Ansprüche

a) Anspruch aus § 823 I BGB
§ 548 BGB ist anzuwenden, da diese Vorschrift anderenfalls ausgehöhlt würde

b) Anspruch aus § 823 II BGB
Ebenfalls Anwendung von § 548 BGB

c) Anspruch aus § 7 I StVG; § 18 I StVG
(-), steht dem Eigentümer eines Fahrzeugs gegen den Fahrer dieses Fahrzeugs nicht zu

3. Ergebnis:
Keine durchsetzbaren Ansprüche des V gegen M

III. Lösung

Fraglich ist, ob V gegen M einen Anspruch auf Ersatz der Reparaturkosten in Höhe von 250 € hat.

1. Vertragliche Ansprüche

a) Anspruch aus § 546 I BGB

Der Anspruch könnte sich aus § 546 I BGB ergeben. Danach ist der Mieter zur Rückgabe der Mietsache nach Beendigung des Mietverhältnisses verpflichtet.

aa) Bei dem von M und V geschlossenen Vertrag handelt es sich um einen Mietvertrag i.S.d. §§ 535 ff. BGB, nicht um eine Leihe gem. §§ 598 ff. BGB.

Denn eine Leihe ist stets **unentgeltlich**, vgl. den Wortlaut des § 598 BGB. Vorliegend wurde aber eine Gegenleistung des M für die Gebrauchsüberlassung vereinbart. Die von den Parteien gewählte Bezeichnung als „Leihe" ist nicht maßgebend, entscheidend ist der materielle Gehalt der getroffenen Vereinbarung (falsa demonstratio non nocet).

bb) Dieses Mietverhältnis hat nach Ablauf der vereinbarten sechs Monate **geendet**, vgl. § 542 II BGB.

Anmerkung: Beachten Sie die *nur für Wohnraum* geltende Regelung des § 550 BGB.
Zeitmietverträge für eine längere Zeit als ein Jahr bedürfen danach der Schriftform. Wird diese allerdings nicht gewahrt, folgt hieraus nicht die Nichtigkeit des Vertrages (§ 125 I BGB), sondern der Vertrag gilt gem. § 550 S. 1 BGB als auf unbestimmte Zeit geschlossen.

cc) Allerdings geht es vorliegend nicht um eine unterbliebene Rückgabe der Mietsache, sondern um eine Rückgabe im beschädigten Zustand.
Denkbar ist, dass § 546 I BGB selbst (!) stets die Rückgabe im *vertragsgemäßen* Zustand umfasst und bei Rückgabe in beschädigtem Zustand daher einen Schadensersatzanspruch enthält. Allerdings wäre fraglich, ob ein solcher Anspruch vom Vertretenmüssen des Mieters für die Beschädigung abhängig wäre, da § 546 I BGB diesbezüglich keine Anforderungen stellt.
Es ist daher sachgerechter, dem § 546 I BGB lediglich *die bloße Pflicht zur Rückgabe* zu entnehmen.

Da die Vorschrift aber die Pflicht zur Rückgabe im vertraglich geschuldeten Zustand verpflichtet, stellt die Beschädigung der Sache eine Frage der Sekundärhaftung nach den §§ 280 ff. BGB dar.
Da M den PKW zurückgegeben hat, hat er die Pflicht aus § 546 I BGB erfüllt. Ein Schadensersatzanspruch ergibt sich jedenfalls aus der Norm selbst nicht.

b) Anspruch aus § 280 I BGB

Allerdings könnte sich ein Schadensersatzanspruch des V aus § 280 I BGB ergeben.
aa) Bei dem geschlossenen Mietvertrag handelt es sich um ein **Schuldverhältnis** i.S.d. § 280 I S. 1 BGB.
bb) Der Mieter ist verpflichtet, die Mietsache in *ordnungsgemäßem Zustand* zurückzugeben. Ob sich dies als Nebenpflicht dem § 546 I BGB entnehmen lässt oder ob auf die allgemeine, aus § 241 II BGB herzuleitende Schutzpflicht, die Rechtsgüter des Vertragspartners nicht zu verletzen, zurückzugreifen ist, spielt für die Lösung keine Rolle.
Da M die Mietsache beschädigt hat, liegt deshalb eine **Pflichtverletzung** i.S.d. § 280 I BGB vor.

Anmerkung: Ob eine Pflichtverletzung vorliegt oder nicht, ist rein objektiv zu entscheiden. Es spielt *dabei* ein Verschulden des pflichtverletzenden Schuldners keine Rolle. Dies ist erst eine Frage des Vertretenmüssens!

cc) Die Beschädigung der Mietsache beruht auf einem Missgeschick des M beim Einparken.

Als sich sorgfaltsgemäß verhaltender Mieter wäre die Beschädigung daher ausgeblieben, so dass M fahrlässig handelte i.S.v. § 276 I S. 1, II BGB und die Pflichtverletzung gem. § 280 I S. 2 BGB **zu vertreten hat**.

dd) Der Anspruch des V auf Schadensersatz könnte jedoch **verjährt** sein.

§ 548 I BGB sieht eine verkürzte Verjährungsfrist für Ansprüche des Vermieters wegen Verschlechterungen der Mietsache vor. Diese beträgt sechs Monate und beginnt mit Rückgabe der Mietsache, § 548 I S. 2 BGB. Da seit Rückgabe vorliegend bereits zwei Jahre verstrichen sind, ist der Anspruch des V verjährt. Da M die Verjährungseinrede erhoben hat, ist der Schadensersatzanspruch des V gem. § 214 I BGB nicht durchsetzbar.

Also besteht kein durchsetzbarer Anspruch des V gegen M aus § 280 I BGB.

Anmerkung: Die Verjährung der Ersatzansprüche des Vermieters beginnt gem. §§ 548 I S. 2, 200 S. 1 BGB auch dann mit dem Zeitpunkt, in dem er die Mietsache zurückerhält, wenn die Ansprüche erst zu einem späteren Zeitpunkt entstehen. Setzt der Vermieter dem Mieter nach Auszug noch eine Frist zur Vornahme der Schönheitsreparaturen, entsteht der Anspruch auf Schadensersatz erst mit Ablauf der Frist, wenn der Vermieter dann Schadensersatz verlangt.

Auch in diesem Fall greift die kurze Verjährungsfrist ein, BGH, NJW 2005, 739, Life&Law 07/2005.

2. Deliktische Ansprüche

In Betracht kommen auch deliktische Ansprüche des V gegen M.

a) Anspruch aus § 823 I BGB

aa) M hat durch die Beschädigung des im Eigentum des V befindlichen PKW dessen Rechtsgut „Eigentum" i.S.d. § 823 I BGB zurechenbar kausal und rechtswidrig verletzt. M handelte fahrlässig, s.o.

bb) Fraglich ist aber, ob auch dieser Anspruch aus § 823 I BGB unterdessen **verjährt** ist.

(1) Da die §§ 823 ff. BGB insoweit keine Spezialregelung vorsehen, gelten die allgemeinen Verjährungsvorschriften der **§§ 195 ff. BGB**.

Die Verjährungsfrist beträgt drei Jahre, § 195 BGB. Mit der Beschädigung der Mietsache ist der Anspruch aus § 823 I BGB gem. § 199 I Nr. 1 BGB entstanden. Mit Rückgabe der Mietsache erlangte der V von den maßgebenden Umständen i.S.d. § 199 I Nr. 2 BGB Kenntnis, so dass in diesem Zeitpunkt die kumulativ zu prüfenden Voraussetzungen des § 199 I Nr. 1 *und* Nr. 2 BGB gegeben waren und die Verjährungsfrist mit Ende des Jahres der Rückgabe zu laufen begann, § 199 I BGB. Seit diesem Zeitpunkt sind im vorliegenden Fall drei Jahre noch nicht verstrichen, der Anspruch ist nach den §§ 195 ff. BGB noch nicht verjährt.

(2) Anderes würde aber gelten, wenn die **kurze Verjährung des § 548 BGB** (s.o.) auch für den Anspruch aus § 823 I BGB gelten würde.

Grundsätzlich gilt bei Anspruchskonkurrenz, dass jeder Anspruch nach dem für ihn geltenden Vorschriften verjährt.

Eine „Übertragung" von Verjährungs-verkürzungen oder -verlängerungen ist daher grundsätzlich ausgeschlossen.

Etwas anderes gilt bei einer Verjäh-rungsverkürzung jedoch dann, wenn sie nach ihrem Schutzzweck auch die konkurrierenden Ansprüche erfassen will; dies gilt insbesondere, wenn das Recht des Gläubigers, nach Verjährung des vertraglichen Anspruches weiterhin den Anspruch z.B. aus Delikt geltend zu machen, die kurze Verjährung aus-höhlen würde.

§ 548 BGB gilt bei Ansprüchen wegen Beschädigung der Mietsache. Bei ei-nem solchen Sachverhalt ist in nahezu allen Fällen auch ein paralleler An-spruch aus § 823 I BGB gegeben. § 548 BGB würde ausgehöhlt, wenn nach Ablauf der kurzen Verjährungsfrist noch der Anspruch aus § 823 I BGB geltend gemacht werden könnte. Daher ist mit der h.M. § 548 BGB auch auf den Anspruch aus § 823 I BGB anzu-wenden.

Anmerkung: Diese Überlegung gilt in all den Fällen, wo eine kurze Verjäh-rung des vertraglichen Anspruches an-geordnet ist und mit dem vertraglichen Anspruch **typischerweise** ein delikti-scher Anspruch konkurriert. Neben § 548 BGB ergibt sich daher die gleiche Lösung für die kurze Verjährung des § 606 BGB (Leihe) und § 1057 BGB (Nießbrauch).

Daher ist auch der Anspruch aus § 823 I BGB nach Erhebung der Ver-jährungseinrede undurchsetzbar.

b) Anspruch aus § 823 II BGB

Als möglicherweise verletztes Schutz-gesetz kommen Vorschriften der StVO in Betracht. Allerdings ist wohl davon auszugehen, dass der Eigentümer des beschädigten Wagens, dessen Fahrer die Vorschrift verletzt hat, nicht in den Schutzbereich der jeweiligen Norm ein-bezogen wird. Dies kann aber dahinge-stellt bleiben, da jedenfalls auch inso-weit § 548 BGB greift.

c) Anspruch aus § 7 I StVG, § 18 I   S. 1 StVG

Ansprüche nach den §§ 7 ff. StVG ste-hen dem Eigentümer eines Fahrzeugs gegen den Führer desselben Fahr-zeugs nicht zu.

Der Eigentümer ist insoweit nicht in den Schutzbereich der §§ 7 ff. StVG einbe-zogen (teleologische Reduktion).

Ergebnis: Also bestehen keine durch-setzbaren Ansprüche des V gegen M.

IV. Zusammenfassung

Sound: Grundsätzlich findet bei An-spruchskonkurrenz eine Übertragung einer Verjährungsverkürzung oder -verlängerung vom einen auf den ande-ren Anspruch nicht statt. Eine Ausnah-me stellen die Verjährungsverkürzun-gen §§ 548 I, 606, 1057 BGB dar, die auch für den konkurrierenden delikti-schen Anspruch gelten, da sie ande-renfalls ausgehöhlt würden.

hemmer-Methode: Hätte M die Verjährungseinrede nicht erhoben, wären die Ansprüche trotz abgelaufener Verjährungsfrist durchsetzbar. Denn die Verjährung begründet nur eine *Einrede* des Schuldners, die von diesem geltend zu machen ist, vgl. § 214 I BGB. Da Sie in der Klausur aber ein umfassendes Gutachten zu erstellen haben, würden Sie natürlich die Verjährung trotzdem prüfen und im Ergebnis z.B. schreiben „Dem A steht gegen B ein Anspruch auf [...] zu. Dieser wird allerdings undurchsetzbar, wenn B die Verjährungseinrede erhebt". In einer Urteilsklausur im zweiten Staatsexamen dürften Sie freilich bei nicht erhobener Verjährungseinrede zur Verjährung im Urteil NICHTS schreiben (grober Verstoß gegen die richterliche Neutralitätspflicht!). Dann gehören die Ausführungen aber ins Hilfsgutachten.

V. Zur Vertiefung

▪ Hemmer/Wüst, Deliktsrecht II, Rn. 301 ff.

Fall 30: Produzentenhaftung /
Fabrikations- und Konstruktionsfehler

Sachverhalt:

Die C-GmbH stellt Kinderspielzeug her. Zu ihrem Produktsortiment gehören auch (maschinell gefertigte) Holzautos. M hat für ihren dreijährigen Sohn S eines der Holzautos bei ihrem örtlichen Spielzeughändler H erworben. Allerdings steht an der Unterseite des Autos ein Nagel wenige Millimeter hervor, an dem sich S beim Spielen verletzt und ärztlich versorgt werden muss. M möchte die Behandlungskosten im Namen des S ersetzt verlangen. H wendet zutreffend ein, dass es bei Produkten dieses Herstellers ihm gegenüber nie zu Beanstandungen gekommen sei und er deshalb keinen Anlass gesehen hat, die Verpackung zu öffnen und das Auto zu überprüfen. Seitens der C-GmbH wird angeführt, es sei unerklärlich, wie es zu einem solchen Mangel kommen konnte. Jedenfalls weisen andere Autos der fraglichen Produktreihe den Fehler nicht auf, es handele sich – was zutrifft – um einen Einzelfall.

Frage: Bestehen Ansprüche auf Schadensersatz wegen der Verletzung des S?

I. Einordnung

Die Durchsetzung von Ansprüchen gegen den Hersteller ist aus mehreren Gründen problematisch. Zum einen hat der Verbraucher im Regelfall keine vertraglichen Beziehungen zum Hersteller und muss sich daher auf das Deliktsrecht stützen. Zum anderen wird er Schwierigkeiten haben, den genauen Hergang des schadensbringenden Ereignisses zu rekonstruieren, da er keinen Einblick in den Betriebsablauf des Herstellers hat.

Die Rechtsprechung hat daher Modifikationen an der allgemeinen Haftung nach § 823 I BGB vorgenommen, sog. **Produzentenhaftung**. Unbedingt zu berücksichtigen ist aber auch das am 01.01.1990 in Kraft getretene Produkthaftungsgesetz (ProdHaftG, Schönfelder Nr. 27). Die Haftung hiernach wird allgemein als **Produkthaftung** bezeichnet.

II. Gliederung

1. Ansprüche gegen H

a) §§ 437 Nr. 3, 280 I BGB
Problematisch, da S nicht Vertragspartei; evtl. Vertrag mit Schutzwirkung. Jedenfalls aber Vertretenmüssen des H (-)

b) § 823 I BGB
Ebenfalls (-), da kein Verschulden des H

2. Ansprüche gegen die C-GmbH

a) Ansprüche wegen Werbeaussage
Keine Werbeaussage der C-GmbH

b) Vertragliche Ansprüche
Vertrag zwischen C-GmbH und H hat keine Schutzwirkung für S.

c) Ansprüche nach dem ProdHaftG
Anspruch aus § 1 I S. 1 ProdHaftG (+);
Haftungsausschluss für Ausreißer (-)
Umfang: § 8 S. 1 ProdHaftG

d) Anspruch nach § 823 I BGB

aa) Rechtsgutsverletzung (+)

bb) Kausale Verletzungshandlung der C-GmbH

cc) Rechtswidrigkeit
(-), da keine Haftung für Ausreißer; zwar Beweislastumkehr zu Lasten des Herstellers, aber hier gelingt Exkulpation

dd) Verschulden ebenfalls (-)

e) Anspruch nach § 823 II BGB
(-), da Verkehrssicherungspflichten keine „Schutzgesetze" i.S.d. § 823 II BGB sind.

3. Ergebnis:
Anspruch des S nur gegen die C-GmbH, nicht gegen H

III. Lösung

Da es um eine Verletzung des S geht, stehen Ansprüche des S im Vordergrund. Diese macht seine Mutter M als gesetzliche Vertreterin gem. §§ 1626, 1629 BGB für ihn geltend.

1. Ansprüche gegen H

Zunächst kommen Ansprüche des S gegen den Händler H in Betracht.

a) §§ 437 Nr. 3, 280 I BGB

In Betracht kommt ein vertraglicher Anspruch.

Das Herausstehen eines Nagels stellt bei einem Kinderspielzeug fraglos einen Sachmangel i.S.d. § 434 I BGB dar; die Lieferung einer mangelbehafteten Sache ist auch eine Pflichtverletzung i.S.d. § 280 I S. 1 BGB (vgl. § 433 I S. 2 BGB), auf der der geltend gemachte Schaden als sog. **Mangelfolgeschaden** beruht.

Allerdings ist problematisch, ob dem S überhaupt ein vertraglicher Schadensersatzanspruch zustehen kann. Denn die M hat den Kaufvertrag mit H in eigenem Namen und nicht als gesetzliche Vertreterin im Namen des S geschlossen, so dass nur sie Vertragspartei wurde. Denkbar wäre, dass dem S nach den Regeln über den Vertrag mit Schutzwirkung zugunsten Dritter vertragliche Sekundäransprüche zuzusprechen wären.

Dies muss jedoch nicht weiter vertieft werden, da der Anspruch jedenfalls an einem weiteren Merkmal scheitert: H müsste die Fehlerhaftigkeit der Lieferung, also die Pflichtverletzung, i.S.d. § 280 I S. 2 BGB zu vertreten haben.

H waren keine Beanstandungen über die Produkte des Herstellers C-GmbH bekannt, so dass er sich nicht veranlasst sehen musste, das verkaufte Spielzeugauto aus der Packung zu entnehmen und auf mögliche Mängel zu untersuchen. Daher ist ihm nicht einmal leichte Fahrlässigkeit i.S.v. § 276 I S. 1, II BGB vorzuwerfen, er hat die Pflichtverletzung nicht zu vertreten.

Damit scheidet ein Anspruch aus §§ 437 Nr. 3, 280 I BGB aus.

Anmerkung: Hätte H die Mangelfreiheit garantiert, wäre dies anders, da er dann die Mangelhaftigkeit auch ohne Verschulden zu vertreten hat, vgl. § 276 I S. 1 BGB: „Garantie".

b) § 823 I BGB

Auch ein Anspruch aus § 823 I BGB scheitert am fehlenden Verschulden des H.

Somit sind keine Ansprüche des S gegen H gegeben.

2. Ansprüche gegen die C-GmbH

Allerdings kommen Ansprüche gegen die C-GmbH in Betracht. Diese ist als juristische Person des Privatrechts gem. § 13 I GmbHG rechtsfähig und kann damit Schuldnerin von Ansprüchen sein (sog. Passivlegitimation).

Anmerkung: Tritt eine Gesellschaft auf, sollten Sie ganz kurz auf die Rechtsfähigkeit eingehen. Die zu prüfende Frage lautet: Ist die Gesellschaft überhaupt taugliche Anspruchsinhaberin bzw. Anspruchsgegnerin? Dies schließt die Teilfragen „Um welche Art von Gesellschaft handelt es sich?", „Ist die Gesellschaft wirksam entstanden?", „Ist eine solche Gesellschaft rechtsfähig?" ein.

a) Ansprüche wegen Werbeaussage

Um den Verbraucher zu schützen wurde früher teilweise vertreten, dass der Hersteller im Falle einer falschen Werbeaussage vertragsähnlich haften müsse; es wurde eine Haftung wegen konkludent geschlossenen Garantievertrages, nach § 122 I BGB analog oder gar wegen „c.i.c. analog" angenommen. Hierauf muss mangels einer solchen Werbeaussage vorliegend aber nicht eingegangen werden.

Anmerkung: Häufig kommt jedoch ein Garantievertrag zwischen Verbraucher und Hersteller dadurch zustande, dass der Verkäufer als Bote die Willenserklärung des Herstellers durch Übergabe der Garantiekarte übermittelt und der Verbraucher durch die Entgegennahme – unter Verzicht auf den Zugang gem. § 151 BGB – den Abschluss eines Garantievertrages annimmt.

Der Garantievertrag stellt eine atypische schuldrechtliche Beziehung zwischen Hersteller und Verbraucher dar (vorliegend mangels entsprechender Sachverhaltsangaben nicht gegeben).

b) Vertragliche Ansprüche

Für einen vertraglichen Anspruch fehlt es an vertraglichen Beziehungen zwischen S und der C-GmbH; insbesondere wurde ein Garantievertrag nicht geschlossen.

Teilweise wurde vertreten, dass der Verbraucher in den Schutzbereich des zwischen Hersteller und Händler geschlossenen Kaufvertrages einbezogen sei nach den Regeln über den Vertrag mit Schutzwirkung zugunsten Dritter. Dies ist aber abzulehnen, da H für S keine besondere Verantwortung trägt, es fehlt an der sog. Gläubigernähe.

Anmerkung: Auch wurde versucht, mit der Drittschadensliquidation zu arbeiten. Allerdings lehnt dies die h.M. ab, da es sich bei der Verlagerung des Schadens vom Händler auf den Verbraucher nicht um einen atypischen Fall, sondern um den Regelfall handelt.

c) Ansprüche nach dem ProdHaftG

Ein Anspruch des S gegen die C-GmbH könnte sich jedoch aus § 1 I ProdHaftG ergeben.

aa) Bei dem gekauften Spielzeugauto handelt es sich um ein **Produkt** i.S.v. § 2 ProdHaftG. Dieses weist aufgrund des hervorstehenden Nagels nicht die Sicherheit auf, die insbesondere unter Berücksichtigung seines Gebrauchs berechtigterweise erwartet werden kann und ist damit **fehlerhaft** i.S.v. § 3 I b) ProdHaftG.

bb) Die C-GmbH ist **Hersteller** des Produkts i.S.v. § 4 ProdHaftG

cc) Durch die Fehlerhaftigkeit des Produkts wurde S **an Körper und Gesundheit verletzt**, § 1 I S. 1 ProdHaftG.

dd) Ein **Haftungsausschluss** nach § 1 II, III ProdHaftG ist nicht ersichtlich.

Insbesondere ist nicht davon auszugehen, dass der Fehler nach dem Stand von Wissenschaft und Technik unvermeidbar war i.S.v. § 1 II Nr. 5 ProdHaftG (sog. Entwicklungsfehler).

Einen Ausschluss der Haftung für sog. Ausreißer, d.h. solche Fabrikationsfehler, die trotz aller Sicherheitsvorkehrungen unvermeidbar sind, ist im ProdHaftG nicht vorgesehen.

Also liegen die Voraussetzungen eines Anspruches nach § 1 I ProdHaftG vor. Die Heilbehandlungskosten sind nach § 8 S. 1 ProdHaftG zu ersetzen.

Anmerkung: Seit dem 01.08.2002 gibt das ProdHaftG auch einen Anspruch auf Schmerzensgeld. Dabei braucht aber nicht auf § 253 II BGB zurückgegriffen werden, da sich in § 8 S. 2 ProdHaftG eine Spezialregelung findet. Im Jahr 2017 wird § 7 III neu in das ProdhaftG eingeführt. Er entspricht inhaltlich dem § 844 III BGB n.F. und regelt ein Hinterbliebenengeld.

d) Anspruch nach § 823 I BGB

In Betracht kommt auch ein Anspruch nach § 823 I BGB, sog *Produzenten*haftung. Ein solcher kommt neben der Haftung nach dem ProdHaftG in Betracht, § 15 II ProdHaftG

Anmerkung: Prüfen Sie § 1 I ProdHaftG *vor* den §§ 823 ff. BGB. Denn § 1 I ProdHaftG enthält Voraussetzungen, die sich leichter beweisen lassen, insbesondere ist ein Verschulden des Herstellers nicht erforderlich. Aus dem gleichen Grund sind bei Verkehrsunfällen auch die §§ 7 ff. StVG *vor* den §§ 823 ff. BGB zu prüfen. Die Korrektoren sehen es als praxisgerecht an, die „einfacheren Vorschriften" – auch im Gutachten – zuerst zu prüfen. Halten Sie dies **unbedingt** ein!
Nur wenn § 1 I ProdHaftG oder die §§ 7 ff. StVG *ersichtlich* nicht gegeben sind oder wegen Selbstbeteiligung eine volle Haftung sowieso nur deliktisch realisierbar ist, dürfen Sie sich erlauben, die §§ 823 ff. BGB als Schwerpunkt nach vorne zu ziehen.

aa) Rechtsgutsverletzung

S wurde an Körper und Gesundheit verletzt

bb) Kausale Verletzungshandlung der C-GmbH

Dies müsste zurechenbar kausal auf einer Verletzungshandlung der C-GmbH beruhen. Da die C-GmbH als juristische Person selbst nicht handeln kann, ist ihr das Handeln ihrer Organe gem. § 31 BGB zuzurechnen.

Als maßgebliche Verletzungshandlung ist das **Inverkehrbringen** des fraglichen Produkts anzusehen. Auf diesem beruht äquivalent und adäquat kausal die zu Lasten des S eingetretene Rechtsgutsverletzung.

Die Länge der Kausalkette ist dabei grundsätzlich nicht von Belang; § 823 I BGB erfasst auch sog. mittelbare Schädigungen.

Anmerkung: Hier also die erste Besonderheit der Produzentenhaftung, die sich aber noch gut in das dogmatische System des § 823 I BGB einfügen lässt: Das *Inverkehrbringen* durch den Hersteller wird als Verletzungshandlung angesehen.

cc) Rechtswidrigkeit

Nach der Lehre vom Erfolgsunrecht indiziert die Tatbestandsmäßigkeit die Rechtswidrigkeit.

So wäre mangels in Betracht kommender Rechtfertigungsgründe das Handeln der C-GmbH als rechtswidrig anzusehen.

Nach der Lehre vom Handlungsunrecht hingegen soll generell zur Bejahung der Rechtswidrigkeit ein gesonderter Pflichtenverstoß erforderlich sein.

Diese Auffassung ist jedoch abzulehnen, da sie zu einer Vermengung der Merkmale Rechtswidrigkeit und Verschulden führt. Dies widerspricht der getrennten Behandlung beider Merkmale durch das Gesetz (vgl. Wortlaut des § 823 I BGB „widerrechtlich" und „vorsätzlich oder fahrlässig").

Aber auch nach der herrschenden Meinung wird die Rechtswidrigkeit nicht indiziert, wenn es um mittelbare Verletzungen, ein Unterlassen oder die Rahmenrechte (Kapitel VI) geht.

Vorliegend handelt es sich um eine mittelbare Verletzung, bei welcher das Inverkehrbringen nicht unmittelbar in der Rechtsgutsverletzung mündet.

Die Rechtswidrigkeit könnte sich aus der Verletzung einer Verkehrssicherungspflicht ergeben.

(1) Wer ein Produkt in Verkehr bringt, stellt einen Kontakt einer Vielzahl von Personen mit diesem Produkt her. Er verhält sich daher nur sorgfaltsgemäß, wenn er alles tut, um mögliche Schädigungen des Verbrauchers durch das Produkt auszuschließen; ihn trifft eine sog. **Verkehrssicherungspflicht**. Handelt er seinen Verkehrssicherungspflichten zuwider, handelt er sorgfaltspflichtwidrig und damit in Bezug auf Rechtsgutsverletzungen fahrlässig.

(2) Die Verkehrssicherungspflicht des Herstellers hat die h.M. konkretisiert: Er hat seinen Betrieb so einzurichten und zu betreiben, dass **Konstruktions-, Fabrikations- und Instruktionsfehler** weitestmöglich ausgeschaltet werden.

(3) Ein **Konstruktionsfehler** liegt vor, wenn das Produkt nicht so beschaffen ist, dass die Sicherheit für den voraussehbaren Gebrauch durch den durchschnittlichen Benutzerkreis gewährleistet ist. Der Mangel liegt hierbei bereits in der Planung des Produkts, der Mangel haftet in der Regel allen Einzelstücken der betroffenen Produktreihe an.

Hier ist es nicht so, dass *alle* Holzautos der fraglichen Produktreihe so konstruiert sind, dass ein Nagel hervorsteht. Daher liegt kein Konstruktionsfehler vor.

(4) Bzgl. sog. **Instruktionsfehler** muss der Hersteller auf alle Gefahren hinweisen, welche die Verwendung des Produkts – bei bestimmungsgemäßem Gebrauch aber auch nahe liegendem Missbrauch – mit sich bringen kann. Auch um einen solchen Fehler handelt es sich vorliegend nicht.

(5) Fabrikationsfehler sind den Konstruktionsfehlern ähnlich. Auch hierbei ist die Sicherheit des Verbrauchers aufgrund der Beschaffenheit des Produkts nicht gewährleistet. Anders als bei Konstruktionsfehlern ist der Mangel aber nicht in der Planung, sondern in der Herstellung des Produkts begründet und haftet demgemäß nur wenigen Stücken der betroffenen Produktreihe an.

Um einen solchen Fabrikationsfehler handelt es sich hier: Aufgrund des hervorstehenden Nagels ist die Sicherheit des Verbrauchers beim Umgang mit dem Produkt nicht gewährleistet. Dieser Mangel ist nicht bei der Planung, sondern erst bei der Herstellung des Produktes aufgetreten.

(6) Zwar wäre nun nach dem oben Gesagten (keine Vermutung der Rechtswidrigkeit bei mittelbaren Verletzungen) der Geschädigte beweispflichtig für eine derartige Verkehrssicherungspflichtverletzung. Die Besonderheit der richterrechtlichen Produzentenhaftung besteht nun aber darin, dass eine **Beweislastumkehr** zugunsten des Geschädigten angenommen wird:

Der Geschädigte muss – neben den übrigen Voraussetzungen des § 823 I BGB – zwar beweisen, dass einer der drei Fehlertypen vorliegt. Jedoch muss der *Hersteller* darlegen und beweisen, dass der Fehler nicht auf einer Verkehrssicherungspflichtverletzung basiert. Denn der Geschädigte hat keinen Einblick in die internen Abläufe beim Hersteller. Es wäre ihm faktisch nicht möglich, eine Verkehrssicherungspflichtverletzung zu beweisen.

Der Hersteller muss sich also exkulpieren.

Beim Konstruktions- und Instruktionsfehler kann er dies nur, indem er vorträgt, der Fehler sei bei Inverkehrbringen nach dem Stand von Wissenschaft und Technik nicht vorhersehbar und vermeidbar gewesen (sog. **Entwicklungsfehler**).

Beim Fabrikationsfehler gelingt der Entlastungsbeweis allein dadurch, dass der Hersteller vorträgt, er habe alle möglichen und zumutbaren Sicherheitsvorkehrungen zur Vermeidung eines solchen Fehlers geschaffen und es handele sich nur um einen sog. **Ausreißer**.

(7) Vorliegend ist laut Sachverhalt vom Vorliegen eines solchen Ausreißers auszugehen.

Anmerkung: Und genau das ist der entscheidende Unterschied zu der Haftung nach dem ProdHaftG. Dort handelt es sich um eine Gefährdungshaftung. Diese hängt eben nicht davon ab, ob der Hersteller vorwerfbar etwas falsch gemacht hat. Insoweit kann auch ein Ausreißer den Hersteller nicht entlasten.

Beachten Sie, dass es noch die Produktbeobachtungspflicht gibt, nachdem das Produkt auf dem Markt platziert wurde. Hier muss der Hersteller genau „beobachten", ob sich bei der Nutzung irgendwelche Produktschwächen zeigen, die er zum Anlass für eine Rückrufaktion nehmen sollte, um einer Haftung auf Schadensersatz zu entgehen. Vgl. Sie dazu Fall 23.

dd) Hilfsweise: Verschulden, § 31 BGB

Fraglich wäre zudem das Verschulden der C-GmbH. Möglicherweise scheidet ein Anspruch auch deshalb aus, weil der C-GmbH kein Verschulden nachgewiesen werden kann. Maßgeblich ist ein Organverschulden, § 31 BGB, also ein Verschulden des/der Geschäftsführer(s).

Hier ist zu beachten, dass in Entsprechung zur Beweislastumkehr bei der Prüfung der Rechtswidrigkeit das Verschulden vermutet wird.

Vorliegend würde aber der C-GmbH eine Exkulpation gelingen, weil es eben nur um einen Ausreißer geht.

Damit handelte die C-GmbH auch nicht schuldhaft. Die C-GmbH hat die Behandlungskosten daher nicht nach § 823 I BGB i.V.m. § 249 II S. 1 BGB zu ersetzen.

e) Anspruch nach § 823 II BGB

Als verletztes Schutzgesetz kommt allein die verletzte Verkehrssicherungspflicht in Betracht. Dies lehnt die h.M. jedoch zu Recht ab: Verkehrssicherungspflichten sind sehr weitreichend und vielfältig.

Eine Einordnung der Verkehrssicherungspflichten als „Schutzgesetze" i.S.v. § 823 II BGB würde daher die deliktische Haftung zu sehr ausweiten und in die Nähe eines allgemeinen Vermögensschutzes bringen.

Ergebnis:

Also kann S von der C-GmbH Ersatz seiner Behandlungskosten sowohl nach § 1 I ProdHaftG als auch nach § 823 I BGB verlangen. Ein Anspruch gegen den Händler H besteht hingegen nicht.

IV. Zusammenfassung

Sound: Der Hersteller eines fehlerhaften Produkts haftet neben dem ProdHaftG auch nach § 823 I BGB. Hierbei wird die Beweislast für die Verletzung einer Verkehrssicherungspflicht umgekehrt. Liegt ein Fabrikations-, Konstruktions- oder Instruktionsfehler vor, muss der Hersteller vortragen und beweisen, dass er nicht rechtswidrig und schuldhaft gehandelt hat. Bei einem Ausreißer wird ihm dies gelingen.

hemmer-Methode: Ein wichtiger Unterschied zwischen dem ProdHaftG und § 823 I BGB sind die Sondervorschriften § 10 ProdHaftG (Haftungshöchstbetrag), § 11 ProdHaftG (Selbstbeteiligung bei Sachschäden) und § 13 ProdHaftG (Erlöschen von Ansprüchen), die nur für die Produkthaftung, nicht aber für die Produzentenhaftung gem. § 823 I BGB gelten.

Beachten Sie bitte, dass die Thematik der Verkehrssicherungspflichten nicht lediglich i.R.d. Produzentenhaftung relevant wird, auch wenn sie hier einen klassischen Anwendungsbereich hat. Grundsätzlich bestehen Verkehrssicherungspflichten immer dort, wo jemand eine Gefahrenquelle schafft bzw. unterhält. Dann muss Vorsorge betrieben werden, dass Menschen bzw. fremde Sachen nicht zu Schaden kommen. Häufig wird dies auch relevant bei der Frage, inwieweit im Umgang mit einer Sache auf bestimmte Gefahren hingewiesen werden muss.

Eine mustergültige Prüfung des BGH dieser Frage bzgl. der Nutzung einer Trampolinanlage finden Sie in Life&Law 2008, 594 ff.

Ebenfalls von hoher Relevanz sind die Verkehrssicherungspflichten im Reisevertragsrecht, vgl. dazu BGH, Life&Law 2006, 739 ff. („Wasserrutsche") sowie 2007, 804 ff. („der fliegende Schuh").

V. Zur Vertiefung

- Hemmer/Wüst, Basics Zivilrecht, Band 2, Rn. 125 ff.

- Hemmer/Wüst, Deliktsrecht II, Rn. 385 ff.

- Zur Fehlerhaftigkeit des Produkts Strom vgl. BGH, Life&Law 2014, 410 ff.

- Zur Reichweite des ProdHaftG („Herzschrittmacherfall"), EuGH, Life&Law 2015, 330 ff.

- Zur Übertragbarkeit von Verkehrssicherungspflichten auf Dritte (hier Vermieter überträgt Streupflicht auf Dritten) und die Einbeziehung des Mieters in den Schutzbereich des entsprechenden Vertrages vgl. BGH, Life&Law 2008, 436 ff.

Fall 31: Produzentenhaftung / Instruktionsfehler

Sachverhalt (vgl. BGH NJW 1992, 560 – Milupa):

Die M-GmbH stellt unter anderem Kindertee her. Bei mehreren Kindern kommt es aufgrund Dauernuckelns an Kinderteeflaschen aufgrund des Zuckergehalts des Tees zu schwerwiegenden Gebissschädigungen. Die Eltern des auf diese Weise geschädigten Kindes K nehmen die M-GmbH auf Schadensersatz im Namen ihres Kindes in Anspruch. Sie tragen vor, es hätte auf die Gefahr hingewiesen werden müssen, dass ein Dauernuckeln zu Schädigungen des Gebisses führen kann.

Frage: Besteht ein Schadensersatzanspruch?

I. Einordnung

Wie im vorigen Fall gesehen, trifft den Hersteller eine umfassende Verkehrssicherungspflicht hinsichtlich des Inverkehrbringens eines Produkts. Er hat auch sicherzustellen, dass das – ansonsten fehlerfreie – Produkt nach der Art des Gebrauchs keine Schäden verursacht. Zumindest auf nahe liegende Gefahren muss er deutlich hinweisen.

II. Gliederung

1. Anspruch aus § 1 I ProdHaftG

a) Fehlerhaftes Produkt
(+), Instruktionsfehler gem. § 3 I a) ProdHaftG

b) Rechtsgutsverletzung (+)

c) Anspruchsgegner ist Hersteller
(+), § 4 ProdHaftG

d) Haftungsausschluss nach § 1 II ProdHaftG
Entwicklungsfehler i.S.v. § 1 II Nr. 5 ProdHaftG vorliegend nicht gegeben

e) Haftungsumfang
Behandlungskosten und Geldersatz für Minderung d. Erwerbsfähigkeit / Vermehrung der Bedürfnisse gem. § 8 S. 1 ProdHaftG; Schmerzensgeld gem. § 8 S. 2 ProdHaftG

2. Anspruch aus § 823 I BGB
Verschulden: Auch beim Instruktionsfehler Beweislastumkehr; Anspruch (+)

III. Lösung

Mangels vertraglicher Beziehungen zum Hersteller M-GmbH kommen allein deliktische Ansprüche in Betracht. Diese könnten dem Kind K zustehen; seine Eltern machen als gesetzliche Vertreter gem. §§ 1626, 1629 I BGB derartige Ansprüche in seinem Namen für ihn geltend.

Die M-GmbH ist als juristische Person gem. § 13 I GmbHG rechtsfähig und damit mögliche Anspruchsgegnerin (sog. Passivlegitimation).

1. Anspruch aus § 1 I ProdHaftG

In Betracht kommt ein Anspruch nach § 1 I ProdHaftG.

a) Fehlerhaftes Produkt

Fraglich ist, ob es sich bei dem erworbenen Kindertee um ein fehlerhaftes Produkt handelt.

Die Produkteigenschaft gem. § 2 ProdHaftG ist zu bejahen.

Ein Produkt ist auch dann fehlerhaft, wenn es aufgrund seiner „Darbietung" nicht die nötige Sicherheit bietet, § 3 I a) ProdHaftG. Hiermit sind insbesondere fehlende Warnhinweise gemeint.

Der Hersteller ist verpflichtet, durch hinreichend klare Hinweise vor dem bestimmungsgemäßen Einsatz des Produktes aber auch vor nahe liegendem Fehlgebrauch zu warnen, sofern hiermit Gefahren für den Verbraucher verbunden sind.

Der fragliche Kindertee birgt die Gefahr, dass Dauernuckeln Schäden bei den Kindern auslöst, wobei Dauernuckeln sicher nicht den typischen, aber doch einen zu erwartenden Gebrauch darstellt. Hiervor wurde seitens des Herstellers nicht gewarnt, so dass ein Fehler i.S.v. § 3 I ProdHaftG zu bejahen ist.

b) Rechtsgutverletzung

Aufgrund dieser Fehlerhaftigkeit wurde K an Körper und Gesundheit i.S.d. § 1 I S. 1 ProdHaftG verletzt.

c) Anspruchsgegner ist Hersteller

Die M-GmbH ist Hersteller i.S.v. § 4 ProdHaftG.

d) Haftungsausschluss nach § 1 II ProdHaftG

Denkbar erscheint jedoch ein Haftungsausschluss nach § 1 II Nr. 5 ProdHaftG: Entsprach das Produkt im Zeitpunkt des Inverkehrbringens dem Stand der Wissenschaft und Technik, sog. Entwicklungsfehler, scheidet eine Haftung aus.

Es ist davon auszugehen, dass bei einer hinreichenden Prüfung die Gefahr für „dauernuckelnde" Kinder hätte erkannt werden können. Ein Warnhinweis hätte damit durchaus dem Stand von Wissenschaft und Technik entsprochen.

Damit ist ein Haftungsausschluss nicht gegeben.

e) Haftungsumfang

Die Haftung umfasst Heilbehandlungskosten gem. § 8 S. 1 ProdHaftG und auch ein angemessenes Schmerzensgeld, § 8 S. 2 ProdHaftG. Sofern es zu einer dauernden Minderung der Erwerbsfähigkeit oder einer Vermehrung der Bedürfnisse des K kommt, ist auch hierfür gem. § 8 S. 1 ProdHaftG Ersatz zu leisten.

Ein etwaiges Mitverschulden seiner Eltern braucht sich K nicht zurechnen lassen.

Über § 6 ProdHaftG findet § 254 BGB Anwendung, für die Mitverschuldenszurechnung gilt über § 254 II S. 2 BGB der § 278 BGB. Die dort beschriebene Verschuldenszurechnung setzt stets eine schuldrechtliche Sonderbeziehung zwischen Anspruchsteller und Anspruchsgegner voraus, die aber zwischen K und der M-GmbH nicht bestand. Die deliktsrechtliche Beziehung kann hierbei nicht herangezogen werden, da diese im Zeitpunkt des Handelns der Eltern erst *begründet wurde* und nicht bereits *bestand.*

2. Anspruch aus § 823 I BGB

Ebenfalls könnte sich ein Anspruch des K aus § 823 I BGB ergeben.

a) Rechtsgutsverletzung

K hat Körper- und Gesundheitsschäden in Gestalt einer dauernden Gebissschädigung erlitten, so dass die Verletzung eines in § 823 I BGB genannten Rechtsgutes vorliegt.

b) Kausale Verletzungshandlung

Der Hersteller hat vorliegend nicht auf die Gefahr, welche sich in Form der Gebissschäden realisiert hat, hingewiesen.

Fraglich ist daher, ob darauf hätte hingewiesen werden müssen. Ein Unterlassen kann nur vorgeworfen werden, wenn eine Pflicht zum Tätigwerden bestanden hat.

Dem Hersteller eines Produktes obliegen aufgrund der Vielzahl der mit diesem Produkt in Kontakt kommenden Personen besondere **Verkehrssicherungspflichten.**

Zwar hat grundsätzlich der Anspruchsteller, vorliegend also K, alle anspruchsbegründenden Tatsachen darzulegen und zu beweisen, also auch die zur Annahme einer Verkehrssicherungspflicht führenden Tatsachen.

Dies ist allerdings bei Ansprüchen gegen den Hersteller eines Produkts schwer möglich, da dem Verbraucher der Einblick in die internen Betriebsablauf des Herstellers regelmäßig fehlen wird.

Die durch diese unverschuldete Beweisnot bestehende Gerechtigkeitslücke füllt die h.M. zu Recht mit einer Beweislastumkehr:

Der anspruchstellende Geschädigte muss nur Tatsachen darlegen und beweisen, aus denen sich objektiv ergab, dass der Hersteller zur Warnung verpflichtet war.

Dies ist vorliegend aufgrund des Geschehensablaufs der Fall. Sodann ist es Sache des Herstellers, sich dadurch zu entlasten, dass die Gefahr nach dem bei Inverkehrbringen gegebenen Stand von Wissenschaft und Technik nicht vorhersehbar war. Der BGH hat hier die Beweislastumkehr zu Konstruktions- und Fabrikationsfehlern auch bei Instruktionsfehlern anerkannt. Für die Beweislastumkehr kann es keinen Unterschied machen, in welcher Form der Hersteller vor Inverkehrbringen des Produkts gegen seine Verkehrssicherungspflicht verstoßen hat.

Daher ist vom Vorliegen einer Verkehrssicherungspflicht auszugehen. Es ist ebenfalls davon auszugehen, dass die Eltern den Tee auch nicht verabreicht hätten, wenn ein Warnhinweis vorhanden gewesen wäre.

Anmerkung: Der Fall macht deutlich, dass das Vorliegen einer Verkehrssicherungspflichtverletzung auch bei der Verletzungshandlung geprüft werden kann, wenn ein Unterlassen vorgeworfen werden soll. Bei Rechtswidrigkeit und Verschulden kann sodann wieder auf das gewonnene Ergebnis zurückgegriffen werden.

c) Rechtswidrigkeit, Verschulden

Auch hier gilt zu Lasten der M-GmbH das oben Gesagte: Sie müsste sich hinsichtlich des Vorwurfs einer Verkehrssicherungspflichtverletzung exkulpieren können. Gleiches gilt für das Verschulden.

Da die Exkulpation nicht gelingt, handelte die M-GmbH rechtswidrig und schuldhaft.

d) Haftungsumfang

Der Haftungsumfang entspricht demjenigen des § 1 I ProdHaftG. Allerdings ist bzgl. der Behandlungskosten § 249 II S. 1 BGB, bzgl. des Schmerzensgeldes § 253 II BGB und bzgl. der Minderung der Erwerbsfähigkeit bzw. Vermehrung der Bedürfnisse §§ 842, 843 BGB heranzuziehen.

Ergebnis: Also hat K einen Anspruch gegen die M-GmbH im genannten Umfang.

Anmerkung: Sie sehen, im Regelfall läuft die Haftung nach § 1 I ProdHaftG und nach § 823 I BGB gleich. § 823 I BGB wird erst dort praktisch relevant, wo Unterschiede zu § 1 I ProdHaftG bestehen. Vgl. zu diesen die hemmer-Methode am Ende des vorigen Falles.

IV. Zusammenfassung

Sound: Auch bei Instruktionsfehlern gilt die vom BGH entwickelte Beweislastumkehr bzgl. der Verletzung der Verkehrssicherungspflicht.

hemmer-Methode: In einer Klausur könnte ausdrücklich eine Behandlung des ProdHaftG ausgeschlossen sein, so dass allein § 823 I BGB in Betracht kommt. Der Klausurersteller könnte aber auch die Besonderheiten der Haftung nach dem ProdHaftG ausnutzen, um der Prüfung des § 823 I BGB mehr Gewicht zu verleihen. Jedenfalls gilt: Sie müssen ein umfassendes Gutachten erstellen, also müssen Sie in *jedem* Fall sowohl § 1 I ProdHaftG *als auch* § 823 I BGB prüfen, es sei denn, der Bearbeitervermerk schließt einen der Bereiche ausdrücklich aus.

V. Zur Vertiefung

- Hemmer/Wüst, Basics Zivilrecht, Band 2, Rn. 125
- Hemmer/Wüst, Deliktsrecht II, Rn. 385 ff.
- Hemmer/Wüst, Deliktsrecht Karteikarte Nr. 120

Fall 32: Produzentenhaftung /
Produktbeobachtungspflicht

Sachverhalt:

Die Y-AG stellt Pkws und Reifen her. Bei der Fertigung von Winterreifen kommt ein neuartiges Fertigungsverfahren zum Einsatz, das ein Befahren der Reifen mit höheren Geschwindigkeiten zulässt. G erwarb einen neuen PKW der Y-AG mit auf dieser Weise hergestellten Winterreifen, die laut Aussage des Herstellers im von ihm herausgegebenen Werbeprospekt mit bis zu 200 km/h befahrbar sein sollen. Während bei Inverkehrbringen die Angaben der Y-AG dem derzeitigen Stand von Wissenschaft und Technik entsprachen, finden zwei Jahre später Experten der Uni Würzburg heraus, dass das neue Fertigungsverfahren nicht ganz den damaligen Vorstellungen der Y-AG entspricht: Die angeblich mit bis 200 km/h befahrbaren Winterreifen „vertragen" nur eine Höchstgeschwindigkeit von 170 km/h, anderenfalls kann Materialermüdung zu einem „Reifenplatzer" führen.

Zwei Wochen später platzt bei einer rasanten Autobahnfahrt ein Reifen des G, was – wie sich herausstellt – auf Materialermüdung infolge zu hohen Geschwindigkeiten zurückzuführen ist. Tatsächlich ist G gerne mit 180 km/h und mehr unterwegs. Infolge des geplatzten Reifens streift G die Leitplanke, die Karosserie des PKW wird beschädigt (Reparaturkosten: 5000 €). G verklagt die Y-AG auf Ersatz der Reparaturkosten. Im Prozess kann nicht geklärt werden, ob die Y-AG im Zeitpunkt des Unfalls von den neuen wissenschaftlichen Erkenntnissen der Uni Würzburg wusste oder wissen konnte.

Frage: Ist die Klage des G begründet? Von der Zulässigkeit der Klage ist auszugehen.

I. Einordnung

Selbstverständlich enden die Verkehrssicherungspflichten des Herstellers nicht mit dem Inverkehrbringen des Produktes. Auch danach muss er alles tun, um Schädigungen von Personen durch das Produkt zu verhindern. Mit der sog. Produktbeobachtungs- und der Reaktionspflicht beschäftigt sich der vorliegende Fall.

II. Gliederung

1. Anspruch aus § 1 I ProdHaftG

a) Fehlerhaftes Produkt
Instruktionsfehler (+)

b) Anspruchsgegner ist Hersteller
(+), § 4 I ProdHaftG

c) Rechtsgutsverletzung
Str.: „andere Sache" i.S.v. § 1 I S. 2 ProdHaftG; kann wegen d) jedoch offen bleiben

d) Haftungsausschluss
(+), da Entwicklungsfehler gem. § 1 II Nr. 5 ProdHaftG; Anspruch daher (-)!

2. Anspruch aus § 823 I BGB

a) Rechtsgutsverletzung
(+), sog. weiterfressender Schaden:

⇨ Keine Stoffgleichheit von Mangelunwert und Schaden

b) Kausale Handlung

aa) Inverkehrbringen zwar kausal, insoweit aber kein Verschulden der Y-AG: Entwicklungsfehler!

bb) Unterlassen: rechtlich relevant nur bei Pflicht zum Handeln, hier evtl. Produktbeobachtungspflicht verletzt Bzgl. dieser Verletzung aber keine Beweislastumkehr; da unaufklärbar: Anspruch (-)

3. Ergebnis:
Kein Anspruch des G gegen die Y-AG

III. Lösung

Die erhobene zulässige Klage ist begründet, wenn der geltend gemachte Anspruch des Klägers G gegen die beklagte Y-AG tatsächlich besteht.

Die Y-AG ist als juristische Person gem. § 1 AktG rechtsfähig und damit taugliche Anspruchsgegnerin, sog. Passivlegitimation

1. Anspruch aus § 1 I ProdHaftG

In Betracht kommt eine Haftung der Y-AG nach dem ProdHaftG.

a) Fehlerhaftes Produkt

Sowohl bei den Winterreifen selbst als auch bei dem gesamten PKW handelt es sich um ein Produkt i.S.d. § 2 ProdHaftG. Die Vorschrift lässt ausdrücklich genügen, dass auch ein Teil einer Sache als Produkt angesehen werden kann.

Den Winterreifen wurde in Werbeaussagen der Y-AG eine Höchstgeschwindigkeit von 200 km/h zugeordnet. Bei dieser Geschwindigkeit war aber die Sicherheit für den Verbraucher nicht gewährleistet, da diese tatsächlich ohne Risiko nur bis 170 km/h befahren werden konnten. Damit ergibt sich die Fehlerhaftigkeit aus § 3 I a) ProdHaftG, es liegt ein sog. Instruktionsfehler vor.

Diese Fehlerhaftigkeit haftet sowohl den einzelnen Reifen als auch dem gesamten PKW an.

Anmerkung: Die Grenze zwischen Konstruktionsfehler und Instruktionsfehler ist oft nicht leicht zu ziehen. Vorliegend ließe sich auch argumentieren, nicht die falsche Geschwindigkeitsangabe, sondern die für die angegebene Geschwindigkeit notwendige Konstruktion der Reifen stehe im Vordergrund. Da allerdings ohne die unrichtige Angabe das Produkt fehlerfrei wäre, muss wohl eher ein Instruktionsfehler angenommen werden, a.A. vertretbar. In der Behandlung bestehen ohnehin kaum Unterschiede!

b) Anspruchsgegner ist Hersteller

Die Y-AG ist als Hersteller i.S.v. § 4 I ProdHaftG anzusehen.

c) Rechtsgutsverletzung

Fraglich ist aber, ob überhaupt eine die Haftung des § 1 I ProdHaftG auslösende Rechtsgutsverletzung vorliegt. Denn beschädigt wurde vorliegend nur der PKW; § 1 I S. 2 ProdHaftG fordert jedoch bei Sachschäden ausdrücklich die Beschädigung einer *anderen Sache als das fehlerhafte Produkt*.

Denkbar ist, dass hierbei die Problematik des weiterfressenden Schadens geklärt werden sollte. Im Bereich des § 823 I BGB liegt eine Beeinträchtigung des Integritätsinteresses und damit eine Eigentumsverletzung vor, wenn und soweit der vor der Beschädigung bestehende Mangelunwert mit dem Wert nach der Beschädigung nicht identisch, d.h. „stoffgleich" ist (vertieft: Fall 16).

Hier waren nur die Reifen mangelbehaftet, der Rest des Fahrzeuges, insbesondere die Karosserie, war mangelfrei und hatte seinen vollen Wert. Der geltend gemachte Schaden an der Karosserie von 5000 € ist nicht stoffgleich im Sinne der genannten Formel, so dass die Verletzung einer „anderen Sache" i.s.v. § 1 I ProdHaftG zu bejahen wäre.

Nach anderer Ansicht ist strikt auf den Wortlaut abzustellen: Bildet das fehlerhafte Teilprodukt mit dem beschädigten Restprodukt eine einheitliche Sache, so ist der Schaden am Restprodukt nicht nach § 1 I ProdHaftG ersatzfähig.

Da der PKW samt Reifen eine einheitliche Sache darstellt, wäre eine Rechtsgutsverletzung zu verneinen.

Vieles spricht für die erstgenannte Ansicht, da sie eine Parallelität zwischen § 1 I ProdHaftG und § 823 I BGB herstellt. Zudem ergeben sich Probleme wenn der Hersteller des fehlerhaften Teilprodukts und der Hersteller des Endprodukts unterschiedlich sind; in diesem Fall wollen Vertreter der zweiten Ansicht doch wieder die Verletzung einer „anderen Sache" bejahen.

Eine Entscheidung kann aber dahingestellt bleiben, wenn der Anspruch aus anderen Gründen ausscheidet.

d) Haftungsausschluss

Es kommt der Ausschlussgrund des § 1 II Nr. 5 ProdHaftG in Betracht.

Im Zeitpunkt des Inverkehrbringens war der Fehler nach dem damaligen Stand von Wissenschaft und Technik nicht erkennbar. Damit ist eine Haftung gem. § 1 II Nr. 5 ProdHaftG ausgeschlossen, es liegt ein sogenannter Entwicklungsfehler vor.

Damit ist eine Haftung nach dem ProdHaftG nicht gegeben.

2. Anspruch aus § 823 I BGB

Allerdings kommt ein Anspruch nach § 823 I BGB in Betracht, vgl. § 15 II ProdHaftG.

a) Rechtsgutsverletzung

Der Schaden an der Karosserie stellt nach dem oben bereits beschriebenen Kriterium der Stoffgleichheit eine Eigentumsverletzung dar.

b) Kausale Handlung

aa) Als kausale Handlung kommt das **Inverkehrbringen** durch die Y-AG in Betracht, wobei das Handeln ihrer Organe der AG nach § 31 BGB analog zuzurechnen ist.

Diese Handlung war für den eingetretenen Schaden äquivalent und adäquat kausal sowie mangels bestehender Rechtfertigungsgründe rechtswidrig.

Allerdings ist insoweit ein **Verschulden** der Y-AG (unter Zuhilfenahme von § 31 BGB analog als Zurechnungsnorm) zu verneinen: Im Zeitpunkt des Inverkehrbringens kommt als sorgfaltspflichtwidriges Verhalten nur die mangelnde Instruktion, also der falsche Hinweis auf die zulässige Höchstgeschwindigkeit in Betracht. Ein solcher war aber nach damaligem Stand von Wissenschaft und Technik gar nicht möglich, es liegt ein sog. Entwicklungsfehler vor (s.o.). Damit scheidet insoweit ein Verschulden der Y-AG aus.

bb) Stattdessen könnte auf das spätere **Unterlassen** der Y-AG abzustellen sein: Die Y-AG hat es unterlassen, nachdem an der Universität Würzburg neue wissenschaftliche Erkenntnisse über die Fahrtauglichkeit der in Verkehr gebrachten Reifen erlangt wurden, die Verbraucher entsprechend zu informieren.

Ein Unterlassen steht jedoch nur dann einem positiven Tun gleich, wenn eine **Pflicht zum Handeln** bestanden hat. Eine solche Pflicht kann sich auch aus Verkehrssicherungspflichten ergeben.

Nach Inverkehrbringen eines Produkts trifft den Hersteller weiterhin die Pflicht, Gefahren von den Verbrauchern abzuwenden; dem hat er durch Beobachtung technischer Neuerungen und – beim Erkennen von Mängeln – öffentlichen Hinweisen oder gar Rückrufaktionen nachzukommen.

Fraglich ist, ob eine solche Pflicht vorliegend bestand; hat die Y-AG eine solche Pflicht verletzt, steht ihr Unterlassen einem positiven Tun gleich.

Anmerkung: Wie im Strafrecht sollte die Verletzung einer Handlungspflicht (sog. Garantenstellung) gleich bei der rechtlichen Relevanz des Unterlassens geprüft werden. Dies führt aber dazu, dass die Verletzung der Verkehrssicherungspflicht nicht erst im Verschulden, sondern bereits bei der Frage der Verletzungshandlung zu prüfen ist.

Die Rechtsprechung nimmt für die Frage der Verletzung von Verkehrssicherungspflichten bei der Produzentenhaftung eine Beweislastumkehr zugunsten des Geschädigten an. Dies soll allerdings nicht für die Verletzung der Produktbeobachtungspflicht gelten: Nach Inverkehrbringen des Produkts habe der Hersteller die gleichen Informationsmöglichkeiten wie jeder Verbraucher, so dass eine Beweislastumkehr nicht gerechtfertigt sei. Dem ist zuzustimmen:

Es geht bei der Verletzung der Produktbeobachtungspflicht um einen Zeitraum nach Inverkehrbringen, so dass die besondere Beweisnot des Geschädigten, die auf einem fehlenden Einblick in die internen betrieblichen Geschehensabläufe beruht, nicht mehr besteht. Die weiterhin bestehende Beweisnot, nicht genau wissen zu können, was der Anspruchsgegner bereits wusste und was er wissen musste, ist der allgemeinen Beweislastverteilung des § 823 I BGB immanent und daher von G als gegeben hinzunehmen.

Es ist nicht aufklärbar, ob für die Y-AG eine Kenntnis der neueren wissenschaftlichen Entwicklung im Zeitpunkt des Unfalls des G überhaupt möglich war; somit kann eine Verletzung der Produktbeobachtungspflicht nicht bejaht werden.

Damit ist das Unterlassen der Y-AG keine taugliche Verletzungshandlung.

Somit scheidet eine Haftung aus § 823 I BGB aus.

Anmerkung: Denkbar erscheint es auch, die Verletzung der Verkehrssicherungspflicht hier in einen objektiven Teil (zu prüfen bei der rechtlichen Relevanz des Unterlassens) und einen subjektiven Teil (zu prüfen erst im Verschulden) aufzuteilen. Allerdings bereitet eine solche Trennung erhebliche Schwierigkeiten, man läuft Gefahr zwei Mal dasselbe zu prüfen.

Ergebnis: Es bestehen keine Ansprüche gegen die Y-AG; die Klage ist daher als unbegründet abzuweisen.

IV. Zusammenfassung

Anmerkung: Auch nach Inverkehrbringen des Produkts trifft den Hersteller die Verkehrssicherungspflicht, und zwar in Gestalt der sog. Produktbeobachtungspflicht. Insoweit ist jedoch eine Beweislastumkehr abzulehnen, es gelten die allgemeinen Beweisverteilungsgrundsätze.

hemmer-Methode: Die Produzentenhaftung nach den §§ 823 ff. BGB ist letztlich eine Beweislastproblematik und hat daher eher im Zweiten als im Ersten Staatsexamen Platz. Die dahinterstehenden rechtlichen Grundsätze sollten aber auch dem Studenten auf jeden Fall bekannt sein.

V. Zur Vertiefung

- Hemmer/Wüst, Basics Zivilrecht, Band 2, Rn. 125
- Hemmer/Wüst, Deliktsrecht II, Rn. 385 ff.
- Hemmer/Wüst, Deliktsrecht Karteikarte Nr. 120

Kapitel VIII: Der Haftungsgrund des § 823 II BGB

Fall 33: Prüfungsaufbau des § 823 II BGB

Sachverhalt:

Bei einem Spaziergang im Park bemerkt der Philosophiestudent S, dass auf die 75-jährige O plötzlich ein Mann (M) zugeht und sie mit beiden Armen festhält. S, der seine Brille vergessen hat, glaubt, M wolle die O überfallen. Entschlossen greift er sich daher den Spazierstock des in der Nähe stehenden Rentners R und schlägt auf M ein, so dass der Spazierstock in zwei Teile zerbricht. M ist „tierisch sauer", da O seine Großmutter ist und er diese lediglich herzlich umarmen wollte. Auch R ist in höchstem Maße aufgebracht über den „jugendlichen Vandalen" S und fordert von ihm Schadensersatz für den zerstörten Spazierstock.

Frage: Hat R gegen S einen entsprechenden Anspruch?

I. Einordnung

§ 823 II BGB taucht in Klausuren regelmäßig nur als Zusatz auf während die Schwerpunkte in anderen Bereichen liegen. Dementsprechend wurde § 823 II BGB bereits in mehreren Fällen dieses Skripts mitgeprüft. Entscheidend ist, dass man § 823 II BGB in der Aufregung des Examens nicht vergisst.

Zumeist haben Zivilrechtskorrektoren seit 20 Jahren und mehr nicht mehr über Strafrecht nachgedacht. Es ist praktisch nie gewollt, eine umfangreiche strafrechtliche Inzidentprüfung i.R.d. § 823 II BGB vorzunehmen, man sollte sich auf das Wesentliche beschränken.

II. Gliederung

1. § 823 I BGB

a) Rechtsgutsverletzung, kausale Verletzungshandlung (+)

b) Rechtswidrigkeit
§ 228 BGB (-), da vom Spazierstock keine Gefahr ausging; § 904 (-), da objektiv keine abzuwendende Gefahr vorlag; daher auch § 227 BGB (Nothilfe) (-)

c) Verschulden
Vorsatz nach im Zivilrecht geltender Vorsatztheorie (-), da dem S das Bewusstsein der Rechtswidrigkeit fehlte. Aber Fahrlässigkeit (+)

⇨ Anspruch aus § 823 I BGB (+)

2. § 823 II BGB

a) Haftungsbegründender Tatbestand

aa) Schutzgesetz
§ 303 StGB ist abstrakt und konkret Schutzgesetz

bb) Verletzung des Schutzgesetzes
Wegen sog. Erlaubnistatbestandsirrtums scheidet die Schuld nach strafrechtlichen Grundsätzen aus

b) Ergebnis zu 2.
Kein Anspruch aus § 823 II BGB

3. § 904 S. 2 BGB
(-), da § 904 S. 1 BGB nicht einschlägig.

III. Lösung

Fraglich ist, ob R gegen S einen An-spruch auf Schadensersatz wegen des zerstörten Spazierstockes hat.

1. § 823 I BGB

Ein solcher Anspruch könnte sich aus § 823 I BGB ergeben.

a) Rechtsgutsverletzung, kausale Verletzungshandlung

Durch sein Verhalten hat S zurechen-bar kausal den Spazierstock des R zerbrochen und damit dessen Eigen-tum i.S.d. § 823 I BGB verletzt.

b) Rechtswidrigkeit

Fraglich ist die Rechtswidrigkeit dieses Verhaltens.

aa) Eine Rechtfertigung nach **§ 228 BGB** kommt nicht in Betracht, da dies nach dem Wortlaut der Norm eine vom *Spazierstock* ausgehende Gefahr vo-raussetzen würde. Daran fehlt es.

bb) Denkbar ist allerdings eine Recht-fertigung nach **§ 904 S. 1 BGB**, sog. Aggressivnotstand.

Dazu müsste aber die Einwirkung auf das Eigentum des R zur Abwendung einer gegenwärtigen Gefahr notwendig gewesen sein. Eine solche Gefahr muss *tatsächlich* vorliegen, eine nur vermeintliche Gefahr genügt nicht.

Entgegen der Annahme des S befand sich die 75-jährige O nicht in Gefahr: M wollte diese nicht überfallen, sondern sie lediglich umarmen. Damit war eine Gefahrenlage objektiv nicht gegeben, § 904 S. 1 BGB scheidet als Rechtferti-gungsgrund aus.

cc) Ebenfalls ist das Handeln des S nicht wegen **Nothilfe nach § 227 I, II BGB** gerechtfertigt. Auch hierzu fehlt es am objektiven Vorliegen eines ab-zuwehrenden Angriffes.

Zudem rechtfertigt die Nothilfe (ebenso wie die Notwehr) ausschließlich Eingrif-fe in Rechtsgüter des *Angreifers*, nicht eines unbeteiligten Dritten.

Damit handelte S rechtswidrig.

c) Verschulden

S könnte vorsätzlich gehandelt haben, immerhin hat er bewusst und gewollt auf den Spazierstock eingewirkt und dabei dessen Beschädigung zumindest billigend in Kauf genommen.

Allerdings gilt im Zivilrecht die sog. **Vorsatztheorie**, das heißt: Der Vorsatz schließt als notwendiges Element auch das Bewusstsein der Rechtswidrigkeit ein. Dabei schließen nicht nur Tatsa-chenirrtümer, sondern auch Rechtsirr-tümer bzgl. des Eingreifens von Recht-fertigungsgründen den Vorsatz aus. Da S glaubte, aufgrund des vermeintlichen Angriffs auf O den Spazierstock des R in dieser Form einsetzen zu dürfen, fehlte ihm das entsprechende Un-rechtsbewusstsein, er handelte daher nicht vorsätzlich.

Allerdings handelte er **fahrlässig**: Er hätte das Nichtvorliegen des Angriffs auf O erkennen können und müssen; zumindest hätte er den Vorgang, den er aufgrund seiner nicht aufgesetzten Bril-le nicht ausreichend erkennen konnte, noch näher beobachten müssen (Mi-mik, Gestik der Beteiligten, Abwehrver-halten der O etc.).

Somit handelte S auch i.S.d. § 823 I BGB schuldhaft.

S hat dem R daher nach § 823 I BGB Schadensersatz zu leisten.

Da die Rechtsprechung in der Ersatzbeschaffung einer vergleichbaren Sache eine Form der Naturalrestitution sieht, müsste er die hierfür erforderlichen Kosten nach § 249 II S. 1 BGB ersetzen. Nach abweichender Literaturauffassung wäre Wertersatz nach § 251 I BGB zu leisten, was im Ergebnis vorliegend keinen Unterschied machen würde.

2. § 823 II BGB

In Betracht kommt auch ein Anspruch des R wegen Schutzgesetzverletzung nach § 823 II BGB.

Aufbauschema zu § 823 II BGB

1. Haftungsbegründender Tatbestand

a) Vorliegen eines Schutzgesetzes

b) Verstoß gegen das Schutzgesetz

c) Rechtswidrigkeit

d) Verschulden, §§ 823 II S. 2, 276 BGB

2. Haftungsausfüllender Tatbestand

---

a) Haftungsbegründender Tatbestand

aa) Vorliegen eines Schutzgesetzes

In Betracht kommt allein ein Verstoß gegen § 303 StGB (Sachbeschädigung). Hierbei müsste es sich um ein Schutzgesetz handeln.

(1) Bei § 303 StGB handelt es sich um ein **„Gesetz"** i.S.v. § 823 II BGB. Denn gem. Art. 2 EGBGB ist „Gesetz" i.S.v. § 823 II BGB jede Rechtsnorm.

(2) Nach dem Wortlaut von § 823 II BGB müsste § 303 StGB den „Schutz eines anderen" bezwecken, also abstrakt einen **Individualschutzzweck** beinhalten.

Dies ist bei § 303 StGB zu bejahen: Dieser soll insbesondere das Rechtsgut „Eigentum" des Einzelnen schützen.

(3) Ferner muss gerade im *konkreten Fall* der Anspruchsteller durch das Schutzgesetz geschützt sein, sog. **persönlicher Schutzbereich**.

§ 303 StGB schützt jedenfalls den jeweiligen Eigentümer der beschädigten Sache, also fällt R vorliegend in den Schutzbereich der Norm.

Anmerkung: Diese Voraussetzung wäre z.B. höchst fraglich, wenn ein Dritter, der das Zerbrechen des Spazierstockes beobachtet hat, sich derartig aufregt, dass er eine Gehirnblutung erleidet. *Diese* Person würde im *konkreten Fall* nicht in den Schutzbereich des § 303 StGB fallen.

(4) Schließlich muss auch der *konkret erlittene Schaden* in den Schutzbereich des Schutzgesetzes fallen, sog. sachlicher Schutzbereich. Dies ist bei der Zerstörung der betroffenen Sache fraglos der Fall, gerade hiervor soll § 303 StGB schützen.

Die Prüfung, ob ein Schutzgesetz vorliegt oder nicht, beinhaltet also vier Schritte:

(1) „Gesetz" i.S.v. § 823 II BGB

(2) Abstrakter Individualschutzcharakter

(3) Persönlicher Schutzbereich

(4) Sachlicher Schutzbereich

Damit handelt es sich im konkreten Fall bei § 303 StGB um ein Schutzgesetz zum Schutze des Anspruchstellers R.

Anmerkung: Ganz ähnlich läuft es im Öffentlichen Recht (!) z.B. bei einer Nachbaranfechtungsklage gegen eine erteilte Baugenehmigung bei der subjektiven Rechtsverletzung: Die verletzte Rechtsnorm muss *abstrakt* Individualschutzcharakter haben und *konkret* dem Schutz des klagenden Nachbarn dienen!

bb) Verletzung des Schutzgesetzes

S als Anspruchsgegner müsste das Schutzgesetz verletzt haben. Bei strafrechtlichen Normen bedeutet das, dass der Anspruchsgegner tatbestandsmäßig, rechtswidrig und schuldhaft gehandelt haben muss. Strafverfolgungshindernisse, wie etwa vorliegend das Fehlen eines Strafantrages nach § 303c StGB, sind jedoch für § 823 II BGB irrelevant.

(1) Indem S den Spazierstock des R zerstörte, erfüllte er den objektiven **Tatbestand** des § 303 StGB.

Der subjektive Tatbestand setzt gem. § 15 StGB **Vorsatz** voraus. Im Strafrecht konnte sich die Vorsatztheorie nicht durchsetzen, das Unrechtsbewusstsein (= das Bewusstsein der Rechtswidrigkeit) ist nicht Bestandteil des Vorsatzes (sog. Schuldtheorie). Anderenfalls ließe sich die Behandlung des Verbotsirrtums in § 17 StGB nicht erklären, wo bei fehlendem Unrechtsbewusstsein die Strafe nur zu mildern ist oder aber die *Schuld* entfällt. Also handelte S vorsätzlich.

Anmerkung: Wird i.R.d. § 823 II BGB eine strafrechtliche Norm geprüft, so muss die *strafrechtliche* Dogmatik angewendet werden! Dass das Zivilrecht eigentlich die Vorsatztheorie vertritt, ändert daran nichts!

(2) Da es an in Betracht kommenden Rechtfertigungsgründen fehlt, ist auch die **Rechtswidrigkeit** gegeben.

S nahm lediglich irrig Voraussetzungen an, die – hätten sie tatsächlich vorgelegen – sein Handeln gerechtfertigt hätten. Da sich der Vorsatz nicht auf die objektiven Merkmale der Rechtswidrigkeit zu beziehen hat, schließt ein solcher Irrtum die Rechtswidrigkeit nicht aus (a.A. die abzulehnende „Lehre von den negativen Tatbestandsmerkmalen", die § 16 I S. 1 StGB direkt anwenden würde).

(3) Auch sind Entschuldigungsgründe nicht ersichtlich, so dass von der **Schuld** des S auszugehen ist.

Allerdings ist zu beachten, dass S lediglich einem Irrtum über Tatsachen, nicht einem Rechtsirrtum unterlegen hat. Hätten die irrig angenommenen Tatsachen, nämlich ein Angriff des M auf O, tatsächlich vorgelegen, so wäre das Handeln des S nach § 904 S. 1 BGB gerechtfertigt gewesen. Es liegt ein sog. **Erlaubnistatbestandsirrtum** vor.

Bei einem solchen Irrtum besteht Ähnlichkeit zum Fall des § 16 I S. 1 StGB (Tatbestandsirrtum), da lediglich ein Tatsachenirrtum vorliegt. Aus Billigkeitsgründen verneint daher die h.M. die Schuld unter analoger Anwendung von § 16 I S. 1 StGB.

S handelte daher nicht schuldhaft.

(4) Damit ist eine Schutzgesetzverletzung abzulehnen; eine fahrlässige Sachbeschädigung ist nach dem StGB nicht strafbar. Hieran ändert auch § 823 II S. 2 BGB durch die Verweisung auf § 276 BGB nichts: Die Vorschrift kommt *nur dann* zum Tragen, wenn das jeweilige Schutzgesetz kein Verschulden voraussetzt. Dies ist aber bei § 303 StGB nicht der Fall: Die Norm setzt Vorsatz voraus.

b) Ergebnis zu 2.

Damit ist ein Anspruch aus § 823 II BGB abzulehnen.

3. § 904 S. 2 BGB

Ein Anspruch aus § 904 S. 2 BGB des R gegen S kommt nicht in Betracht da der Eingriff des S in das Eigentum des R nicht nach § 904 S. 1 BGB gerechtfertigt war.

Gesamtergebnis: R kann von S Schadensersatz nur nach § 823 I BGB verlangen.

IV. Zusammenfassung

Sound: § 823 II BGB setzt ein Schutzgesetz voraus. Dieses muss aber nicht nur abstrakt Individualschutzcharakter haben, sondern der Anspruchsteller muss im konkreten Fall auch sachlich wie persönlich in den Schutzbereich der fraglichen Norm einbezogen sein.

hemmer-Methode: Einen Überblick über von der Rechtsprechung anerkannte bzw. nicht anerkannte Schutzgesetze finden Sie im Palandt bei § 823 BGB. Auch § 1004 BGB wird als Schutzgesetz angesehen; dies ist jedoch überflüssig, da bei einer schuldhaften (§ 823 II S. 2 BGB!) Eigentumsbeeinträchtigung stets ein Anspruch sich bereits aus *§ 823 I BGB* ergibt!

V. Zur Vertiefung

- Hemmer/Wüst, Basics Zivilrecht, Band 2, Rn. 133 ff.
- Hemmer/Wüst, Deliktsrecht I, Rn. 117 ff.
- Hemmer/Wüst, Deliktsrecht Karteikarte Nr. 42 ff.

Kapitel IX: Der Haftungsgrund des § 830 BGB

Fall 34: § 830 I S. 2 BGB / Anwendungsbereich

Sachverhalt:

A fährt in der Dämmerung nach einer Geburtstagsfeier mit seinem PKW nach Hause; infolge Alkoholkonsums beträgt sein Blutalkoholgehalt 1,4 Promille. Auf einer Landstraße kommt A ohne äußeren Einfluss ins Schleudern und fährt den – ordnungsgemäß fahrenden – Radfahrer R an. Dieser stürzt zu Boden und bleibt benommen auf der Fahrbahn liegen. Kurze Zeit später überfährt der Autofahrer B den R; B hatte es versäumt, das Licht seines PKW einzuschalten und deshalb den R nicht rechtzeitig gesehen.

Wie durch ein Wunder überlebt R, allerdings mit erheblichen Verletzungen (Knochenbrüche, Prellungen, zahlreiche innere Verletzungen). Allerdings lässt sich nicht mehr aufklären, welcher Zusammenstoß zu welchen Verletzungen geführt hat. Es ist sogar möglich, dass der Zusammenprall mit A den R nur geringfügig verletzte. Ebenfalls ist aber auch möglich, dass R bereits nach dem ersten Unfall derart schwer verletzt war, dass sich seine Verletzungen durch den Unfall mit B kaum verschlimmern konnten. A und B berufen sich auf „in dubio pro reo", womit sich R nicht zufrieden geben will. R fordert von A und B Schadensersatz.

Frage: **Zu Recht? Auf Normen des StVG ist nicht einzugehen.**

I. Einordnung

Wie Sie sehen: Es wurden die §§ 824-829 BGB übersprungen. § 828 BGB ist eine Vorschrift über die Verschuldensfähigkeit (sog. Deliktsfähigkeit) und wird noch bei der Haftung im Straßenverkehr eine Rolle spielen. Im Übrigen handelt es sich um nicht examensrelevante Anspruchsgrundlagen.

Eine Ausnahme ist allerdings § 826 BGB, der durchaus Examensrelevanz besitzt. Jedoch hat die Vorschrift seltenst eigenständige Bedeutung: Die Norm ist so gut wie immer bei arglistigem Verhalten oder vorsätzlichem strafrechtlichen Verhalten (wie z.B. Betrug) anzuwenden.

Eigenständige Bedeutung hat die Norm als Mittel zur Durchbrechung der Rechtskraft bei sittenwidriger Titelerschleichung oder -ausnutzung; dies ist aber eine Frage des Zivilprozessrechts und findet daher keinen Eingang in das vorliegende Skript.

§ 830 BGB enthält **drei eigenständige Anspruchsgrundlagen**: Abs. 1 S. 1 bei einer mittäterschaftlich begangenen unerlaubten Handlung, i.V.m. Abs. 2 bei Anstiftung oder Beihilfe zu einer solchen, sowie Abs. 1 S. 2.

Nur § 830 I S. 2 BGB hat besondere Examensrelevanz; bei Mittäterschaft, Anstiftung oder Beihilfe können Sie Ihre Kenntnisse aus dem Strafrecht 1:1 übertragen, müssen also nichts doppelt lernen.

II. Gliederung

1. Ansprüche gegen A

a) § 823 I BGB

aa) Haftungsbegründende Kausalität
Zwar Verursachung nicht geklärt, aber wertende Zurechnung an A

bb) Rechtswidrigkeit/Verschulden (+)

cc) kausale Schäden zu ersetzen

b) § 823 II BGB
Schutzgesetzverletzung (+), § 1 StVO bzw. § 315c StGB

2. Ansprüche gegen B

a) § 823 I BGB
Kausalität nicht nachweisbar

b) § 823 II BGB
Ebenfalls kein Anspruch

c) § 830 I S. 2 BGB
Denkbar; allerdings ist das Verhalten des B dem A zuzurechnen, so dass *in jedem Fall* A voll auf Ersatz *aller* Schäden haftet. § 830 I S. 2 BGB daher **mangels Kausalitätszweifeln (-)**

3. Ergebnis
Schadensersatz gegen A, nicht aber gegen B

III. Lösung

Fraglich ist, welche Ansprüche dem R gegen A und B zustehen.

1. Ansprüche gegen A

a) § 823 I BGB

In Betracht kommt ein Anspruch aus § 823 I BGB

aa) Haftungsbegründender Tatbestand

R wurde an Körper und Gesundheit verletzt. Allerdings ist fraglich, inwieweit dies auf dem Anfahren durch A beruht.

Der strafrechtliche „in dubio pro reo"-Grundsatz gilt im Zivilrecht nicht; allerdings gelten die Regeln über die Beweislastverteilung. Jeder hat im Grundsatz die für ihn günstigen Tatsachen vorzutragen und nötigenfalls zu beweisen. Daher trifft den Geschädigten R als Anspruchsteller die Beweislast für die Kausalität.

Es lässt sich zwar nicht aufklären, inwieweit A den R durch sein Verhalten an Körper und Gesundheit verletzt hat. Allerdings steht fest, dass die Verletzungen aus dem Anfahren durch A oder B resultieren.

Es ist daher zu prüfen, ob dem A das eventuelle Fehlverhalten des B zugerechnet werden kann. Denn dann könnte dahinstehen, wer naturwissenschaftlich betrachtet die Verletzungen verursacht hat. Juristisch wäre A jedenfalls kausal geworden.

Zu prüfen ist also, ob dem A auch alle Verletzungen des R zugerechnet werden können. Hätte A den R nicht angefahren, so wäre B auch nicht mit R zusammengeprallt; ein solcher zweiter Unfall lag auch nicht außerhalb jeder Lebenserfahrung. Somit war das Verhalten des A *in jedem Fall* für die eingetretenen Verletzungen äquivalent und adäquat kausal, selbst wenn die Verletzungen vorwiegend erst bei dem Zusammenstoß mit B eingetreten wären. Auch ist das Verhalten des B dem A als Zweitschädigerverhalten aus Wertungsgründen zurechenbar:

Durch das Anfahren des R lag dieser auf der Fahrbahn, weshalb A gerade das Risiko eines zweiten Unfalls geschaffen hat. Der Kausalverlauf wurde daher nicht durchbrochen.

Damit ergibt sich: Selbst wenn R durch den Zusammenstoß mit A nur leichte Verletzungen erlitten hätte: Das Verhalten des B ist dem A zuzurechnen. Damit haftet A *in jedem Fall* für alle eingetretenen Verletzungen, egal, zu welchen Verletzungen der Zusammenstoß zwischen A und R *unmittelbar* geführt hat.

bb) Rechtswidrigkeit und Verschulden

Ein Rechtfertigungsgrund besteht nicht. Auch war das Verhalten des A schuldhaft.

cc) Kausale Schäden

Daher haftet A für alle kausalen Schäden, die das Unfallereignis nach sich gezogen hat.

b) § 823 II BGB

Ferner haftet A aus § 823 II BGB i.V.m. § 315c StGB. Auch § 1 StVO ist Schutzgesetz i.S.d. § 823 II BGB.

Auf § 7 und § 18 StVG war entsprechend dem Bearbeitervermerk nicht einzugehen.

2. Ansprüche gegen B

Ein Anspruch könnte sich aus § 823 I BGB ergeben.

a) § 823 I BGB

Problematisch ist jedoch, dass nicht geklärt werden kann, ob B für die Verletzungsfolgen verantwortlich ist. Allein aus chronologischen Gründen kann dem B nicht angelastet werden, was möglicherweise schon von A verursacht wurde.

Damit scheidet ein Anspruch gegen B aus § 823 I BGB aus.

b) § 823 II BGB

Gleiches gilt für einen Anspruch aus § 823 II BGB i.V.m. § 229 StGB (fahrlässige Körperverletzung) oder i.V.m. Normen der StVO: Der Anspruch scheitert am haftungsbegründenden Tatbestand.

c) § 830 I S. 2 BGB

Allerdings könnte sich ein Anspruch des R gegen B aus § 830 I S. 2 BGB ergeben.

Aufbauschema zu § 830 I S. 2 BGB

1. **Verletzungserfolg**

2. **Unerlaubte Handlung als Beteiligter**

a) Einheitlicher Vorgang (i.d.R. (+))

b) Selbständige Beteiligung
   D.h.: Haftung (+), wenn Kausalität nachgewiesen wäre

c) Fest steht, dass einer der Beteiligten oder mehrere zusammen kausal gehandelt haben

d) Unaufklärbarkeit der Kausalität

aa) Verletzungserfolg

R wurde an Körper und Gesundheit verletzt, s.o.

bb) Unerlaubte Handlung als Beteiligter

Dies müsste auf eine unerlaubte Handlung zurückzuführen sein, bei der B als „Beteiligter" i.S.v. § 830 I S. 2 BGB anzusehen ist.

(1) Einheitlicher Vorgang

Der Kreis der möglicherweise Beteiligten ist objektiv dadurch begrenzt, dass deren Handeln als sachlich, räumlich und zeitlich einheitlicher Vorgang anzusehen sein muss.

Dies ist eine von der Rechtsprechung gezogene recht weite Grenze, wobei das bloße „Dabeisein" nicht genügt (NJW 1996, 2399). Das Erfordernis ist stets gewahrt, wenn wegen des Zusammenhangs mehrerer Ereignisse die Ursächlichkeit für den Schaden nicht mehr feststeht.

Zwischen dem Verhalten des A und des B in Bezug auf den jeweiligen Zusammenprall mit R besteht ein solcher sachlicher, räumlicher und zeitlicher Zusammenhang.

(2) Ersatzpflicht bei Kausalitätsnachweis

Beteiligter i.S.v. § 830 I S. 2 BGB ist nur, wer bei Nachweis *seiner* Kausalität aus unerlaubter Handlung haften würde.

Wäre nachzuweisen, dass die gesamten Verletzungen allein auf dem Verhalten des B beruhen (zweiter Unfall), würde B aus § 823 I BGB haften.

Denn B handelte auch rechtswidrig und insbesondere schuldhaft: Durch das unterlassene Einschalten des Lichtes hat er eine Sorgfaltspflichtverletzung begangen und handelte somit fahrlässig.

Ebenfalls wäre eine Haftung des A aus § 823 I BGB zu bejahen, würde *seine* Kausalität für die Verletzungen des R feststehen. A handelte aufgrund der hohen Alkoholisierung, die zum Zusammenprall mit R führte, ebenfalls fahrlässig.

Anmerkung: Man kommt nicht umhin, bei § 830 I S. 2 BGB den Kreis der Beteiligten einzugrenzen und muss daher bei jedem Einzelnen die potentielle Haftung bei Nachweis seiner Kausalität prüfen. Wer bei nachgewiesener Kausalität nicht haften würde, ist nicht Beteiligter i.S.d. § 830 I S. 2 BGB.
Beachten Sie: Als unerlaubte Handlung kommt nicht nur § 823 I BGB in Betracht, sondern *jede* unerlaubte Handlung, auch z.B. § 7 I StVG!

(3) Kausalität beruht auf den Beteiligten

Es steht fest, dass das Verhalten der Beteiligten die fraglichen Verletzungen herbeigeführt hat.

Anmerkung: Dieses dritte Merkmal ist z.B. nicht gegeben, wenn der Verletzte sich die Verletzung möglicherweise selbst zugefügt hat oder wenn die alleinige Kausalität eines Dritten, der nicht als Beteiligter anzusehen ist, nicht ausgeschlossen werden kann. Merksatz: „Einer (der Beteiligten) war's, aber man weiß nicht wer."

(4) Unaufklärbarkeit der Kausalität

§ 830 I S. 2 BGB dient dem Schutz des Geschädigten vor Kausalitätszweifeln bei mehreren Beteiligten. In diesem Fall haften alle Beteiligten nach § 830 I S. 2 BGB (als Gesamtschuldner, vgl. § 840 BGB) ohne dass weiter geklärt werden muss, wer im Einzelnen welche Verletzung verursacht hat.

Steht aber die Kausalität des Handelns einer der Beteiligten fest, haftet dieser also voll, ist kein Raum für § 830 I S. 2 BGB. Anspruchsvoraussetzung ist daher die Unaufklärbarkeit der Kausalität.

Da A für die eingetretenen Verletzungen voll haftet, kommt eine Anwendung des § 830 I S. 2 BGB zu Lasten des B nicht in Betracht.

Anmerkung: Dies ist eine bösartige, aber beliebte Falle. Auf den ersten (vielleicht auch auf den zweiten) Blick spricht im Sachverhalt alles für einen klassischen Fall des § 830 I S. 2 BGB.

Erst bei näherem Hinsehen lässt sich feststellen, dass das Zweitschädigerverhalten des B in jedem Fall dem Erstschädiger A zuzurechnen ist und die Kausalität seitens des A daher in jedem Fall zu bejahen ist. Bei feststehender Kausalität ist aber für § 830 I S. 2 BGB kein Raum.

Damit bestehen keine Ansprüche gegen B.

3. Ergebnis

R kann nur von A Ersatz seiner Schäden verlangen. Neben den Heilbehandlungskosten (§ 249 II S. 1 BGB) steht ihm ein Anspruch auf Schmerzensgeld aus § 253 II BGB zu.

IV. Zusammenfassung

Anmerkung: Steht die Kausalität des Verhaltens eines der Beteiligten fest, haftet dieser also voll, kann § 830 I S. 2 BGB nicht angewendet werden. Bei zeitlich hintereinanderliegenden Schädigungen ist dabei insbesondere eine Zurechnung des Zweitschädigerverhaltens an den Erstschädiger in Betracht zu ziehen.

hemmer-Methode: Halten Sie bei Sachverhalten nach der Art „es lässt sich nicht mehr aufklären, wer welchen Schaden verursacht hat" unbedingt die Augen offen. Der Klausurersteller erwartet, dass der Examenskandidat auf jeden Fall auf § 830 I S. 2 BGB stößt. Oftmals baut er deshalb obige Konstellation als Falle ein, „um die Spreu vom Weizen zu trennen".

V. Zur Vertiefung

- Hemmer/Wüst, Deliktsrecht I, Rn. 156 ff.
- Hemmer/Wüst, Deliktsrecht Karteikarte Nr. 56 ff.

Fall 35: Reichweite des § 830 I S. 2 BGB

Sachverhalt (= Abwandlung zu Fall 34):

Wie Fall 34. Nur hat dieses Mal den ersten Unfall nicht A, sondern ein nicht mehr zu ermittelnder Dritter (schuldhaft) verursacht. R ist der Überzeugung, wenigstens jetzt müsse der Weg für eine Inanspruchnahme des B gegeben sein.

Frage: Besteht ein Anspruch gegen B?

I. Einordnung

§ 830 I S. 2 BGB ist für Fälle von Kausalitätszweifeln gedacht. § 830 I S. 2 BGB führt zu einer Haftung von Personen, denen eine kausale unerlaubte Handlung nicht nachzuweisen ist. Damit entfernt sich die Haftung aus § 830 I S. 2 BGB von den im Deliktsrecht geltenden allgemeinen Grundsätzen, es handelt sich letztlich um einen Fremdkörper. Dass dieser nicht allzu extensiv ausgelegt werden kann, versteht sich von selbst.

II. Gliederung

1. § 823 I, II BGB

Wie Fall 34: (-)

2. § 830 I S. 2 BGB

Eigentlich ebenfalls wie Fall 34 (-), da Kausalität des Erstschädigers feststeht

Allerdings nach früherer Rechtsprechung § 830 I S. 2 BGB auch bei **Insolvenz** oder **Unauffindbarkeit** des voll Haftenden anwendbar; dies ist jedoch mit der h.M. abzulehnen. Daher auch in Fall 34 kein Anspruch aus § 830 I S. 2 BGB gegen B.

III. Lösung

Fraglich sind die Ansprüche des R gegen B.

1. § 823 I, II BGB

Wie in Fall 34 kommt eine Haftung des B weder aus § 823 I BGB noch aus § 823 II BGB in Betracht.

Es wird auf die dortigen Ausführungen verwiesen.

2. § 830 I S. 2 BGB

a) Zunächst ergeben sich gegenüber den Ausführungen zu Fall 34 keine Besonderheiten:

Der Anspruch aus § 830 I S. 2 BGB des R gegen B scheitert daran, dass die Kausalität seitens des *Erst*schädigers, hier des unbekannten Autofahrers (im Fall 34: A) feststeht. § 830 I S. 2 BGB setzt aber verbleibende Kausalitätszweifel voraus.

b) Allerdings kommt eine Anwendung des § 830 I S. 2 BGB trotz erwiesener Kausalität des Erstschädigers deshalb in Betracht, weil dessen Person nicht mehr feststellbar ist.

§ 830 I S. 2 BGB soll dem Geschädigten das Risiko nehmen, dass bei mehreren Beteiligten nicht mehr festzustellen ist, welcher Beteiligter genau welchen Schadensbeitrag geleistet hat.

Ganz ähnlich ist doch aber die Situation, wenn die Kausalität zwar erwiesen ist und damit ein nach den allgemeinen Grundsätzen voll haftender Schädiger vorhanden ist, der Anspruch gegen diesen aber aus tatsächlichen Gründen nicht durchgesetzt werden kann. Nach früherer Ansicht des BGH sollte daher § 830 I S. 2 BGB trotz erwiesener Kausalität auch dann zur Anwendung kommen, wenn der kausal Handelnde *insolvent* oder *nicht mehr feststellbar ist*.

Demgegenüber vertritt die h.L. und die neuere Rechtsprechung, dass § 830 I S. 2 BGB dem Geschädigten **nur die Beweisnot bei nicht feststellbarer Kausalität**, nicht aber auch das Unauffindbarkeits- oder Insolvenzrisiko abnehmen soll.

Daher sei § 830 I S. 2 BGB *ausschließlich* bei Kausalitätszweifeln anzuwenden, die vorliegend nicht bestehen (vgl. Fall 34).

Letzterer Ansicht ist zu folgen. Denn der Wortlaut des § 830 I S. 2 BGB deutet ganz klar auf eine direkte Anwendung nur bei Kausalitätszweifeln hin. § 830 I S. 2 BGB müsste bei Insolvenz oder fehlender Feststellbarkeit der Personalien eines Beteiligten daher *analog* angewendet werden.

Für eine solche Analogie fehlt es jedoch an der erforderlichen Regelungslücke; der Gesetzgeber hat die Ausnahmevorschrift des § 830 I S. 2 BGB bewusst auf den Fall der Kausalitätszweifel beschränkt. Es besteht kein Anlass dafür, jedem Geschädigten, der Schwierigkeiten bei der Anspruchsdurchsetzung hat, einen Anspruch gegen einen Dritten zuzusprechen. Die Durchsetzung eines bestehenden Haftungsanspruches fällt allein in die Sphäre des Anspruchsinhabers. Stehen der Durchsetzung tatsächliche Hindernisse im Weg, so gehört dies zu *seinem* allgemeinen Lebensrisiko, das nicht einfach auf einen Dritten übergewälzt werden darf.

Damit scheidet auch im vorliegenden Fall ein Anspruch gegen B aus § 830 I S. 2 BGB aus.

Ergebnis: R hat keine Ansprüche gegen B.

IV. Zusammenfassung

Anmerkung: § 830 I S. 2 BGB gilt nur bei Kausalitätszweifeln. Steht die Kausalität eines Beteiligten und damit seine volle Haftung fest, kommt § 830 I S. 2 BGB auch dann nicht zur Anwendung, wenn dieser Beteiligte insolvent oder unauffindbar ist!

hemmer-Methode: Diesen (wenn auch nicht mehr ganz aktuellen) Meinungsstreit sollte man kennen. Ansonsten lässt sich die Information im Sachverhalt, dass einer der Beteiligten zahlungsunfähig oder unauffindbar ist, nicht verarbeiten. Vertreten Sie aber im Ergebnis unbedingt die h.M., da diese auch der Klausurersteller seiner Lösung zugrunde gelegt haben wird.

V. Zur Vertiefung

- Hemmer/Wüst, Deliktsrecht I, Rn. 156 ff.
- Hemmer/Wüst, Deliktsrecht Karteikarte Nr. 56 ff.

Kapitel X: Die Haftung nach § 831 BGB

Fall 36: Exkulpation

Sachverhalt:

Privatmann B hat den Unternehmer U mit dem Einbau zwei neuer Fenster in seinem Haus beauftragt. U schickt hierzu seinen Angestellten A, der seit Jahren bei ihm ohne Beanstandung arbeitet. Als B zwei Wochen später eines der eingebauten Fenster „kippen" möchte, fällt ihm dieses Fenster entgegen und B bricht sich das Handgelenk.

Nach Angaben eines mit B befreundeten Gutachters könnte dieser Mangel sowohl auf einen unsachgemäßen Einbau als auch auf die Verwendung fehlerhaften Materials zurückzuführen sein. U gibt an, er könne ja nicht jedem Angestellten ständig „auf die Finger schauen", zudem habe er bislang nie Anlass zu Zweifeln an der Qualität der Arbeit des A gehabt. Das Material zur Fertigung der Fenster habe er (U) wie immer selbst beschafft. Dass dieses erkennbare Fehler aufgewiesen habe, „solle der B doch erst einmal beweisen".

Frage: *Kann B wegen des gebrochenen Handgelenks Schadensersatz von U verlangen?*

I. Einordnung

Im allgemeinen Schuldrecht hat der Schuldner nicht nur eigenes Verschulden zu vertreten (§ 276 BGB), sondern i.R.d. § 278 BGB auch fremdes Verschulden. **§ 278 BGB** ist also eine **Zurechnungsnorm** für fremdes Verschulden.

Eine vergleichbare Vorschrift sucht man auch bei den §§ 823 ff. BGB und scheint mit § 831 BGB fündig zu werden. Aber **Vorsicht**: § 831 BGB ist *keine* Zurechnungsnorm, sondern eine eigenständige **Anspruchsgrundlage** für **eigenes Verschulden** des Geschäftsherrn! § 831 I S. 2 BGB (sog. Exkulpation) zeigt, wie sich der Geschäftsherr hinsichtlich seines Eigenverschuldens entlasten kann. Da er sich, um der Haftung des § 831 I BGB zu entgehen, nach § 831 I S. 2 BGB entlasten muss, spricht man auch von einer **Haftung für vermutetes Eigenverschulden.**

§ 831 BGB ist in der Prüfung seiner Voraussetzungen nicht allzu problematisch, man kann sich an den gesetzlichen Wortlaut halten. Die Punktabzüge gibt es in der Klausur eher für eine ungenaue oder falsche Wortwahl (z.B. „§ 831 rechnet fremdes Verschulden zu" ⇨ Falsch! Todsünde!). Geben Sie also besonders Acht.

II. Gliederung

1. Vertraglicher Anspruch

⇨ §§ 634 Nr. 4, 280 I BGB

a) **Werkvertrag** (+), kein Fall des § 651 BGB

b) **Mangelhafte Leistung als Pflichtverletzung**
Fenster hat Sachmangel i.S.v. § 633 II BGB

c) Vertretenmüssen

Beweislast gem. § 280 I S. 2 BGB umgekehrt; U kann sich weder bzgl. eines Verschuldens bei der Beschaffung der Materialien noch bzgl. eines nach § 278 BGB ihm zuzurechnenden Verschuldens des A entlasten.

d) Rechtsfolge

Es gelten die §§ 249 ff. BGB; Mangelfolgeschaden bereits nach § 280 I BGB ersatzfähig

2. § 823 I BGB

Verschulden (-), insoweit keine Beweislastumkehr

3. § 831 I BGB

a) A = **Verrichtungsgehilfe**

b) **Rechtswidrige unerlaubte Handlung**

Seitens A nach § 823 I BGB (+), Verschulden des A nicht erforderlich

c) **In Ausführung der Verrichtung**

(+), nicht nur bei Gelegenheit

d) **Keine Exkulpation, § 831 I S. 2 BGB**

U kann sich nur hinsichtlich Auswahl und Leitung der Verrichtung des A entlasten, nicht aber hinsichtlich der bei Materialbeschaffung zu beachtenden Sorgfalt.

4. Ergebnis

Anspruch aus §§ 634 Nr. 4, 280 I BGB und aus § 831 I S. 1 BGB, nicht aber aus § 823 I BGB.

III. Lösung

Fraglich sind Schadensersatzansprüche des B gegen U in Bezug auf das gebrochene Handgelenk.

Anmerkung: Bei Ansprüchen gegen den Angestellten A würden vertragliche Ansprüche ausscheiden, da zwischen B und A keine vertragliche Beziehung bestand. Allerdings kämen natürlich die §§ 823 ff. BGB in Betracht. Die sog. Grundsätze des innerbetrieblichen Schadensausgleichs, wonach der Arbeitgeber seinen Arbeitnehmer evtl. von einer Haftung freizustellen hat, wirken keinesfalls im Verhältnis Arbeitnehmer / Dritter.

1. Vertraglicher Anspruch

B und U sind eine vertragliche Beziehung eingegangen, so dass sich hieraus ein Schadensersatzanspruch ergeben könnte.

Da es sich vorliegend möglicherweise um einen Mangelfolgeschaden handelt, kommt als Anspruchsgrundlage **§§ 634 Nr. 4, 280 I BGB** in Betracht.

a) Werkvertrag

Fraglich ist, ob es sich bei dem zwischen B und U geschlossenen Vertrag überhaupt um einen Werkvertrag handelt.

Jedenfalls unrichtig war die Bezeichnung als „Auftrag", da von einem *unentgeltlichen* Tätigwerden des U (vgl. Wortlaut § 662 BGB) nicht auszugehen ist.

Beim Einbau von Fenstern steht die Schaffung eines Endproduktes, nämlich des Produktes „eingebaute Fenster" im Vordergrund, so dass die §§ 631 ff. BGB grundsätzlich Anwendung finden.

Hat der Unternehmer allerdings bewegliche Sachen herzustellen und zu liefern, findet gem. § 651 BGB Kaufrecht Anwendung, sog. Werklieferungsvertrag.

Anmerkung: Dies gilt auch bei unvertretbaren Sachen (zum Begriff vgl. § 91 BGB, lesen!). Bei nicht vertretbaren Sachen finden lediglich gem. § 651 S. 3 BGB die dort genannten werkvertraglichen Vorschriften zusätzlich Anwendung, es bleibt aber dabei, dass sich die vertragliche Beziehung im Übrigen nach den §§ 433 ff. BGB richtet! Hier hat sich durch die Schuldrechtsreform eine erhebliche Änderung der Rechtslage ergeben, die mit § 651 BGB a.F. nicht mehr viel gemein hat.

Kein Fall des § 651 BGB liegt vor, wenn der Unternehmer seine Leistung an einer bereits bestehenden Sache des Bestellers erbringt und die Schöpfung des Gesamterfolges im Zusammenhang mit dieser Sache den Schwerpunkt der Leistung darstellt. Dies ist bei dem Einbau von Fenstern im Gebäude des Bestellers B zu bejahen. Daher finden die §§ 631 ff. BGB Anwendung, es liegt ein reiner Werkvertrag vor. Dieser Werkvertrag bildet das von § 280 I BGB vorausgesetzte Schuldverhältnis.

Anmerkung: Anders wäre dies aber, wenn die Fenster auch vom Unternehmer herzustellen gewesen wären. Dass sie später zum Einbau bestimmt sind, würde nichts an der Anwendbarkeit des § 651 BGB ändern, vgl. BGH, Life & Law 2009, 726 ff.

b) Mangelhafte Leistung als Pflichtverletzung

§ 280 I BGB setzt weiterhin eine objektive Pflichtverletzung des Schuldners, hier also des U, voraus.

Eine derartige Pflichtverletzung stellt auch eine mangelhafte Leistung dar, weshalb § 634 Nr. 4 BGB auf § 280 I BGB verweist.

Ein Fenster, das beim Versuch des Ankippens aus dem Rahmen fällt, eignet sich nicht für den gewöhnlichen Gebrauch und hat daher jedenfalls nach § 633 II S. 2 Nr. 2 BGB einen Sachmangel. Maßgebender Zeitpunkt ist – wie im Kaufrecht – der Zeitpunkt des Gefahrübergangs, der vorliegend durch Abnahme gem. § 644 BGB erfolgte. Es ist davon auszugehen, dass das Werk den fraglichen Mangel bereits im Zeitpunkt der Abnahme hatte.

Eine Unbeachtlichkeit des Mangels nach § 377 II HGB kommt nicht in Betracht, da dieser außerhalb des Kaufrechts nicht gilt. Ein Fall des § 381 II HGB liegt gerade nicht vor (vgl. die Ausführungen zu § 651 BGB). Zudem fehlt es an einem *beiderseitigen* Handelsgeschäft, da B als Privatmann handelte.

Damit liegt eine objektive Pflichtverletzung in Gestalt mangelhafter Werkleistung vor.

Anmerkung: Einen „Verbrauchsgüterwerkvertrag" gibt es nicht, die §§ 474 ff. BGB finden also keine – auch nicht analoge – Anwendung. Daher kommt auch die Beweislastumkehr des § 476 BGB nicht zum Tragen. Beachten Sie aber, dass wegen des § 651 BGB der Anwendungsbereich der §§ 474 ff. BGB enorm erweitert wird (sofern diese Vorschrift – anders als vorliegend – einschlägig ist).

c) Vertretenmüssen

Fraglich ist allerdings, ob U diese Pflichtverletzung auch zu vertreten hat, § 280 I S. 2 BGB.

(1) Ein Verschulden des Angestellten A müsste sich der U nach § 278 BGB zurechnen lassen, da A mit Wissen und Wollen des U in dessen Pflichtenkreis auftrat und damit beim Fenstereinbau Erfüllungsgehilfe des U war.

(2) U haftet auch für eigenes Verschulden in Form von Vorsatz und Fahrlässigkeit, § 276 I BGB. Möglicherweise hätte U erkennen können und müssen, dass das von ihm beschaffte Material fehlerhaft war und zu einem Sachmangel beim Einbau führen würde. Auch dann hätte er die Mangelhaftigkeit der Leistung (= die Pflichtverletzung) zu vertreten.

(3) Aus der Formulierung des § 280 I S. 2 BGB („dies gilt nicht, wenn [...] nicht zu vertreten hat") ist zu entnehmen, dass den *Schuldner* die Darlegungs- und Beweislast hinsichtlich seines *fehlenden* Vertretenmüssens trifft. Das Vertretenmüssen wird also zunächst vermutet, **der Schuldner muss sich entlasten**.

U wird sich dahingehend entlasten können, dass ihn bei der Auswahl und der Überwachung des A kein eigenes Verschulden traf. In der Tat muss ein Unternehmer nicht jedes Tun seiner Angestellten im Einzelnen überwachen, insbesondere dann nicht, wenn der Angestellte seit langem ohne Beanstandung vergleichbare Arbeiten selbständig ausführt.

U kann sich aber nicht dahingehend entlasten, dass den A selbst kein Verschulden traf; ein solches wäre U zuzurechnen, § 278 BGB.

Zudem kommt auch ein Verschulden bei der Beschaffung des Materials in Betracht.

Somit kann sich U nicht i.S.d. § 280 I S. 2 BGB entlasten, er hat daher die Pflichtverletzung zu vertreten.

d) Rechtsfolge

Als Rechtsfolge muss U dem B Schadensersatz nach § 280 I S. 1 BGB ersetzen; der Umfang der Ersatzpflicht bestimmt sich nach den §§ 249 ff. BGB.

Dabei ist zu beachten, dass bei einer Pflichtverletzung nur der kausal durch diese veranlasste Schaden nach § 280 I BGB zu ersetzen ist, sog. **Begleitschaden** (auch: „Schadensersatz *neben* der Leistung"). Das sog. positive Interesse, „Schadensersatz *statt* der Leistung" wird nur unter den zusätzlichen Voraussetzungen der §§ 281 ff. BGB gewährt.

Die Abgrenzung erfolgt danach, ob bei Nachholung der verletzen Pflicht der Schaden entfallen würde. Ist dies der Fall, kommt insoweit nur Schadensersatz statt der Leistung in Betracht, §§ 281 ff. BGB.

Würde U das mangelhafte Fenster richten, würde sich am Schaden des B in Gestalt des Handgelenksbruches nichts ändern. Daher ist dieser Schaden vom (reinen) § 280 I BGB als sog. **Mangelfolgeschaden** umfasst.

Anmerkung: In der Klausur wird dem Korrektor ein Hinweis auf die h.M., dass Mangelfolgeschäden bereits von § 280 I BGB umfasst seien, nicht genügen; Sie müssen das näher – wie hier – erklären.

Damit muss U dem B für den Handgelenksbruch Ersatz leisten; die Ersatzpflicht umfasst die Heilbehandlungskosten gem. § 249 II S. 1 BGB und ein angemessenes Schmerzensgeld, § 253 II BGB.

2. § 823 I BGB

Denkbar ist auch ein Anspruch aus § 823 I BGB.

Anmerkung: Schießen Sie sich nicht gleich auf § 831 BGB ein. § 823 BGB und § 831 BGB stehen gleichberechtigt nebeneinander und können beide kumulativ gegeben sein. „Retardieren" Sie den Gedankenablauf, indem Sie nicht gleich mit dem Nahe liegendsten beginnen. So gewinnt Ihr Korrektor den Eindruck, dass Sie einen hinreichenden Überblick über die zivilrechtlichen Anspruchsgrundlagen haben. Jeder positive Eindruck ist in der Klausur Gold wert!

a) B hat in Gestalt des Handgelenksbruches eine Verletzung an Körper und Gesundheit erlitten, so dass eine **Rechtsgutsverletzung** vorliegt.

b) Als **Verletzungshandlung** des U kann das Veranlassen des Fenstereinbaus gesehen werden. Diese Handlung war zurechenbar **kausal** für die Verletzung des B sowie auch **rechtswidrig**.

c) Problematisch ist allerdings das **Verschulden** des U. Obwohl es sich bei § 823 BGB ebenfalls um einen schuldrechtlichen Anspruch handelt, findet § 278 BGB auf die Haftungsbegründung des § 823 BGB keine Anwendung, selbst wenn vor der deliktischen Handlung bereits ein vertragliches Schuldverhältnis bestand.

Dies ergibt sich zum einen aus dem Wortlaut von § 823 I BGB: „wer vorsätzlich oder fahrlässig". Die Norm setzt *eigenes Verschulden* voraus, während § 278 BGB das *Vertretenmüssen* des Schuldners erweitert.

Den Begriff des Vertretenmüssens verwendet § 823 I BGB aber – im Unterschied etwa zu § 280 I S. 2 BGB, s.o. – gerade nicht.

Des Weiteren hat der Gesetzgeber gerade für die Problematik des von einem Dritten widerrechtlich zugefügten Schadens § 831 BGB geschaffen, der durch eine Anwendung von § 278 BGB bei den §§ 823 ff. BGB umgangen würde.

Anmerkung: So die „perfekte" Argumentation. Oft ist auch zu lesen, dass § 278 BGB eine *bestehende* Sonderverbindung (d.h. v.a.: ein bestehendes Schuldverhältnis) voraussetzt, dieses aber durch § 823 I BGB erst *begründet* werde. Dies ist sicher richtig, jedoch nur die halbe Wahrheit: Es kann ja „im Hintergrund" bereits eine schuldrechtliche Beziehung bestehen, wie hier der Werkvertrag. Dass § 278 BGB dennoch bei den §§ 823 ff. BGB keine Anwendung findet, lässt sich durch diese Argumentation nicht begründen. Das Schuldverhältnis der unerlaubten Handlung ist jenes, welches schon bestehen müsste, um in dessen Rahmen mit § 278 BGB arbeiten zu können. Und genau dieses entsteht erst mit der deliktischen Handlung.

Als eigenes Verschulden kommt eine unzureichende Materialbeschaffung durch U in Betracht. Allerdings reichen die Angaben im Sachverhalt hierzu nicht aus.

Bei § 823 I BGB findet für die Frage des Verschuldens eine Beweislastumkehr nicht statt.

Daher ist ein Anspruch nach § 823 I BGB nicht gegeben.

3. § 831 I BGB

Allerdings könnte U nach § 831 I BGB schadensersatzpflichtig sein.

Aufbauschema zu § 831 I BGB
„Haftung für vermutetes Eigenverschulden"
1. Haftungsbegründender Tatbestand
a) Verrichtungsgehilfe
b) Rechtswidrige unerlaubte Handlung i.S.d. §§ 823 ff. BGB
c) In Ausführung der Verrichtung
d) Keine Exkulpation nach § 831 I S. 2 BGB
2. Haftungsausfüllender Tatbestand
⇨ §§ 249 ff. BGB

a) Verrichtungsgehilfe

A könnte als Verrichtungsgehilfe des U anzusehen sein.

Verrichtungsgehilfe ist, **wer mit Wissen und Wollen des Geschäftsherren in dessen Interesse tätig wird und dabei dessen Weisungen unterworfen ist**. Im Gegensatz zum Besitzdiener gem. § 855 BGB ist ein soziales Abhängigkeitsverhältnis nicht erforderlich, aber jedenfalls unschädlich.

A handelte mit Wissen und Wollen des U, er war von diesem zum Einbau der Fenster bestellt worden. Dabei handelte A auch im Interesse des U, der seine vertragliche Verpflichtung gegenüber B erfüllen wollte. Damit handelte A als Verrichtungsgehilfe i.S.d. § 831 I BGB.

b) Rechtswidrige unerlaubte Handlung

Durch das Verhalten des A wurde B zurechenbar kausal und rechtswidrig an Körper und Gesundheit verletzt, so dass A eine widerrechtliche unerlaubte Handlung nach § 823 I BGB begangen hat.

Nach einer Mindermeinung soll – entgegen dem Wortlaut von § 831 I S. 1 BGB – generell auch das Verschulden des Verrichtungsgehilfen erforderlich sein, da anderenfalls der Geschäftsherr für ein schuldloses Verhalten des Verrichtungsgehilfen einzustehen hätte.
Dem ist nicht zu folgen: Neben dem eindeutigen Wortlaut spricht hiergegen auch, dass der Geschäftsherr nach § 831 I BGB nur haftet, wenn ihn *selbst* ein Verschulden trifft; diesbezüglich hat er sich nach § 831 I S. 2 BGB zu entlasten („exkulpieren" = lat. für „entschuldigen").

Es geht also durchaus nicht um eine verschulden*sunabhängige* Haftung!

c) In Ausführung der Verrichtung

Die unerlaubte Handlung erfolgte in Ausführung der Verrichtung des A und nicht nur bei Gelegenheit.

Anmerkung: Durch dieses – auch bei § 278 BGB anzutreffende – Kriterium soll sichergestellt werden, dass ein gewisser innerer Zusammenhang zwischen der Verrichtung und der unerlaubten Handlung besteht. Das Merkmal wäre etwa zu verneinen, wenn A aufgrund der Gelegenheit, ins Haus des B gekommen zu sein, diesem Wertgegenstände entwendet hätte.

d) Keine Exkulpation

Fraglich ist allerdings, ob sich U nach § 831 I S. 2 BGB exkulpieren kann.

aa) Zwar wird es U gelingen, darzulegen und zu beweisen, dass er bei Auswahl und Leitung der Verrichtung die nötige Sorgfalt angewendet hat; insoweit gelten die Ausführungen zu § 280 I S. 2 BGB entsprechend (s.o.).

bb) Allerdings hat U nicht dargelegt, die zu beschaffenden Materialien ordnungsgemäß beschafft zu haben. Hierzu zählt auch die Überprüfung der bei Dritten erworbenen Materialien.

cc) Möglicherweise waren die eingesetzten und von U beschafften Materialien gar nicht mangelhaft.

Doch auch diesbezüglich trifft den U die Obliegenheit zur Exkulpation: § 831 I S. 2 BGB a.E. lässt die Haftung entfallen, wenn der Schaden auch bei Beachtung der nötigen Sorgfalt eingetreten wäre.

Wären die Materialien also mangelfrei, würde dem U eine Sorgfaltspflichtverletzung bei der Beschaffung nicht schaden. Da die Mangelfreiheit der beschafften Materialien aber nicht feststeht, geht dies zu Lasten des U.

U kann sich also nicht nach § 831 I S. 2 BGB exkulpieren; er haftet dem B auch nach § 831 I S. 1 BGB im gleichen Umfang wie nach § 280 I BGB (s.o.).

Ergebnis: Also hat B gegen U Anspruch auf Schadensersatz bzgl. des Handgelenksbruchs.

Anmerkung: Da eines der Fenster mangelhaft ist (s.o.), wäre auch an die übrigen in § 634 BGB aufgezählten Gewährleistungsrechte zu denken, wonach aber vorliegend nicht gefragt war.

IV. Zusammenfassung

Sound: Bei § 831 BGB handelt es sich nicht um eine Zurechnungsnorm, sondern um einen eigenständigen Haftungstatbestand wegen eigenen Verschuldens des Geschäftsherren. Dieses Verschulden ist gesetzlich vermutet, so dass der Geschäftsherr sich zur Vermeidung der Haftung nach § 831 I S. 2 BGB exkulpieren muss.

hemmer-Methode: Lesen Sie zur Reichweite der Weisungsabhängigkeit beim Verrichtungsgehilfen BGH, Life&Law 2009, 446. Danach kann auch ein grundsätzlich Selbständiger Verrichtungsgehilfe sein, wenn er sich in der konkreten Situation den Weisungen eines Geschäftsherrn unterstellt.

V. Zur Vertiefung

Fall 37: Dezentralisierter Entlastungsbeweis

Sachverhalt:

Aufgrund vertraglicher Abrede mit dem Grundstückseigentümer E führt das Malerei- und Verputzunternehmen des M am Haus des E Malerarbeiten aus; die Malerarbeiten wurden vom Malermeister Y geleitet. Der Malergeselle X stößt aus Unachtsamkeit einen Farbeimer auf dem Gerüst an der Vorderfront des Gebäudes um; die heruntertropfende Farbe trifft unter anderem den Fußgänger F. Dieser verlangt die Reinigungskosten seines Mantels in Höhe von 80 € von M ersetzt.

Es stellt sich heraus, dass X – der seit 3 Monaten für M arbeitet – zuvor als Geselle beim Konkurrenzunternehmen des K tätig gewesen war. Wegen wiederholter Zwischenfälle, unter anderem auch wegen Beschädigung von Eigentum Dritter aus unachtsamem Umgang mit Farbe, war ihm dort gekündigt worden. Dies alles ging aus dem in der Bewerbung des X bei M beigefügten Zeugnis des K hervor.

M wendet ein, er könne bei einem Unternehmen von 150 Angestellten und Mitarbeitern nicht alles alleine machen; für die Einstellung sei sein Personalchef P verantwortlich gewesen. Dieser habe aber strikte Anweisungen von E erhalten, die Bewerbungsunterlagen eingehend zu prüfen. F meint, es sei ja wohl nicht möglich, dass sich Großbetriebe auf diese Weise der Haftung entziehen dürfen.

Frage: Hat F gegen M einen Schadensersatzanspruch?

I. Einordnung

Großbetriebe entsprechen der wirtschaftlichen Realität. Je größer der Betrieb ist, je mehr Angestellte er hat, desto größer ist naturgemäß das Risiko, dass einer der Angestellten bei Tätigkeiten für das Unternehmen einen Schaden verursacht. Ob hierfür der Unternehmensinhaber auch deliktisch in jedem Fall einzustehen hat, ist fraglich. Andererseits kann die Vergrößerung des Betriebes auch nicht zu einer faktischen Haftungsfreistellung des Betriebsinhabers führen. Mit dieser rechtlichen „Gratwanderung" befasst sich der vorliegende Fall.

II. Gliederung

1. Vertraglicher Anspruch

Da F nicht Vertragspartner: Allenfalls nach den Regeln des Vertrags mit Schutzwirkung für Dritte. Jedoch fehlt es an Gläubigernähe des F zu E.

2. Anspruch aus § 823 I BGB

a) **Rechtsgutverletzung** (+)

b) **Kausale Handlung, Rechtswidrigkeit**
Seitens des M (+)

c) **Verschulden**

- Verkehrssicherungspflicht bzgl. Leitung der Arbeiten vor Ort

- Sorgfaltspflicht bzgl. Auswahl der Angestellten

In beiden Fällen auf Dritte übertragen; nichts dafür ersichtlich, dass M seine verbleibenden Organisationspflichten verletzt hätte. Daher Haftung (-)

3. Anspruch aus § 831 I S. 1 BGB

a) Verrichtungsgehilfe
X = Verrichtungsgehilfe

b) Rechtswidrige unerlaubte Handlung
§ 823 I BGB durch X (+)

c) In Ausführung der Verrichtung (+)

d) Keine Exkulpation
Sowohl bzgl. Leitung der Arbeiten als auch bzgl. der Auswahl des X gelingt dem M der **dezentralisierte Entlastungsbeweis**: M hat die Pflichten auf Dritte (Y und P) übertragen und kann sich für diese exkulpieren.

III. Lösung

Fraglich ist, ob F gegen M wegen des verunreinigten Mantels einen Schadensersatzanspruch hat.

1. Vertraglicher Anspruch

In Betracht kommt ein vertraglicher Anspruch aus § 280 I BGB. § 280 I BGB wäre insoweit ohne die Verweisung § 634 Nr. 4 BGB anzuwenden, da der verursachte Schaden nichts mit einer Mangelhaftigkeit des Werkes zu tun hat.

Anmerkung: Auf den ersten Blick mag es bedeutungslos erscheinen, ob § 280 I BGB direkt oder über die (deklaratorische) Verweisung des § 634 Nr. 4 BGB zur Anwendung kommt.

Dies hat aber bei der Verjährung Bedeutung: § 634a BGB schreibt Sonderregelungen für die „in § 634 Nr. 1, Nr. 2, Nr. 4 BGB bezeichneten Ansprüche" vor. Das heißt: Findet § 280 I BGB – wie hier – unmittelbare Anwendung, gilt nicht § 634a BGB, sondern die allgemeinen §§ 195 ff. BGB!

Für einen Anspruch nach § 280 I BGB muss allerdings der Anspruchsteller Gläubiger, der Anspruchsgegner Schuldner eines Schuldverhältnisses sein. Der Werkvertrag wurde vorliegend zwischen M und E geschlossen, F war hieran nicht beteiligt.

Daher könnten dem F vertragliche Sekundäransprüche nur nach den Regeln über den **Vertrag mit Schutzwirkung zugunsten Dritter** zustehen. Hierbei wird – in Abweichung vom schuldrechtlichen Grundsatz der Relativität schuldrechtlicher Beziehungen – ein Dritter in den Schutzbereich eines Vertrages einbezogen und erhält bei Pflichtverletzungen Sekundäransprüche, als wäre er selbst Vertragspartner. Der Werkvertrag zwischen E und M könnte Schutzwirkung zugunsten des F entfalten.

Anmerkung: Umstritten ist, ob § 311 III BGB die seit langem anerkannten Regeln über den Vertrag zugunsten Dritter erfasst oder nicht.
Dagegen spricht, dass die in § 311 III S. 2 BGB genannten Beispiel nur die Fälle der Einbeziehung Dritter auf Seiten des *Verpflichteten*, nicht aber des *Berechtigten* nennen. Letztlich aber ein rein universitäres Problem, da der Vertrag mit Schutzwirkung zugunsten Dritter (notfalls als Gewohnheitsrecht) auf jeden Fall existiert.

Neben der Nähe des F zur Leistung des M (sog. *Leistungsnähe*) setzt dies aber eine besondere **Gläubigernähe** voraus, also eine besondere Beziehung zwischen F und E in Bezug auf die Leistung des M. Die von der Rechtsprechung früher verwendete „Wohl und Wehe"-Formel, wonach die Gläubigernähe nur bei einer besonderen Einstandspflicht des Gläubigers für den Dritten zu bejahen sei (z.B. Eltern gegenüber Kindern) gilt heute als überholt. Durch Auslegung der vertraglichen Vereinbarung wird ermittelt, ob und wenn ja welche Dritte in den Schutzbereich des Vertrages einbezogen sein sollen.

Es entspricht jedenfalls nicht dem Willen der Parteien M und E, dass jeder fremde Dritte, der als Passant mit den Arbeiten des M in Berührung kommen kann, vertraglich geschützt werden soll. Dies würde die Haftung des M über Gebühr ausweiten. Daher fehlt es an der sog. Gläubigernähe zugunsten des F, ein vertraglicher Sekundäranspruch scheidet daher aus.

Anmerkung: Die Bestimmung der Einbeziehung in den Schutzbereich durch Auslegung ist die dogmatisch sauberste Ansicht. Denn den privatautonomen Vertragsparteien bleibt es unbenommen, einen Dritten in den Schutzbereich eines geschlossenen Vertrages einzubeziehen. Ob und in welchem Umfang sie dies tun, ist eine reine Auslegungsfrage, die nach den §§ 133, 157 BGB zu behandeln ist.

2. Anspruch aus § 823 I BGB

In Betracht kommt ein Anspruch gegen M aus § 823 I BGB.

a) Rechtsgutsverletzung

Die Verunreinigung des Mantels des F stellt eine Verletzung dessen Eigentums und damit eine Rechtsgutsverletzung i.S.d. § 823 I BGB dar.

b) Kausale Handlung, Rechtswidrigkeit

Als kausale Handlung des M kann das Veranlassen seiner Mitarbeiter, die Malerarbeiten auszuführen, angesehen werden.

Da Rechtfertigungsgründe nicht ersichtlich sind, ist auch die Rechtswidrigkeit der Handlung zu bejahen.

c) Verschulden

§ 278 BGB findet auf § 823 I BGB keine Anwendung. Zum einen erweitert § 278 BGB nur das *Vertretenmüssen*, während § 823 I BGB Vorsatz oder Fahrlässigkeit und nicht ein Vertretenmüssen fordert. Zum anderen hat der Gesetzgeber für den Fall der von einem Dritten begangenen unerlaubten Handlung die Vorschrift des § 831 BGB geschaffen, die bei einer Anwendung von § 278 BGB umgangen würde.

Daher ist ein *eigenes* Verschulden des M erforderlich. Vorliegend kommt allenfalls Fahrlässigkeit i.S.d. §§ 823 I, 276 II BGB in Betracht.

aa) Zum einen besteht bei der Durchführung von Verputzarbeiten in der Nähe eines öffentlichen Fußgängerweges eine erhöhte **Verkehrssicherungspflicht**: Es ist sicherzustellen, dass hierbei Schäden Dritter ausgeschlossen sind. Dabei kommen auch Sicherungsvorkehrungen in Betracht, die ausschließen, dass fahrlässiges Verhalten von Arbeitern zu Schäden führen.

Z.B. könnte das Gerüst vorliegend bzgl. des Herunterfallens von Gegenständen nicht ausreichend gesichert sein. Allerdings ist es zulässig, dass der Betriebsinhaber die Einhaltung der Verkehrssicherungspflichten auf Angestellte überträgt. Ihn selbst trifft dann nur noch die Pflicht, nach Möglichkeit für die Einhaltung der übertragenen Verkehrssicherungspflicht zu sorgen, z.b. durch entsprechende Anweisung seiner Mitarbeiter.

Vorliegend ist bereits nicht ersichtlich, ob bei der Absicherung des Gerüstes Verkehrssicherungspflichten verletzt wurden. Jedenfalls hat M diese aber auf die Arbeiter vor Ort übertragen. Dass er seine verbleibende Überwachungs- und Organisationspflicht verletzt hat, ist nicht nachgewiesen.

Da den Geschädigten F i.R.d. § 823 I BGB die Beweislast für Fragen des Verschuldens trifft, kann somit insoweit ein fahrlässiges Verhalten des M nicht angenommen werden.

bb) Ebenso kann grundsätzlich ein Fahrlässigkeitsvorwurf daraus erwachsen, dass eine **nicht geeignete Person** mit der Durchführung von Arbeiten betraut wird. Dass P vorliegend die Bewerbungsunterlagen des X offenbar nicht hinreichend geprüft hat, könnte eine Sorgfaltspflichtwidrigkeit darstellen.

Allerdings hat M seine insoweit bestehende Sorgfaltspflicht auf den Personalchef P übertragen. Im Verblieb daher auch insoweit nur eine Organisations- und Überwachungspflicht. Dieser ist er durch Auswahl und Anweisung des P hinreichend nachgekommen, so dass es auch insoweit an einer dem M vorzuwerfenden Fahrlässigkeit fehlt.

Damit fehlt es an einem Verschulden des M, ein Anspruch aus § 823 I BGB scheidet aus.

3. Anspruch aus § 831 I S. 1 BGB

In Betracht kommt jedoch ein Anspruch aus § 831 I S. 1 BGB.

a) Verrichtungsgehilfe

X handelte weisungsgebunden mit Wissen und Wollen des M und war daher als dessen Verrichtungsgehilfe anzusehen.

b) Rechtswidrige unerlaubte Handlung

X hat das Eigentum des F durch sein Handeln kausal und rechtswidrig verletzt und damit eine widerrechtliche unerlaubte Handlung nach § 823 I BGB begangen. Auf ein Verschulden des X kommt es bei der Haftung nach § 831 I S. 1 BGB nicht an.

c) In Ausführung der Verrichtung

X hat die unerlaubte Handlung gerade in Ausführung der Verrichtung und nicht nur bei bloßer Gelegenheit derselben begangen.

d) Keine Exkulpation

Fraglich ist allerdings, ob sich M nach § 831 I S. 2 BGB exkulpieren kann. Ob bei der **Leitung der Arbeiten** am Haus des E die hinreichende Sorgfalt beachtet wurde, ist dem Sachverhalt nicht mit letzter Gewissheit zu entnehmen; evtl. wäre eine Absicherung des Gerüsts erforderlich und möglich gewesen (s.o.). Allerdings ist es auch bei § 831 I S. 2 BGB dem Geschäftsherrn möglich, seine Sorgfaltspflichten auf Dritte zu übertragen.

Tut er dies, muss er sich nur noch dahingehend entlasten, den mit der Leitung beauftragten Angestellten hinreichend überwacht und ausgewählt zu haben (sog. dezentralisierter Entlastungsbeweis). M hatte den Malermeister Y mit der Leitung der Arbeiten am Haus des E betraut. Er wird sich dahingehend entlasten können, Y ausreichend angewiesen und ausgewählt zu haben.

Bei der **Auswahl des X** kann sich M in gleicher Weise entlasten: Die diesbezüglichen Sorgfaltspflichten hat er seinem Personalchef P übertragen. M kann sich dahingehend entlasten, den P hinreichend angeleitet und ausgewählt zu haben.

Gegen die Möglichkeit des dezentralisierten Entlastungsbeweises spricht auch nicht eine ungerechtfertigte Bevorzugung von Großbetrieben.

Es muss möglich sein, eine Hierarchie bei der Aufgabenverteilung zu schaffen und dem Betriebsinhaber auf diese Weise seine Pflichten abzunehmen.

Da es bei § 831 I S. 1 BGB nicht um eine Verschuldenszurechnung, sondern um eine Haftung für *Eigen*verschulden geht, muss der in der Hierarchie höherstehende nur für Auswahl und Anleitung der *eine Stufe niedriger* stehenden Angestellten haften. Was darüber hinausgeht, ist nicht mehr sein eigener Pflichtenkreis, so dass ihm hieraus ein Verschuldensvorwurf nicht erwachsen kann.

Damit scheidet aufgrund der möglichen Exkulpation nach § 831 I S. 2 BGB auch ein Anspruch gegen M aus § 831 I S. 1 BGB aus.

Ergebnis: F hat gegen M keine Ansprüche.

Anmerkung: Letztlich haftet der Geschäftsherr bei Verletzung der in § 831 I S. 2 BGB genannten Sorgfaltspflichten auch aus § 823 I BGB als mittelbarer Schädiger. Der wesentliche Unterschied liegt jedoch in der Beweislast: § 831 I S. 2 BGB kehrt die Beweislast für das Verschulden des Geschäftsherren um und erlegt ihm eine Entlastungspflicht auf!

IV. Zusammenfassung

Sound: Sowohl bei § 823 I BGB als auch bei § 831 I S. 1 BGB ist eine Übertragung von Sorgfaltspflichten möglich. Dann haftet der Übertragende nur noch für Auswahl und Überwachung des mit der Wahrnehmung der Sorgfaltspflichten betrauten. Bei § 831 I S. 2 BGB nennt man die Exkulpation für *diesen* Mitarbeiter einen dezentralisierten Entlastungsbeweis.

hemmer-Methode: Bei der Produzentenhaftung wird die Möglichkeit des dezentralisierten Entlastungsbeweises von der Rechtsprechung allerdings nicht zugelassen. Hier muss der Produzent erhöhte Anstrengungen unternehmen, um nachzuweisen, wirklich alles zur Vermeidung von Fabrikations-, Konstruktions- und Instruktionsfehlern getan zu haben.

V. Zur Vertiefung

- Hemmer/Wüst, Deliktsrecht I, Rn. 178 ff.
- Hemmer/Wüst, Deliktsrecht Karteikarte Nr. 60 ff.

Kapitel XI: Die Haftung nach § 833 BGB

Fall 38: Grundlagen zu § 833 BGB; Begriff des „Haustiers"

Sachverhalt:

F ist Eigentümer einer großen Grundstücksfläche in Niederbayern, die sich zu einem Großteil auf einen angrenzenden Wald erstreckt. Auf diesem Grundstück hat er durch das Aufstellen eines Wildzaunes ein großräumiges Gehege errichtet und hält in diesem – in Einklang mit öffentlich-rechtlichen Bestimmungen – zahlreiche Hirsche, Rehe und Wildschweine zum Zwecke gewerblicher Fleischerzeugung.

Eines Tages versäumt es der F, der gerade einen Rundgang durch das Gehege gemacht hat, eines der Gattertore richtig zu verschließen; so kommt es, dass kurz darauf einer der Hirsche durch dieses Tor das Gehege verlässt. Als das Tier eine Bundesstraße überqueren will, wird es vom PKW des G erfasst. G hatte dem Tier trotz aller Vorsicht nicht mehr ausweichen können. G lässt den Schaden an seinem PKW (Wiederbeschaffungskosten: 15.000 €) für 2.000 € reparieren und fordert in dieser Höhe von F Ersatz.

Frage: Zu Recht? Rechtsnormen außerhalb des BGB bleiben für die Bearbeitung außer Betracht.

I. Einordnung

Die Tierhalterhaftung nach § 833 BGB nimmt i.R.d. §§ 823 ff. BGB eine besondere Stellung ein: § 833 S. 1 BGB enthält nämlich eine verschuldensunabhängige Haftung (sog. Gefährdungshaftung). Die (mit § 831 I S. 2 BGB vergleichbare) Exkulpationsmöglichkeit des § 833 S. 2 BGB gilt nur für Haustiere, so dass es bei den übrigen Tieren bei der Gefährdungshaftung des § 833 S. 1 BGB bleibt.

Die Haftung nach § 833 BGB taucht im Examen immer mal wieder auf. Jedenfalls sollte man, ist ein Tier an einem Schadensereignis beteiligt, immer an § 833 BGB denken, ebenso wie man bei Beteiligung eines Kraftfahrzeuges immer Ansprüche nach den §§ 7 ff. StVG in Erwägung ziehen sollte.

II. Gliederung

1. Anspruch nach § 833 S. 1 BGB

a) Rechtsgutsverletzung
(+), Eigentumsbeschädigung zu Lasten des G

b) Durch ein Tier
Kausalität (+), Realisierung der spezifischen Tiergefahr (+)

c) Anspruchsgegner ist Halter
F ist Halter der Hirsche, Rehe und Wildschweine seines Geheges

d) Keine Exkulpation
Bereits Haustiereigenschaft des Hirsch fraglich, da kein zahmes, sondern nur ein gezähmtes Tier. Jedenfalls Exkulpation (-), da F seinen Verkehrssicherungspflichten durch das unsachgemäße Verschließen des Tores nicht ausreichend nachgekommen ist.

e) Ersatzfähiger Schaden
2.000 € Reparaturkosten nach § 249 II S. 1 BGB ersatzfähig.

2. Anspruch nach § 823 I BGB

a) Rechtsgutverletzung (+)

b) Verletzungshandlung
Schwerpunkt der Vorwerfbarkeit liegt auf einem Unterlassen des F; Pflicht zum Handeln ergab sich aus der Verkehrssicherungspflicht

c) Kausalität, Rechtswidrigkeit, Verschulden (+)

d) Ersatzfähiger Schaden
2.000 € nach § 249 II S. 1 BGB ersatzfähig

III. Lösung

Fraglich ist, ob G von F Ersatz der Reparaturkosten von 2.000 € verlangen kann.

1. Anspruch nach § 833 S. 1 BGB

Ein solcher Anspruch könnte sich aus § 833 S. 1 BGB ergeben.

a) Rechtsgutverletzung

Eine Beschädigung der in § 833 S. 1 BGB genannten Rechtsgüter ist in Gestalt einer Beschädigung des Eigentums des G an seinem PKW eingetreten.

b) Durch ein Tier

Der unfallbeteiligte Hirsch ist ein Tier i.S.v. § 833 S. 1 BGB.

Die Rechtsgutverletzung muss *durch* das Tier verursacht worden sein; hier ist insbesondere auch die **haftungsbegründende Kausalität** des Tierverhaltens für die Rechtsgutverletzung zu prüfen.

Diese ist vorliegend unproblematisch zu bejahen: Der Unfall wurde durch das Treten des Hirsches auf die Fahrbahn verursacht.

Da es sich bei § 833 S. 1 BGB – jedenfalls bei Tieren, die keine Haustiere i.S.v. § 833 S. 2 BGB sind – um eine Art der Gefährdungshaftung handelt, scheidet eine solche Haftung aus, wenn die Rechtsgutverletzung keine Realisierung der von der Haftungsnorm erfassten spezifischen Gefahr darstellt. Daher muss das Schadensereignis bei § 833 S. 1 BGB eine Verwirklichung der **spezifischen Tiergefahr** darstellen.

Anmerkung: Dieses Erfordernis könnte – dogmatisch sauber – auch i.R.d. haftungsbegründenden Kausalität unter dem Gesichtspunkt „Schutzzweck der Norm" geprüft werden, wird aber üblicherweise als eigenständiger Prüfungspunkt „ausgelagert".
Greifen Sie auf Bekanntes zurück: Bei der Haftung nach § 7 I StVG, ebenfalls einer Gefährdungshaftung, muss die Verwirklichung der spezifischen Gefahr ebenfalls geprüft werden: Dies geschieht dort unter dem Prüfungspunkt „bei Betrieb".

Die spezifische Tiergefahr liegt in der Unberechenbarkeit tierischen Verhaltens und den daraus resultierenden Gefahren. Hierzu gehört auch, dass ein Tier ohne Rücksicht auf den Straßenverkehr auf die Fahrbahn tritt. Damit hat sich die spezifische Tiergefahr vorliegend realisiert.

Anmerkung: Bei diesem Prüfungspunkt geht es letztlich um das Ausscheiden atypischer Ereignisse, die mit der Unberechenbarkeit des Tieres nichts mehr zu tun haben.

Hierzu zählt etwa das gezielte Hetzen eines Tieres auf einen Menschen etc.

c) Anspruchsgegner ist Halter

§ 833 S. 1 BGB begründet die Haftung des Tierhalters; F müsste daher Halter des fraglichen Hirsches sein.

Tierhalter ist, wer mit der Absicht einer gewissen Dauer in eigenem Interesse und aufgrund einer tatsächlichen Herrschaftsbeziehung durch Gewährung von Obdach und Unterhalt die Sorge für ein Tier übernommen hat. Dabei kommt es auf die rechtlichen Eigentumsverhältnisse nicht an. In objektiver Hinsicht ist ein **tatsächliches Herrschaftsverhältnis** und in subjektiver Hinsicht ein entsprechender **Halterwille** erforderlich.

F hatte zu allen in seinem Gehege befindlichen Hirschen, Rehen und Wildschweinen eine hinreichende tatsächliche Herrschaftsbeziehung. Anderenfalls wäre ja auch eine Nutzung der Tiere zur Fleischerzeugung nicht möglich. Da dem auch ein entsprechender subjektiver Halterwille zugrunde lag, ist F als Halter des unfallbeteiligten Hirsches anzusehen.

Anmerkung: Das Herrschaftsverhältnis setzt Einwirkungsmöglichkeiten auf das jeweilige Tier voraus, was man angesichts der Größe des Geheges bezweifeln könnte. Allerdings werden die Tiere ja zur Fleischerzeugung genutzt, so dass notwendigerweise die Möglichkeit bestehen muss, einzelne Tiere aus dem Gehege herauszunehmen. Dies genügt für ein hinreichend starkes Herrschaftsverhältnis.

d) Keine Exkulpation

aa) Gelingt die Exkulpation nach § 833 S. 2 BGB, scheidet eine Haftung nach § 833 BGB aus. Allerdings besteht die Exkulpationsmöglichkeit des § 833 S. 2 BGB ausweislich des klaren Wortlauts nur für **Haustiere**. Daher ist fraglich, ob es sich bei dem unfallbeteiligten Hirsch um ein Haustier in diesem Sinne handelt.

Haustiere sind nur **zahme Tiere**, die vom Menschen in seiner Wirtschaft zu seinem Nutzen gezogen und gehalten werden und über die der Tierhalter die tatsächliche Verfügungsgewalt hat. Dabei spielt auch der allgemeine Sprachgebrauch eine besondere Rolle. So sind z.B. Pferd, Esel, Rind, Schwein, Ziege, Schaf, Hund und Katze als Haustiere anzusehen.

Nicht zu den Haustieren zählen hingegen **gezähmte Tiere**. Zu diesem Typ wird von der herrschenden Auffassung auch Wild gezählt, selbst wenn es in einem Gehege gehalten wird. Damit kommt vorliegend eine Exkulpation von vorne herein nicht in Betracht, da der Hirsch nicht als Haustier i.S.v. § 833 S. 2 BGB anzusehen ist.

Allerdings ist die Unterscheidung zwischen zahmen und gezähmten Tieren durchaus fließend und mit einiger Unsicherheit behaftet. Die Unterschiede zum im Gehege gehaltenen Geflügel (nach h.M. Haustiereigenschaft zu bejahen) erscheint nicht als besonders groß.

Eine endgültige Beantwortung der Frage nach der Haustiereigenschaft kann allerdings dahingestellt bleiben, wenn selbst bei Bejahung derselben eine Exkulpation nach § 833 S. 2 BGB ausscheidet. Dies ist im Folgenden zu prüfen.

Anmerkung: Eine im Examen sehr beliebte Struktur: Der Kandidat soll das rechtliche Problem erkennen und ansprechend argumentieren, gerade auch dann wenn er kein gelerntes Wissen vorweisen kann. Wie er sich dann entscheidet, ist für das Ergebnis dann nicht relevant, weil der Anspruch auch aus anderen Gründen gegeben ist.
So kann das Argumentieren am unbekannten Rechtsproblem bewertet werden, ohne dass die Gefahr besteht, dass sich der Kandidat trotz ansprechender Argumentation gegen die h.M. entscheidet und sich dadurch aus der Klausur „herausschießt". Wenn Sie in der Klausur eine solche Struktur erkennen, haben Sie bereits viel gewonnen!

bb) Zweifelhaft ist, ob F bei der Aufsicht des Tieres tatsächlich die verkehrsübliche Sorgfalt beachtet hat, § 833 S. 2 Alt. 1 BGB.

Der Gesetzgeber sieht in Tieren ein spezifisches Gefährdungspotential, was Anlass für die Haftung des § 833 BGB gegeben hat. Wer durch das Halten eines Tieres eine derartige Gefahrenquelle eröffnet, der muss alles tun, um Realisierungen der Tiergefahr in Gestalt von Rechtsgutsverletzungen abzuwenden; in trifft eine besondere **Verkehrssicherungspflicht**.

Gerade bei Wild ist es nahe liegend, dass dieses ohne Beachtung des Straßenverkehrs auf eine Fahrbahn tritt und so Verletzungsgefahren der Verkehrsteilnehmer begründet. Daher beinhaltet die Verkehrssicherungspflicht des Tierhalters, Schutzvorkehrungen hiergegen zu treffen. Dies ist seitens des F durch das Einzäunen des Geheges grundsätzlich geschehen; im konkreten Fall hat F allerdings das Tor des Geheges nicht richtig verschlossen, so dass Tiere das Gehege verlassen konnten.

Damit hat er seine Verkehrssicherungspflicht als Tierhalter im konkreten Fall verletzt und sorgfaltspflichtwidrig gehandelt. Bei pflichtgemäßem Abschließen des Tores wäre der Schaden des G nicht eingetreten, so dass auch die Exkulpationsmöglichkeit des § 833 S. 2 BGB ausscheidet.

Im Ergebnis scheidet daher eine Exkulpation des F aus, selbst wenn es sich bei dem Hirsch um ein Haustier i.S.v. § 833 S. 2 BGB handeln würde.

e) Ersatzfähiger Schaden

Der zu ersetzende Schaden bestimmt sich nach den §§ 249 ff. BGB. Die Kosten der Reparatur des beschädigten PKW sind nach § 249 II S. 1 BGB ersatzfähig. Da diese deutlich unter der Grenze von 130% des Wiederbeschaffungswertes liegen, bestehen keine Zweifel an der „Erforderlichkeit" des zu ersetzenden Betrages von 2.000 € i.S.v. § 249 II S. 1 BGB.

Anmerkung: Lassen Sie durchscheinen, dass Sie mit der sog. Integritätsgrenze von 130% umgehen können. Genau aus diesem Grund wurde im Sachverhalt der Wiederbeschaffungswert angegeben! Da hierin aber ersichtlich nicht das Problem des Falles liegt, sollte man sich nicht zu sehr in der Problematik vertiefen.

2. Anspruch nach § 823 I BGB

Ein Schadensersatzanspruch könnte sich zusätzlich auch aus § 823 I BGB ergeben.

a) Rechtsgutsverletzung

Seitens des G liegt eine Rechtsgutsverletzung in Gestalt einer Eigentumsbeschädigung an seinem PKW vor.

b) Verletzungshandlung

Fraglich ist jedoch, ob diesbezüglich eine rechtlich relevante Verletzungshandlung des F vorlag.

F hat das Tor zu dem Tiergehege nicht richtig verschlossen. Hierbei könnte es sich aufgrund des Unterbliebenen ordnungsgemäßen Verschließens um ein Unterlassen handeln; denkbar wäre aber auch, in dem Verhalten des F, der ja aktiv tätig wurde indem er versuchte das Tor zu schließen, ein positives Tun zu sehen. In einem solchen Zweifelsfall ist bei der Abgrenzung zwischen positivem Tun und Unterlassen auf den Schwerpunkt der Vorwerfbarkeit abzustellen.

Dieser liegt hier ersichtlich darin, dass ein ordnungsgemäßes Verschließen des Tores unterblieben ist, weshalb ein Unterlassen im Rechtssinne vorliegt.

Anmerkung: Probleme schaffen, nicht wegschaffen! Meist ist es ratsam, in Zweifelsfällen von einem Unterlassen anstelle von einem positiven Tun auszugehen. Dann muss nämlich ein weiteres Problem, die Verletzung einer Handlungspflicht, behandelt werden.

Ein Unterlassen ist aber nur rechtlich relevant, wenn eine Rechtspflicht zum Tätigwerden bestand. Diese ergab sich vorliegend aus der Verkehrssicherungspflicht des F, die ihm ein ordnungsgemäßes Verschließen des Geheges gebot (s.o.).

Daher ist eine Verletzungshandlung des F in Form eines Unterlassens gegeben.

c) Kausalität, Rechtswidrigkeit, Verschulden

Dieses Unterlassen war kausal für die eingetretene Rechtsgutsverletzung. Hätte F das Gehege ordnungsgemäß verschlossen, wäre der Zusammenstoß mit dem Hirsch und damit der Schaden des G ausgeblieben. F handelte ferner rechtswidrig.

Da F seine Verkehrssicherungspflicht verletzt hat, handelte er nicht mit der verkehrsüblichen Sorgfalt und damit fahrlässig, vgl. § 276 II BGB.

d) Ersatzfähiger Schaden

Die Reparaturkosten von 2.000 € sind nach § 249 II S. 1 BGB ersatzfähig, es gilt das oben Gesagte entsprechend.

Ergebnis: G kann von F Ersatz der 2.000 € verlangen.

IV. Zusammenfassung

Sound: § 833 BGB ist bzgl. Haustieren aufgrund der Exkulpationsmöglichkeit des § 833 S. 2 BGB eine Haftung für vermutetes Eigenverschulden. Bzgl. anderer Tiere beinhaltet § 833 S. 1 BGB eine verschuldensunabhängige Gefährdungshaftung.
Haustiere können nur zahme Tiere sein; Wild gehört allenfalls zur Gruppe der gezähmten Tiere und kann niemals Haustier i.S.d. § 833 S. 2 BGB sein.

hemmer-Methode: Vorliegend war die Prüfung auf Normen im BGB beschränkt. Denkbar wäre nämlich noch ein Verstoß gegen § 28 I StVO, wonach Tiere von Fahrbahnen fern zu halten sind; dies könnte vorliegend über § 823 II BGB zu einem weiteren Anspruch führen. Kommentieren Sie sich sicherheitshalber (in zulässiger Weise) den § 28 StVO an den Rand des § 833 BGB in Ihr Gesetz!

V. Zur Vertiefung

- Hemmer/Wüst, Deliktsrecht II, Rn. 223 ff.
- Hemmer/Wüst, Deliktsrecht Karteikarte Nr. 71 ff.
- Realisiert sich eine typische Tiergefahr, lässt sich aber nicht mehr ermitteln, durch welches von mehreren „beteiligten" Tieren der Schaden verursacht wurde, findet § 830 I S. 2 BGB analoge Anwendung, OLG München, Life&Law 2013, 170 ff.

Fall 39: Anwendbarkeit von § 830 BGB; § 843 IV BGB analog

Sachverhalt:

Studienrat S geht an einem Sonntagnachmittag mit seinem Pudel an der Leine spazieren. Plötzlich reißt sich der sonst friedliche Pudel ruckartig los, so dass dem überraschten S das Ende der Leine aus der Hand rutscht. Der Pudel läuft auf den nicht angeleinten Foxterrier des Spaziergängers X zu und verwickelt diesen in eine Balgerei; dabei geraten die Tiere in die Nähe des fünfjährigen K, der mit seinen Eltern M und F unterwegs war. K wird in den Oberschenkel gebissen; welcher der Hunde zugebissen hat, lässt sich nicht mehr aufklären.

K muss im Krankenhaus versorgt werden, seine Eltern M und F bringen den erforderlichen Betrag von 500 € selbst auf.

Prüfen Sie die Ansprüche des K gegen S sowie die Ansprüche der M und F gegen S! Leistungen von Kranken- oder Haftpflichtversicherungen bleiben außer Betracht.

I. Einordnung

Ein Fall, der (mit gewissen Abwandlungen) in den neunziger Jahren im bayerischen Staatsexamen lief. Klausursachverhalte müssen nicht lang sein, um juristisch anspruchsvoll zu werden. Im Gegenteil: Meist sind es die kurzen Fälle, die es „in sich haben".

II. Gliederung

1. Ansprüche des K gegen S

a) § 823 I BGB

aa) Rechtsgutverletzung (+)

bb) Verletzungshandlung
Spazieren gehen des S mit seinem Pudel

cc) Haftungsbegründende Kausalität
(+), insbesondere Zurechnungszusammenhang auch nicht durch evtl. pflichtwidriges Verhalten des X durchbrochen

dd) Rechtswidrigkeit (+),
aber **Verschulden** des S (-)

b) § 833 S. 1 BGB

aa) Rechtsgutverletzung (+)

bb) Durch ein Tier
Verhalten des Pudels war zurechenbar kausal für den Biss, selbst wenn der Foxterrier den K gebissen haben sollte
Verwirklichung der spezifischen Tiergefahr des Pudels (+)

cc) Anspruchsgegner ist Halter
S ist Halter des Pudels

dd) Keine Exkulpation
(-), da Pudel nicht dem Beruf / der Erwerbstätigkeit des S dient

ee) Ersatzfähiger Schaden
§ 249 II S. 1 BGB; kein Vorteilsausgleich durch Zahlung der unterhaltspflichtigen Eltern, § 843 IV BGB analog;
daher voller Anspruch des K gegen S i.H.v. 500 €.

c) § 830 I S. 2 BGB

(-), da Kausalität des Verhaltens des Pudels feststeht

2. Ansprüche der M und F gegen S

a) § 823 I BGB

(-), da kein eigenes Rechtsgut der Eltern verletzt wurde

b) § 426 I, II BGB

Wegen § 843 IV BGB keine Erfüllungswirkung der Zahlung der Eltern zugunsten des S; mangels **wechselseitiger Tilgung**swirkung daher kein Gesamtschuldverhältnis

c) §§ 683 S. 1, 670 BGB

Wegen § 843 IV BGB hat sich die Zahlung von M und F zugunsten der Verbindlichkeit des S nicht ausgewirkt, so dass ein Geschäft des S nicht geführt wurde.

d) § 812 I S. 1 Alt. 2 BGB

Wegen § 843 IV BGB analog hat S durch die Zahlung der Eltern nichts erlangt.

e) § 255 BGB analog

Ausdruck des allgemeinen schadensersatzrechtlichen Bereicherungsverbotes; Voraussetzungen der Analogie (+)

⇨ M und F haben gegen K aus § 255 BGB analog Anspruch auf Abtretung dessen Schadensersatzanspruches gegen S.

III. Lösung

1. Ansprüche des K gegen S

Fraglich ist, ob dem K gegen S Ansprüche zustehen; dabei kommen nur Schadensersatzansprüche in Betracht.

a) § 823 I BGB

Denkbar ist zunächst ein Anspruch aus § 823 I BGB.

aa) Rechtsgutsverletzung

K wurde durch den behandlungsbedürftigen Hundebiss an Körper und Gesundheit verletzt, so dass eine Verletzung von in § 823 I BGB genannten Rechtsgütern vorliegt.

bb) Verletzungshandlung

Als Verletzungshandlung des S kommt dessen Spazieren gehen mit dem Pudel in Betracht.

cc) Haftungsbegründende Kausalität

Die äquivalente Kausalität ist zu bejahen: Wäre S nicht mit seinem Pudel spazieren gegangen, wäre es zu der Verletzung des K nicht gekommen, da dann auch die zu dem Biss führende Balgerei zwischen den Tieren nicht stattgefunden hätte.

Auch lag der Kausalverlauf nicht außerhalb jeder Lebenserfahrung, so dass der Adäquanzformel Genüge getan ist.

Jedoch kommt eine Unterbrechung des Zurechnungszusammenhangs aus Wertungsgründen in Betracht, sog. **Schutzzweck der Norm**. Als Ansatzpunkt könnte das Verhalten des Halters des Foxterriers X gewählt werden: Dieser hat sich bzgl. der Aufsicht auf seinen Hund möglicherweise pflichtwidrig verhalten, indem er diesen nicht angeleint führte. Ein solches Drittschädigerverhalten ist jedoch grundsätzlich nicht geeignet, einen Zurechnungszusammenhang zu unterbrechen; gerade bei einem nur fahrlässigen Fehlverhalten Dritter – von dem hier mangels Anhaltspunkten zu Lasten des X allenfalls ausgegangen werden kann – bleibt es bei der Zurechnung.

Denn es wäre nicht sachgerecht, wenn bei einem zusammenwirkenden Fehlverhalten mehrerer Personen durch das Fehlverhalten des jeweils anderen der Zurechnungszusammenhang unterbrochen würde, so dass eine Haftung bei keinem der Beteiligten mehr bestünde.

Daher ist die haftungsbegründende Kausalität des Verhaltens des S zu bejahen.

dd) Rechtswidrigkeit, Verschulden

Mangels in Betracht kommender Rechtfertigungsgründe handelte S rechtswidrig.

Allerdings handelte S in Bezug auf die Rechtsgutverletzung des K nicht vorsätzlich; für eine Fahrlässigkeit fehlt es an einem ersichtlichen sorgfaltspflichtwidrigen Verhalten, vgl. § 276 II BGB. S hatte seinen Hund angeleint; mit dem Losreißen des Tieres konnte und musste S nicht rechnen.

Daher fehlt es an einem Verschulden des S, so dass ein Anspruch gegen ihn aus § 823 I BGB ausscheidet.

Anmerkung: Dieses fehlende Verschulden war nach dem Sachverhalt derart offensichtlich, dass Sie diese Frage auch hätten „nach vorne ziehen" können.

b) § 833 S. 1 BGB

Ein Anspruch des K gegen S könnte sich jedoch nach den Grundsätzen der Tierhalterhaftung aus § 833 S. 1 BGB ergeben.

aa) Rechtsgutverletzung

K wurde an Körper und Gesundheit verletzt

bb) Durch ein Tier

Fraglich ist aber, ob dies auch „durch ein Tier" geschah. Da S nur als Halter des Pudels in Betracht kommt, müsste die Verletzung des K durch den Pudel des S bewirkt worden sein.

Dies setzt zunächst eine **Kausalbeziehung** zwischen dem Verhalten des Pudel und der eingetretenen Rechtsgutverletzung voraus. Hieran könnte man aufgrund der Tatsache zweifeln, dass nicht sicher ist, welcher der beiden Hunde den zur Verletzung des K führenden Biss getätigt hat.

Allerdings hat der Pudel durch sein Verhalten die Balgerei mit dem Terrier verursacht und diese wiederum hat zu dem Biss und der Verletzung des K geführt. Damit war das Verhalten des Pudels äquivalent und adäquat kausal für die Verletzung des K, selbst wenn der Terrier den K gebissen haben sollte. Selbst in diesem Fall wäre auch der Zurechnungszusammenhang nicht unterbrochen: Durch einen eventuellen Biss des Terriers gegenüber dem K hätte sich nur die Gefahr verwirklicht, die der Pudel durch sein Verhalten geschaffen hat. Damit liegt trotz der verbliebenen Sachverhaltszweifel eine hinreichende Kausalbeziehung zwischen dem Verhalten des Pudels und der eingetretenen Rechtsgutverletzung vor.

Dabei hat sich auch die **spezifische Tiergefahr** des Pudels realisiert:

Ein plötzliches Losreißen und das Angreifen eines anderen Hundes gehört als Ausdruck der allgemeinen Unberechenbarkeit tierischen Verhaltens zu den typischen Risiken der Tierhaltung.

cc) Anspruchsgegner ist Halter

S ist nach dem Sachverhalt Halter des Pudels.

dd) Keine Exkulpation

Zwar ist der Pudel als zahmes Tier Haustier i.S.v. § 833 S. 2 BGB. Jedoch diente er nicht dem Beruf, der Erwerbstätigkeit oder dem Unterhalt seines Halters S. Dies ist jedoch nach dem Gesetzeswortlaut des § 833 S. 2 BGB zwingende Voraussetzung einer Exkulpationsmöglichkeit nach § 833 S. 2 BGB

Also kann sich S mangels Einschlägigkeit der Vorschrift nicht nach § 833 S. 2 BGB exkulpieren.

ee) Ersatzfähiger Schaden

(1) Die Kosten der erforderlich gewordenen Heilbehandlung des K in Höhe von 500 € sind nach **§ 249 II S. 1 BGB** ersatzfähig.

(2) Allerdings wurde dieser Betrag bereits von M und F, den Eltern des K, aufgewendet. Denkbar wäre deshalb, einen **Vorteilsausgleich** in dieser Höhe vorzunehmen, so dass der gegenüber S ersatzfähige Schaden des K entfiele.

Die Vornahme eines Vorteilsausgleich hängt neben dem Vorliegen eines auf dem Schadensereignis beruhenden Vermögensvorteils insbesondere auch von Wertungsgesichtspunkten ab: Der Vorteilsausgleich darf nicht zu einer unbilligen Entlastung des Schädigers bzw. zu einer unbilligen Belastung des Geschädigten führen.

Die Problematik der Zahlung einer unterhaltspflichtigen Person an den Geschädigten hat in § 843 IV BGB eine Regelung gefunden:

Danach wird ein Schadensersatzanspruch nicht dadurch ausgeschlossen, dass ein Dritter aufgrund einer bestehenden Unterhaltspflicht gegenüber dem Geschädigten an diesen Zahlungen leistet; rechtlich bedeutet dies, dass ein Vorteilsausgleich bzgl. dieser Zahlungen auszuscheiden hat.

Anmerkung: Prägen Sie sich die Kurzformel ein: „§ 843 IV BGB = kein Vorteilsausgleich"!

Dieser Rechtsgedanke ist durch analoge Anwendung des § 843 IV BGB auch auf andere Fälle des Schadensersatzes zu übertragen. Es ist unbillig, Unterhaltsleistungen zu Lasten des Geschädigten anspruchsmindernd im Wege des Vorteilsausgleiches heranzuziehen. Daher kommt ein Vorteilsausgleich bzgl. der von den nach § 1601 BGB gegenüber dem K unterhaltspflichtigen Eltern M und F nicht in Betracht.

Also kann K von S nach § 833 S. 1 BGB Schadensersatz in Höhe von 500 € verlangen.

c) § 830 I S. 2 BGB

Ferner kommt ein Anspruch des K gegen S aus § 830 I S. 2 BGB in Betracht. Die Vorschrift findet auf alle unerlaubten Handlungen und damit auch auf diejenige nach § 833 S. 1 BGB Anwendung.

§ 830 I S. 2 BGB setzt allerdings verbleibende Kausalitätszweifel voraus. Hier steht aber fest, dass nach allen denkbaren Sachverhaltsalternativen – also auch bei einem Biss durch den Foxterrier des X – die Kausalität des Verhaltens des Pudels feststeht (s.o.). Daher ist § 830 I S. 2 BGB unanwendbar.

Anmerkung: Die beliebte Falle: Der Sachverhalt „schreit" förmlich nach § 830 I S. 2 BGB, jedoch ist die Kausalität bei näherem Hinsehen doch zu bejahen und § 830 I S. 2 BGB daher gar nicht einschlägig.

d) Ergebnis zu 1.

Also kann K von S Schadensersatz in Höhe von 500 € verlangen.

2. Ansprüche der M und F gegen S

Fraglich ist allerdings, ob auch M und F, den Eltern des K, Ersatzansprüche gegen S zustehen.

a) § 823 I BGB

Ein Anspruch der Eltern aus § 823 I BGB scheidet mangels einer eigenen Rechtsgutsverletzung der Eltern aus. Die körperliche Unversehrtheit des eigenen Kindes ist kein von § 823 I BGB geschütztes absolutes Recht der Eltern. § 823 I BGB setzt aber eine Verletzung *eigener* Rechtsgüter voraus.

b) § 426 I, II BGB

M und F schuldeten dem K aufgrund dessen Unterhaltsanspruches aus § 1601 BGB die Zahlung der 500 €, S schuldete dem K ebenfalls 500 € aus § 833 S. 1 BGB. Es liegt daher nahe, von einer Gesamtschuld von M und F einerseits und S andererseits auszugehen, §§ 421 ff. BGB.

Dies hätte einen Ausgleichsanspruch der Eltern gegen S aus § 426 I BGB zur Folge; in dessen Höhe wäre auch der Anspruch des S gegen K aus § 833 S. 1 BGB im Wege der Legalzession nach § 426 II BGB auf die Eltern übergegangen.

Bei einer Gesamtschuld muss jedoch die Zahlung eines Gesamtschuldners zur Erfüllung auch gegenüber dem Gesamtschuldner führen, § 422 I S. 1 BGB. Diese sog. **wechselseitige Tilgungswirkung** ist prägend für Gesamtschuldverhältnisse.

Das Tragen der 500 € durch die Eltern hatte aber im vorliegenden Fall wegen § 843 IV BGB keine Auswirkung auf die Verbindlichkeit des S (s.o.). Daher fehlt es an einer wechselseitigen Tilgungswirkung und eine Gesamtschuld liegt nicht vor.

Daher kommt eine Anwendung von § 426 I und II BGB nicht in Betracht.

c) §§ 683 S. 1, 670 BGB

Denkbar erscheint ein Aufwendungsersatzanspruch der Eltern nach den Regeln der Geschäftsführung ohne Auftrag aus §§ 683 S. 1, 670 BGB.

Fraglich ist dabei insbesondere die Führung eines fremden Geschäfts durch die Eltern i.S.v. § 677 BGB durch die Zahlung der Behandlungskosten. Zwar schuldeten sie aufgrund ihrer Unterhaltpflicht diese Zahlung selbst; jedoch ließe sich argumentieren, dass auch S zur Zahlung verpflichtet war (s.o.) und die Eltern daher zumindest ein sog. auch-fremdes Geschäft geführt haben. Für ein solches ist zwar wiederum der Fremdgeschäftsführungswille fraglich; ein solcher wird aber von einer weit verbreiteten Auffassung beim auch-fremden Geschäft in gleicher Weise wie beim nur-fremden Geschäft vermutet.

Allerdings: Wegen § 843 IV BGB analog konnten M und F die Verpflichtung des S gegenüber K gar nicht zum Erlöschen bringen. Damit haben sie dessen Geschäft, die Erfüllung des Anspruches gegenüber K, gar nicht geführt.

Daher liegt keine Geschäftsführung ohne Auftrag vor.

d) § 812 I S. 1 Alt. 2 BGB

Ein bereicherungsrechtlicher Rückgriffsanspruch der Eltern gegen den S würde zunächst voraussetzen, dass S durch das Verhalten der Eltern etwas erlangt hat. Dies ist aber gerade nicht der Fall: Die Zahlung der Eltern konnte wegen § 843 IV BGB analog den S nicht von seiner Verbindlichkeit gegenüber K befreien. Damit scheiden bereicherungsrechtliche Ansprüche aus.

Anmerkung: Sie sehen: Das ganze Regressproblem steht und fällt mit § 843 IV BGB analog und der daraus resultierenden Unbeachtlichkeit der Zahlung der Eltern für den Anspruch des K gegen S. Für § 426 BGB fehlt die wechselseitige Tilgungswirkung, für die GoA fehlt es an der *Führung* des fremden Geschäfts und für die §§ 812 ff. BGB an einem durch S erlangten Etwas.

e) § 255 BGB analog

§ 255 BGB findet auf den vorliegenden Fall ersichtlich keine direkte Anwendung. Jedoch bringt die Vorschrift den allgemeinen Gedanken des **schadensersatzrechtlichen Bereicherungsverbotes** zum Ausdruck: Der Geschädigte soll aufgrund des Schadensersatzes nicht *besser* stehen als ohne die Schädigung.

Dies ist aber gerade vorliegend der Fall: K hat von seinen Eltern die Tragung der Behandlungskosten erhalten und verbleibt Anspruchsinhaber in gleicher Höhe gegen S.

Würde dieses Ergebnis nicht korrigiert, würde K den Betrag von 500 € letztlich zweifach erlangen. Damit besteht eine zu § 255 BGB vergleichbare Interessenlage; da zudem eine Regelungslücke vorliegt, ist eine analoge Anwendung des § 255 BGB zu bejahen.

Diese hat zur Folge, dass K den ihm verbliebenen Anspruch gegen S an seine Eltern M und F abtreten muss.

§ 255 BGB analog gibt den Eltern daher einen Anspruch gegen K auf Abtretung dessen Anspruchs gegen S. Erst nach erfolgter Abtretung können daher die Eltern von S Zahlung von 500 € verlangen.

f) Ergebnis zu 2.

M und F steht gegen S kein unmittelbarer Regressanspruch zu. Allerdings haben sie aus § 255 BGB analog gegen K Anspruch auf Abtretung dessen Anspruchs gegen S. Erst nach erfolgter Abtretung können Sie Zahlung von S in Höhe von 500 € verlangen.

Anmerkung: Die Abtretung würden die Eltern als Insichgeschäft vornehmen: Einerseits würden sie als gesetzlicher Vertreter (§§ 1626, 1629 BGB) des K als Zedent und andererseits selbst als Zessionar auftreten. Dem stünde auch nicht der über §§ 1629 II, 1795 II BGB anwendbare § 181 BGB entgegen, da die Abtretung die Erfüllung einer Verbindlichkeit (aus § 255 BGB analog) darstellen würde und damit das Insichgeschäft kraft Gesetzes zulässig wäre, § 181 HS 2 BGB.

IV. Zusammenfassung

Sound: § 830 I S. 2 BGB findet auch für die unerlaubte Handlung nach § 833 BGB Anwendung; Voraussetzung ist jedoch stets, dass Kausalitätszweifel bestehen.
Tragen die Eltern die Behandlungskosten des verletzten Kindes, so wirkt sich dies nach § 843 IV BGB analog auf den Schadensersatzanspruch des Kindes gegen den Schädiger nicht aus.

Die Eltern können gegen den Schädiger nur nach Abtretung des Anspruches des Kindes auf Schadensersatz gegen den Schädiger an sie Rückgriff nehmen. Auf diese Abtretung haben die Eltern einen Anspruch aus § 255 BGB analog.

hemmer-Methode: Das klassische Regressproblem des „Hundebiss-Falles", den Sie in unserem Hauptkurs noch kennen lernen werden oder schon kennen gelernt haben; allerdings ist die Haftungsproblematik vorliegend eine ganz andere wie im klassischen Hundebiss-Fall. Bedenken Sie: Das gleiche Regressproblem lässt sich in ganz unterschiedlichen Fallvarianten einbauen! Hundebiss ist *nicht* gleich Hundebiss!

V. Zur Vertiefung

- Hemmer/Wüst, Deliktsrecht II, Rn. 223 ff.
- Hemmer/Wüst, Deliktsrecht Karteikarte Nr. 71 ff.

Kapitel XII: § 839 BGB i.V.m. Art. 34 GG

Fall 40: Verkehrssicherungspflichten im Straßenverkehr

Sachverhalt (vgl. Life&Law 1999, 680 ff.; NVwZ-RR 1999, 361 f.):

Der nicht ortskundige PKW-Fahrer P fährt auf einer Gemeindestraße in der bayerischen Gemeinde X. In einer schwer einsehbaren Kurve fährt er mit einer (zulässigen) Geschwindigkeit von ca. 40 km/h über einen Kanaldeckel, der 10 cm aus dem Boden ragt. Bei einem schweren Unwetter zwei Monate zuvor war der ohnehin schon rissige Straßenbelag um den Kanaldeckel teilweise abgetragen und so der Kanaldeckel „freigelegt" worden. Dieser Missstand war seitens der Gemeinde bekannt; die Gemeinde hat jedoch mangels finanzieller Mittel bislang nichts unternommen.

Das Überfahren des Kanaldeckels führt zu einem Schaden am PKW des P, die Reparaturkosten betragen 1.500 €, die Wertminderung des PKW beträgt 1.000 €. P möchte von der Gemeinde X die 1.500 € ersetzt haben.

Frage: *Besteht ein entsprechender Anspruch des P?*

I. Einordnung

Ein eigenständiges Gesetz über die Staatshaftung existiert nicht. Zwar wurde vom Bund um 1980 ein solches erlassen; dieses war jedoch mangels Gesetzgebungskompetenz verfassungswidrig und wurde 1981 vom BVerfG für nichtig erklärt. Die darauf folgende Einfügung des Art. 74 I Nr. 25 GG würde heute zwar die Einführung eines Bundesstaatshaftungsgesetzes zulassen; hiervon hat der Gesetzgeber aber bislang keinen Gebrauch gemacht.

§ 839 BGB gibt zunächst bei einer Amtspflichtverletzung eines Beamten *gegen diesen* einen Schadensersatzanspruch. Art. 34 GG leitet diese Haftung jedoch vom Beamten auf den Staat über, aus der Amtshaftung wird eine Staatshaftung.

Nach h.M. hat die Haftung bei Amtspflichtverletzungen des Beamten in § 839 BGB eine **erschöpfende Regelung** gefunden, so dass daneben auf die §§ 823, 826 BGB nicht zurückgegriffen werden darf.

Nach Art. 34 S. 3 GG gehören Streitigkeiten über den Staatshaftungsanspruch vor die Gerichte der ordentlichen Gerichtsbarkeit, sachlich zuständig ist gem. § 1 ZPO i.V.m. § 71 II Nr. 2 GVG das Landgericht.

Damit kann Ihnen der Anspruch aus § 839 BGB i.V.m. Art. 34 GG in Zivilrechtsklausuren begegnen; häufig ist er aber auch in öffentlich-rechtlichen Klausuren (v.a. Polizeirecht) als Zusatzfrage zu erörtern.

II. Gliederung

1. Anspruch aus § 823 I BGB

§ 839 BGB vorrangig, wenn an hoheitliche Tätigkeit angeknüpft wird; Straßenverkehrssicherungspflicht ist hoheitlich, Art. 72 BayStrWG

2. Anspruch aus § 839 BGB i.V.m. Art. 34 GG

a) Handeln eines Amtswalters
Beamtenbegriff im haftungsrechtlichen Sinne (+); in Ausübung eines öfftl. Amtes (+)

b) Amtspflichtverletzung
Verkehrssicherungspflicht verletzt

c) Drittbezogenheit der Amtspflicht (+)

d) Rechtswidrigkeit, Verschulden (+)

e) Ersatzfähiger Schaden
Zwar grds. keine Naturalrestitution; diese vorliegend aber auf Geldzahlung gem. § 249 II S. 1 BGB gerichtet; aber Kürzung wg. Betriebsgefahr um 20%, daher 1.200 € ersatzfähig.

f) Kein Haftungsausschluss
§ 839 I S. 2 BGB bei Verkehrssicherungspflichtverletzung nicht anwendbar; für § 839 III BGB fehlt zumindest Fahrlässigkeit

g) Anspruchsgegner
= Anstellungskörperschaft = Gemeinde

III. Lösung

Fraglich ist, ob P von der Gemeinde X Schadensersatz in Höhe von 1.500 € verlangen kann.

1. Anspruch aus § 823 I BGB

Da mit dem PKW das Eigentum des P beschädigt wurde, kommt zunächst ein Anspruch des P aus § 823 I BGB in Betracht.

Allerdings ist zu beachten, dass im Anwendungsbereich des § 839 BGB daneben ein Anspruch aus den §§ 823 ff. BGB ausscheidet. Für die Anwendbarkeit des § 823 I BGB bedeutet das: Knüpft die Haftung an ein Verhalten eines Beamten i.S.d. § 839 BGB in Ausübung einer hoheitlichen Tätigkeit an, ist § 823 I BGB diesbezüglich unanwendbar.

Der Schaden des P resultiert vorliegend daraus, dass die Gemeinde die Straße nicht in verkehrssicherem Zustand gehalten hat. Fraglich ist, ob es sich hierbei um eine hoheitliche Tätigkeit handelt, da nur bei einer solchen § 839 BGB anwendbar ist. Im Zusammenhang mit der Benutzung öffentlicher Straßen gibt es für den Staat verschiedene Pflichten: Die **Verkehrsregelungspflicht** trifft die zuständige Straßenverkehrsbehörde und umfasst insbesondere das Aufstellen von Verkehrszeichen; diese Pflicht ist stets öffentlich-rechtlich. Hierum geht es im vorliegenden Fall aber nicht.

Des Weiteren existiert die sog. **Straßenbaulast**, welche alle mit dem Bau und der Unterhaltung der Straße zusammenhängende Aufgaben umfasst. Auch hierbei handelt es sich um eine öffentlich-rechtliche, also hoheitliche Pflicht.

Anmerkung: Vgl. hierzu in Bayern etwa Art. 9 I 1 BayStrWG. Pflichten bzgl. der Straßenbaulast sind zwar immer hoheitlich; ein Anspruch aus § 839 BGB scheitert allerdings daran, dass diese Pflichten stets nur im Allgemeininteresse, niemals auch im Individualinteresse wahrgenommen werden.

§ 839 BGB setzt aber eine „einem Dritten gegenüber" obliegende Amtspflicht voraus, dazu noch im Folgenden.

Vorliegend betroffen ist allerdings die **Straßenverkehrssicherungspflicht**. Diese ergibt sich aus dem allgemeinen Gedanken, dass derjenige, der an einer Sache einen öffentlichen Verkehr eröffnet, die aus der Nutzung der Sache resultierenden Gefahren zu vermeiden hat. Diese Pflicht trifft auch den Staat bei öffentlichen Verkehrswegen, vorliegend die Gemeinde X.

Anmerkung: Diese Verkehrssicherungspflicht könnte man auch als Unterfall der Straßenbaulast ansehen; Art. 9 I S. 2 BayStrWG stellt etwa die Pflicht zum Erhalten der Straßen im *verkehrssicheren* Zustand auf. Allerdings wird die Verkehrssicherungspflicht klassischerweise als eigenständige Pflicht „ausgelagert".

Ob die Wahrnehmung von Verkehrssicherungspflichten durch den Staat öffentlich-rechtlicher oder privatrechtlicher Natur ist, ist umstritten. Der BGH tendiert zu einer Einordnung ins Privatrecht und begründet dies mit einer haftungsrechtlichen Gleichbehandlung von öffentlicher Hand und Privaten.

Allerdings hat der bayerische Gesetzgeber in **Art. 72 BayStrWG** angeordnet, dass die Wahrnehmung der Verkehrssicherungspflicht bzgl. öffentlicher Straßen als hoheitliche Amtsausübung anzusehen ist.

Daher geht es vorliegend um eine hoheitliche Tätigkeit, so dass allein § 839 BGB zur Anwendung kommt und § 823 I BGB unanwendbar ist.

Anmerkung: Vergleichbare Regelungen: § 9a I StrWG NW (Nordrhein-Westfalen), § 10 II NStrG (Niedersachsen), § 48 II LStrG RPf (Rheinland-Pfalz), § 59 StrG BW (Baden-Württemberg), § 10 I ThürStrG (Thüringen), § 5 HambWG (Hamburg), § 9 BremStrG (Bremen), § 9 IIIa SaarlStrG (Saarland), § 10 IW StrWG SH (Schleswig-Holstein), § 10 I BbgStrG (Brandenburg), § 10 II StrWG MV (Mecklenburg-Vorpommern), § 10 I StrG LSA (Sachsen-Anhalt) und § 10 I SächsStrG (Sachsen).

2. Anspruch aus § 839 BGB i.V.m. Art. 34 GG

In Betracht kommt ein Anspruch des P nach den Grundsätzen der Staatshaftung, § 839 BGB i.V.m. Art. 34 GG.

Aufbauschema zu
§ 839 BGB i.V.m. Art. 34 GG

1. Handeln eines Amtswalters
   - Amtsträger
   - öffentliches Amt
   - in Ausübung
2. Verletzung einer Amtspflicht
3. Drittbezogenheit der Amtspflicht
4. Rechtswidrigkeit und Verschulden
5. Ersatzfähiger Schaden
6. Kein Haftungsausschluss
   - § 839 I S. 2 BGB
   - § 839 II S. 1 BGB
   - § 839 III BGB

---

a) Handeln eines Amtswalters

Erforderlich ist zunächst das Handeln eines Amtswalters.

aa) Amtsträgereigenschaft

§ 839 I BGB setzt das Handeln eines „Beamten" voraus. Bei hoheitlichen Tätigkeiten ist allerdings Art. 34 GG zu beachten, der die Person des Haftenden („jemand") nicht weiter einschränkt.

Daher ist von einem erweiterten haftungsrechtlichen Beamtenbegriff auszugehen, der mit dem engeren Begriff des Beamtenrechts nicht deckungsgleich ist.

Entscheidend ist nur, dass die Person mit der Wahrnehmung öffentlicher Aufgaben betraut ist. Die vom BGH früher vertretene Werkzeugtheorie, wonach außerhalb der Staatsverwaltung stehende Personen nur dann „Beamte" i.S.v. § 839 BGB sind, wenn sie als „verlängerter Arm" ohne eigenständige Entscheidungsmöglichkeit auftreten, wird heute als zu eng befunden. Maßgeblich ist das Betrauen mit öffentlichen Aufgaben.

Hierzu zählt die Wahrnehmung der hoheitlichen (s.o.) Verkehrssicherungspflicht durch Angestellte der Stadtverwaltung oder durch die Gemeinderatsmitglieder. Diese sind unproblematisch als Beamte im haftungsrechtlichen Sinne anzusehen.

Anmerkung: Auch Private, die kraft Gesetzes eigenständig Aufgaben der Staatsverwaltung wahrnehmen (sog. beliehene Unternehmer) sind nach h.M. Beamte im haftungsrechtlichen Sinne. § 839 BGB i.V.m. Art. 34 GG findet hingegen auf Notare keine Anwendung, da für diese Spezialregelungen existieren.

bb) Öffentliches Amt

Die Wahrnehmung der Straßenverkehrssicherungspflicht ist die Ausübung eines öffentlichen Amtes, s.o.

Anmerkung: Nicht als Ausübung eines öffentlichen Amtes wird der gesamte Bereich des Verwaltungsprivatrechts angesehen, z.B. der Kauf von 200 Bleistiftspitzern durch die Stadtverwaltung bei einem privaten Verkäufer.

cc) In Ausübung

Eine etwaige Amtspflichtverletzung geschah in Ausübung dieser Tätigkeit und nicht nur bei Gelegenheit.

Anmerkung: Dies ist dasselbe Kriterium, das Sie schon von § 278 BGB und § 831 BGB kennen. Ausgeschieden werden soll eine Konstellation wie: Der Gerichtsvollzieher findet keine vollstreckungstauglichen Gegenstände und ärgert sich hierüber so sehr, dass er einen vorbeikommenden Passanten niederschlägt.

b) Verletzung einer Amtspflicht

Der Gemeinde oblag hinsichtlich der Gemeindestraße eine Verkehrssicherungspflicht. Hinsichtlich des gefährlichen Hervorstehens des fraglichen Gullydeckels ist sie dieser nicht nachgekommen. Innerhalb von zwei Monaten hätte dieser Mangel aufgrund seiner besonderen Gefährlichkeit für den Straßenverkehr behoben werden müssen.

Welcher Beamte nun im Einzelnen zuständig war und ob eventuell der Gemeinderat anstelle der Gemeindeverwaltung eine Entscheidung hätte treffen müssen, muss i.R.d. § 839 BGB nicht entschieden werden. Es genügt der Nachweis, dass die jeweils zuständige Stelle die ihr obliegende Pflicht verletzt hat.

c) Drittbezogenheit der Amtspflicht

Voraussetzung eines Anspruchs nach § 839 BGB ist, dass die verletzte Amtspflicht „einem Dritten gegenüber" besteht.

Dazu muss die fragliche Amtspflicht abstrakt zumindest auch dem Individualschutz zu dienen bestimmt sein; aber es muss auch der konkrete Anspruchsteller im konkreten Fall in den Schutzbereich der Amtspflicht fallen.

Anmerkung: Dies kennen Sie bereits von der Qualifikation eines Gesetzes als „Schutzgesetz" i.S.v. § 823 II BGB. Das Gesetz muss nicht nur abstrakt dem Individualschutz dienen, sondern auch konkret dem Schutz des Anspruchstellers im konkreten Fall.

Die Verkehrssicherungspflicht dient dem Schutz der Verkehrsteilnehmer.

Da P im konkreten Fall Verkehrsteilnehmer war, war er in den Schutzbereich der Amtspflicht auch konkret einbezogen.

d) Rechtswidrigkeit, Verschulden

Das Verhalten des bzw. der zuständigen Beamten war rechtswidrig.

Da der Gemeinde der Straßenmangel bekannt war und sie dennoch zwei Monate nicht tätig wurde, ist zumindest der Verschuldensgrad der Fahrlässigkeit anzunehmen. Die von der Gemeinde vorgetragene Geldknappheit kann diesen Vorwurf nicht beseitigen. Üblicherweise haben Gemeinden die Möglichkeit, an anderer Stelle einzusparen, Kredite aufzunehmen oder durch staatliche Finanzzuweisungen Mittel zu erhalten. Die Gemeinde X hätte näher substantiieren müssen, dass sie derartige Möglichkeiten erfolglos ausgeschöpft hat. Der bloße Hinweis „wir haben kein Geld" kann dazu niemals ausreichen.

e) Ersatzfähiger Schaden

Die Beschädigung des PKW des P beruht kausal und zurechenbar auf der verletzten Amtspflicht. Die Reparaturkosten sind nach § 249 II S. 1 BGB grundsätzlich ersatzfähig.

Allerdings ist zu beachten: § 839 BGB war zunächst vor Schaffung des Art. 34 GG eine eigene Haftung des Beamten. Eine Naturalrestitution i.S.v. § 249 I BGB war dem Beamten aber oftmals nicht möglich, da ihm hierfür die rechtlichen Voraussetzungen fehlten. Anderenfalls hätte von einem Beamten z.B. auch die Aufhebung eines rechtswidrigen Verwaltungsaktes verlangt werden können ohne Rücksicht auf die öffentlich-rechtliche Rechtslage.

Dies führte dazu, dass nach h.M. der Anspruch aus § 839 BGB niemals auf Naturalrestitution gerichtet sein konnte. Mit der Schaffung des Art. 34 GG änderte sich hieran nichts, da diese Norm nur eine Haftungsüberleitung vom Beamten auf den Staat darstellt ohne den Anspruch dem Grunde nach anzutasten, sozusagen ein Fall einer gesetzlichen befreienden („privativen") Schuldübernahme.

Naturalrestitution ist als beim Anspruch aus § 839 BGB i.V.m. Art. 34 GG nicht möglich.

Zwar ist der Geldersatz nach § 249 II S. 1 BGB auch ein Fall der Naturalrestitution. Dieser kann jedoch nicht ausgeschlossen sein. Die Einschränkung betrifft nur die „echte" Naturalrestitution nach § 249 I BGB die aus der fehlenden Möglichkeit des Beamten zur Rücknahme seines Verhaltens herrührt. Geld kann aber auch ein Beamter immer zahlen und § 249 II S. 1 BGB ist auf reinen Geldersatz gerichtet.

Daher ist der Betrag von 1.500 € grundsätzlich ersatzfähig. Für ein anspruchskürzendes Mitverschulden nach § 254 BGB fehlen jegliche Anhaltspunkte.

Allerdings muss sich P als Halter und Führer eines Kraftfahrzeuges die eigene Betriebsgefahr seines PKW über § 254 BGB anrechnen lassen, da auch keine Anhaltspunkte für eine höhere Gewalt i.S.v. § 7 II StVG bestehen. Dies führt zu einem Abzug von 20%, so dass ein Betrag von 1.200 € verbleibt.

Anmerkung: Bei genereller Ablehnung der Naturalrestitution wäre über § 251 I BGB nur die Wertminderung des Wagens im Wege der Schadenskompensation zu ersetzen, also nur 1.000 €.

f) Kein Haftungsausschluss

aa) Die Haftung nach § 839 BGB i.V.m. Art. 34 GG ist nach **§ 839 I S. 2 BGB** ausgeschlossen, wenn der Verletze in anderer Weise Ersatz erlangen kann. Damit wird die Staatshaftung insbesondere subsidiär zu Schadensersatzansprüchen gegenüber Dritten.

Solche Ansprüche gegen Dritte sind aber nicht ersichtlich.

Zudem vertritt die h.M., dass § 839 I S. 2 BGB bei Verkehrssicherungspflichten wegen des Gebots haftungsrechtlicher Gleichbehandlung überhaupt nicht anwendbar ist.

Anmerkung: § 839 I S. 2 BGB ist nicht anwendbar:
- Bei Schädigungen durch einen Beamten als Verkehrsteilnehmer. Argument: Gleichbehandlung aller Verkehrsteilnehmer.
- Bei anderen Ansprüchen gegen den Staat. Argument: Einheit der öffentlichen Hand.
- Bei Verletzung von Verkehrssicherungspflichten. Wieder das Argument: Haftungsrechtliche Gleichbehandlung von Staat / privat.

bb) Auch ein Haftungsausschluss nach **§ 839 III BGB** kommt nicht in Betracht.

Zwar hätte P möglicherweise durch eine allgemeine verwaltungsgerichtliche Leistungsklage die Reparatur der Straße erstreiten können. Da er von dem Mangel jedoch nichts wusste und auch nichts wissen konnte, kann ihm diesbezüglich jedenfalls aber kein Fahrlässigkeitsvorwurf gemacht werden.

Anmerkung: Im Staatshaftungsrecht gilt allgemein: Kein „Dulden und Liquidieren"! Wer einen Schaden hinnimmt, den er durch Einlegung von Rechtsbehelfen abwenden könnte, kann nicht Ersatz dieses Schadens verlangen. Dies rührt aus dem zivilrechtlichen Verbot des widersprüchlichen Verhaltens („venire contra factum proprium") her und hat in § 839 III BGB eine spezialgesetzliche Ausgestaltung gefunden.

g) Anspruchsgegner

Gegner des Anspruches aus § 839 BGB i.V.m. Art. 34 GG ist die Körperschaft, bei der der pflichtwidrig handelnde Beamte angestellt ist, sog. Anstellungstheorie. Damit haftet vorliegend die Gemeinde X.

Anmerkung: Besteht ein solches Anstellungsverhältnis nicht, greift die Anvertrauenstheorie: Diejenige Körperschaft haftet, die dem Beamten die konkrete Amtsausübung anvertraut hat. Hat eine Behörde eine Doppelstellung wie z.B. das Landratsamt in Bayern, so kommt es darauf an, für welche Körperschaft die Behörde im konkreten Fall tätig geworden ist (beim Landratsamt: Für den Landkreis oder für den Freistaat Bayern). Danach richtet sich dann auch die Haftung bei Amtspflichtverletzungen.

Ergebnis: P kann von der Gemeinde X Schadensersatz in Höhe von 1.200 € verlangen. Bei Nichtzahlung müsste er diesen Anspruch auf dem ordentlichen Rechtsweg vor dem örtlich zuständigen Landgericht geltend machen.

IV. Zusammenfassung

Sound: Verkehrssicherungspflichten des Staates bzgl. öffentlicher Straßen sind nur bei gesetzlicher Anordnung öffentlich-rechtlich, so dass Pflichtverletzungen in den Anwendungsbereich des § 839 BGB fallen. § 839 I S. 2 BGB ist bei der Verletzung von Verkehrssicherungspflichten nicht anwendbar.

hemmer-Methode: Öffentliches Straßen- und Wegerecht ist nach nahezu allen Prüfungsordnungen weder Prüfungsstoff des Ersten noch des Zweiten juristischen Staatsexamens. Wer hierzu nichts weiß, wird im vorliegenden Fall auch den Einstieg nicht in dieser Ausführlichkeit über die Einordnung der Straßenverkehrssicherungspflicht gewählt haben; es schadet jedoch nicht, wenn Sie sich ihre jeweilige landesrechtliche Regelungen über die Zugehörigkeit der Straßenverkehrssicherungspflicht zur hoheitlichen Verwaltung (in Bayern: Art. 72 BayStrWG, s.o.) in zulässiger Weise an den § 839 BGB ins Gesetz kommentieren. Im Ernstfall haben Sie dann einen nicht zu vernachlässigenden Wissensvorsprung vor Ihren Mitstreitern. Machen Sie sich klar: Examensklausuren werden nicht isoliert bewertet sondern im Wege einer Zusammenschau mehrerer Klausuren. Wenn alle ein bestimmtes Problem ansprechend lösen können, werden Sie hierfür keine besonderen Punkte bekommen. Es kommt also schon zu einem Großteil darauf an, was Sie selbst wissen; wichtig ist aber auch das, was andere nicht wissen. Es geht darum, sich gegenüber anderen Arbeiten auszuzeichnen!

V. Zur Vertiefung

- Hemmer/Wüst, Deliktsrecht II, Rn. 261 ff.
- Hemmer/Wüst, Deliktsrecht Karteikarte Nr. 83 ff.

Fall 41: Drittbezogenheit der Amtspflicht; Anspruch einer Gemeinde aus § 839 BGB i.V.m. Art. 34 GG

Sachverhalt (nach BGH, Life&Law 2003, 364 ff.; stark vereinfacht):

Die Gemeinde G beabsichtigt die Errichtung einer gemeindlichen Mehrzweckhalle. Dabei entschließt sie sich zu einem Finanzierungsmodell, nach dem eine gesonderte Gesellschaft im Zusammenschluss mit privaten Investoren das Grundstück kaufen und das Gebäude errichten und die Gemeinde von dieser Gesellschaft die Halle mieten solle. Die Kommunalaufsichtsbehörde erteilte zu diesem Modell die aufgrund kommunalrechtlicher Vorschriften erforderliche Genehmigung; eine Kostenberechnung, insbesondere eine Gegenüberstellung des geplanten Finanzierungsmodells mit einer Kreditfinanzierung erfolgte nicht.

Später stellt sich heraus, dass eine Kreditfinanzierung durch die Gemeinde bedeutend billiger gewesen wäre. G fordert nun die Mehrkosten des gewählten Finanzierungsmodells gegenüber einer Kreditfinanzierung als Schadensersatz.

Frage: Zu Recht? Auf den rechtlichen Hintergrund des kommunalrechtlichen Genehmigungserfordernisses ist nicht einzugehen.

I. Einordnung

Die zentrale Frage lautet: Können auch staatliche Verwaltungsträger einen Anspruch aus § 839 BGB i.V.m. Art. 34 GG geltend machen? Hierzu der durchaus aktuelle BGH-Fall.

II. Gliederung

Anspruch der G aus § 839 BGB i.V.m. Art. 34 GG?

1. Handeln eines Amtswalters

(+), Kommunalaufsichtsbehörde nimmt Aufgaben der öffentl. Verwaltung wahr

2. Amtspflichtverletzung

Kommunalaufsicht hätte Genehmigung wg. Verstoß gegen kommunales Sparsamkeitsgebot nicht erteilen dürfen; jedenfalls hätte sie auf die Möglichkeit einer Kreditfinanzierung hinweisen müssen. Amtspflichtverletzung daher (+).

3. Drittbezogenheit der Amtspflicht

Problem: Gemeinde ist selbst Teil der Staatsverwaltung; kein Schutz des Staates „vor sich selbst".

Hier allerdings Auftreten des Staates gegenüber der Gemeinde in hoheitlicher Weise wie gegenüber einem Bürger, daher drittbezogene Amtspflichtverletzung (+)
(a.A. vertretbar)

4. Rechtswidrigkeit, Verschulden (+)

5. Ersatzfähiger Schaden

Mehrkosten = ersatzfähiger Vermögensschaden; Mitverschuldenskürzung um ca. 30-40%

6. Kein Haftungsausschluss (+)

7. Anspruchsgegner

= Anstellungskörperschaft
= jeweiliges Bundesland

III. Lösung

Fraglich ist, ob der Gemeinde G ein Anspruch auf Ersatz des geltend gemachten Schadens zusteht. Als Anspruchsgrundlage kommt nur der Staatshaftungsanspruch aus § 839 BGB i.V.m. Art. 34 GG in Betracht.

1. Handeln eines Amtswalters

Die Kommunalaufsichtsbehörde nimmt Aufgaben der öffentlichen Verwaltung wahr, mit denen sie ihre Angestellten betraut. Damit sind diese Beamte im haftungsrechtlichen Sinne. Der statusrechtliche Beamtenbegriff spielt bei der Staatshaftung nach § 839 BGB i.V.m. Art. 34 GG keine Rolle.

Eine etwaige Amtspflichtverletzung vollzog sich in Ausübung dieses Amtes und nicht nur bei Gelegenheit.

2. Amtspflichtverletzung

Fraglich ist, ob die zuständigen Angestellten der Kommunalaufsichtsbehörde im Zuge der Genehmigungserteilung gegenüber der Gemeinde G eine Amtspflicht verletzt haben.

Die Kommunalaufsichtsbehörde hatte jedenfalls die Rechtmäßigkeit des gemeindlichen Vorhabens zu überprüfen; die Genehmigung eines rechtswidrigen Vorhabens macht die Genehmigung ebenfalls rechtswidrig. Die Gemeinde war aber zu einer **sparsamen Haushaltsführung** verpflichtet (in Bayern: Art. 61 II S. 1 BayGO). Das gewählte Finanzierungsmodell kam die Gemeinde deutlich teurer als eine entsprechende Kreditfinanzierung, so dass ein Verstoß des Vorhabens gegen die Pflicht zur sparsamen Haushaltsführung angenommen werden kann.

Die Genehmigungserteilung durch die Kommunalaufsichtsbehörde war dann ebenfalls rechtswidrig, so dass ein Verstoß gegen die allgemeine Amtspflicht zum rechtmäßigen Verwaltungshandeln (Art. 20 III GG!) anzunehmen ist.

Doch selbst wenn man in dem Vorhaben keinen Verstoß gegen die Pflicht zur sparsamen Haushaltführung sehen wollte: Aufgabe der Kommunalaufsicht ist nicht nur die Kontrolle des gemeindlichen Handelns auf Rechtsfehler, sondern auch die **Unterstützung und Beratung der Gemeinden** in ihrer Aufgabenerfüllung (in Bayern: Art. 108 BayGO). Von der Aufsichtsbehörde konnte daher erwartet werden, dass sie über eine Rechtmäßigkeitsprüfung hinaus andere Finanzierungsmöglichkeiten in Erwägung zieht und der Gemeinde günstigere Finanzierungsmodelle aufzeigt.

All dies ist nicht geschehen, so dass jedenfalls insoweit eine Amtspflichtverletzung anzunehmen ist.

Anmerkung: Amtspflichten lassen sich in aller Regel nicht unmittelbar dem Gesetz entnehmen, oft muss auf Sinn und Zweck des jeweiligen Verwaltungshandelns zurückgegriffen werden; Argumentation ist gefragt. Am Einfachsten zu handhaben ist freilich die allgemeine Amtspflicht zu rechtmäßigem Handeln, da an dieser Stelle einfach inzident das jeweilige Gesetzesrecht geprüft werden kann.

---

3. Drittbezogenheit der Amtspflicht

Einen Anspruch aus § 839 BGB i.V.m. Art. 34 GG hat nur derjenige, der gerade in den Schutzbereich der verletzten Amtspflicht fällt.

Damit muss die verletzte Amtspflicht abstrakt Drittschutzcharakter haben und auch konkret dem Schutz des Anspruchstellers im konkreten Fall dienen.

Anerkannt ist, dass die Kommunalaufsicht niemals im Interesse betroffener Bürger tätig wird; allerdings geht es vorliegend ja auch nicht um einen Anspruch eines Bürgers, sondern um einen solchen der beaufsichtigten Gemeinde.

Problematisch ist dabei, dass sowohl die Gemeinde als auch die Aufsichtsbehörde Teile der öffentlichen Verwaltung sind und damit grundsätzlich gleichgerichtete Interessen, nämlich den Vollzug der Gesetze, verfolgen. Allerdings nimmt die Gemeinde aufgrund ihres grundrechtsähnlichen Selbstverwaltungsrechts (Art. 28 II GG sowie die entsprechenden Vorschriften der Landesverfassungen) eine besondere Stellung ein. Die Kommunalaufsicht hat als Teil der Staatsverwaltung gegenüber den Gemeinden eine Stellung, die sie mit hoheitlichen Befugnissen, insbesondere zum Erlass repressiver Maßnahmen ausstattet. Das Gegenübertreten der Kommunalaufsicht gegenüber der Gemeinde stellt sich daher wie ein hoheitliches Auftreten des Staates gegenüber dem Bürger dar.

In der Rechtsprechung ist anerkannt, dass öffentlich-rechtlichen Körperschaften der Anspruch aus § 839 BGB i.V.m. Art. 34 GG zusteht, wenn das Auftreten des Staates gegenüber der Gemeinde mit demjenigen gegenüber einem Bürger vergleichbar ist. Dies ist hier der Fall, so dass ein Anspruch der Gemeinde aus § 839 BGB i.V.m. Art. 34 GG in Betracht kommt.

Die Gemeinde G ist damit in den Schutzbereich der durch die Kommunalaufsicht verletzten Amtspflicht einbezogen; eine drittbezogene Amts-

pflicht zugunsten des Anspruchstellers wurde verletzt.

Anmerkung: Dies kann man auch anders sehen, entscheidend ist die Qualität der Argumentation und nicht so sehr das Ergebnis. Es ließe sich argumentieren, dass die Kommunalaufsicht gerade auf Kooperation ausgerichtet ist und deshalb nicht mit einem hoheitlichen Staat / Bürger-Verhältnis vergleichbar ist.

4. Rechtswidrigkeit, Verschulden

Mangels ersichtlicher Rechtfertigungsgründe handelte der jeweilige Beamte der Kommunalaufsichtsbehörde rechtswidrig.

Des Weiteren ist davon auszugehen, dass dieser Beamte gehalten war, die Möglichkeit einer Kreditfinanzierung zumindest anzudenken und die beaufsichtigte Gemeinde G hierauf hinzuweisen. Dass dies gänzlich unterblieben ist, stellt eine Sorgfaltspflichtverletzung i.S.d. Fahrlässigkeitsvorwurfes dar.

5. Ersatzfähiger Schaden

Die Gemeinde G hat einen Vermögensschaden erlitten. Dieser ist nach der sog. **Differenzhypothese** durch einen Vergleich der jetzigen Vermögenslage mit der hypothetischen Vermögenslage bei amtspflichtgemäßem Verhalten zu ermitteln.

Hätte sich der zuständige Beamte der Kommunalaufsichtsbehörde pflichtgemäß verhalten, so hätte er nach ordnungsgemäßer Prüfung der Gemeinde G die Möglichkeit einer Kreditfinanzierung aufgezeigt und die Gemeinde G hätte diese auch gewählt.

Damit stellen die durch das gewählte Finanzierungsmodell entstandenen Mehrkosten einen ersatzfähigen Vermögensschaden der anspruchstellenden Gemeinde G dar.

Allerdings ist ein anspruchskürzendes **Mitverschulden** der Gemeinde G nach § 254 BGB nahe liegend; der Gemeinde G kann grundsätzlich ebenso wie der Kommunalaufsichtsbehörde vorgeworfen werden, die Möglichkeit einer einfachen Kreditfinanzierung nicht hinreichend in Betracht gezogen zu haben. Allerdings fehlen nähere Feststellungen im Sachverhalt; eine Anspruchskürzung um 30-40% erscheint angebracht.

6. Kein Haftungsausschluss

Für einen Haftungsausschluss – etwa nach § 839 I S. 2 BGB ist nichts ersichtlich.

7. Anspruchsgegner

Anspruchsgegner ist die Anstellungskörperschaft des pflichtwidrig handelnden Beamten. Dies ist das jeweilige Bundesland als Rechtsträger der Kommunalaufsichtsbehörde.

Ergebnis: Damit kann die Gemeinde G vom jeweiligen Bundesland Schadensersatz in Höhe der geltend gemachten Mehrkosten, gekürzt jedoch um den eigenen Mitverschuldensanteil, geltend machen.

IV. Zusammenfassung

Sound: Auch öffentlich-rechtliche Körperschaften (insbesondere die kommunalen Gebietskörperschaften) können im Einzelfall einen Anspruch aus § 839 BGB i.V.m. Art. 34 GG haben. Entscheidend ist dabei, dass der Staat bei der Amtspflichtverletzung der Gemeinde hoheitlich wie gegenüber einem Bürger aufgetreten ist.

hemmer-Methode: Staatshaftungsrecht ist zu einem gewissen Teil immer auch öffentliches Recht. Daher werden staatshaftungsrechtliche Fragen überwiegend in öffentlich-rechtlichen Klausuren als Zusatzfragen (gerade im Polizei- und Ordnungsrecht) gestellt. Nichts desto trotz: Die Grundzüge des Staatshaftungsrecht müssen bekannt sein!

V. Zur Vertiefung

- Hemmer/Wüst, Deliktsrecht II, Rn. 261 ff.
- Hemmer/Wüst, Deliktsrecht Karteikarte Nr. 83 ff.

Kapitel XIII: Die Haftung nach dem StVG

Fall 42: Höhere Gewalt

Sachverhalt:

Der 19-jährige Abiturient S befährt mit „seinem" PKW die Straßen eines Wohnge-biets in Würzburg. Aus versicherungstechnischen Gründen ist zwar sein Vater V Eigentümer des Wagens, S nutzt das Fahrzeug jedoch ständig, so dass es „ihm praktisch gehört". Obwohl S nicht schneller als 30 km/h fährt und auch sonst sehr sorgsam auf alle denkbaren Gefahren achtet, springt zwischen zwei geparkten Au-tos plötzlich der neunjährige G hervor. S kann trotz schneller Reaktion ein Erfassen des G nicht mehr vermeiden; G zieht sich Schürfwunden und einen Armbruch zu.

Hierfür fordern die Eltern des G in dessen Namen Schadensersatz von S und V. S meint, was er denn NOCH tun solle, aufmerksamer als er kann man gar nicht mehr fahren. Außerdem sei G schließlich selbst schuld gewesen, G könne froh sein, dass der PKW keinen Kratzer abgekriegt habe.

Frage: *Bestehen die gegenüber S und V geltend gemachten Ansprüche?*

I. Einordnung

Während man im Verwaltungsrecht ständig vom einen zum anderen Ge-setz springt, spielt sich im Zivilrecht meist alles im BGB ab. Dies verleitet den Studenten dazu, Anspruchsgrund-lagen außerhalb des BGB als „exo-tisch" und damit als nicht examensrele-vant einzustufen. Doch weit gefehlt! Die Haftung nach den §§ 7 ff. StVG spielt an den Universitäten und auch im Examen stets ein Rolle.

Der gängigste deliktsrechtliche Fall ist der Verkehrsunfall. Der Klausurersteller kommt dann gar nicht darum herum, auch die §§ 7 ff. StVG abzuprüfen, es sei denn, er schränkt den Bearbeiter-vermerk ein. Setzen Sie sich daher auch mit diesem Bereich auseinander!

Und noch eine letzte Vorbemerkung:

Gerade bei Verkehrsunfällen gibt es ei-nige Problemfragen der §§ 249 ff. BGB, die daher im Folgenden eingebaut wur-den.

Dies eignet sich für die Vermittlung besser als eine getrennte Darstellung des Schadensrechts in einem geson-derten Kapitel.

II. Gliederung

1. Ansprüche gegen V

a) § 823 I BGB

　Schon kausale Handlung fraglich; jedenfalls Verschulden (-)

b) § 7 I StVG

(-), da V nicht „Halter" des PKW

2. Ansprüche gegen S

a) § 823 I BGB

　Verschulden (-)

b) § 7 I StVG

aa) Halter (+)

bb) Rechtsgutsverletzung (+)

cc) Bei Betrieb (+)

dd) Haftungsausschluss

§ 7 II StVG höhere Gewalt (-), da ein Springen auf die Straße durch ein Kind zu den typischen Verkehrsgefahren zählt.

ee) Haftungsausfüllender Tatbestand

Heilbehandlungskosten: § 249 II S. 1 BGB

Schmerzensgeld: § 11 S. 2 StVG

c) § 18 I StVG

(-), da kein Verschulden, § 18 I S. 2 StVG

3. Ergebnis: Anspruch nur gegen S.

III. Lösung

Fraglich sind die Ansprüche des G gegenüber S und V. Sofern solche bestehen, werden sie von den Eltern des G als dessen gesetzliche Vertreter (§§ 1626, 1629 I BGB) in dessen Namen geltend gemacht.

1. Ansprüche gegen V

a) § 823 I BGB

Denkbar ist ein Anspruch des G gegen V aus § 823 I BGB.

aa) Seitens des G liegt eine **Rechtsgutsverletzung** in Gestalt einer Verletzung an Körper und Gesundheit vor.

bb) Fraglich ist allerdings bereits, ob eine hierfür **kausale Handlung** des V vorliegt. Dies setzt zunächst eine Handlung voraus, bei der, würde man sie hinwegdenken, die Rechtsgutsverletzung entfallen würde.

V hat S die Benutzung seines PKW, der sich im Eigentum des V befindet, gestattet. Hätte er dies nicht getan, hätte sich die Rechtsgutsverletzung in der konkreten Gestalt nicht ereignet.

Damit stellt die Gestattung des V eine äquivalent kausale Handlung dar.

Da es nicht außerhalb jeglicher Lebenserfahrung liegt, dass jemand, gestattet man ihm das Fahren mit dem eigenen PKW, mit diesem einen Unfall hat, war die Handlung des V auch im Sinne der Adäquanztheorie kausal.

cc) Mangels in Betracht kommender Rechtfertigungsgründe ist auch die **Rechtswidrigkeit** zu bejahen.

dd) Allerdings fehlen jegliche Anhaltspunkte für ein **Verschulden** des V. V kann in keine Hinsicht ein Sorgfaltsverstoß oder gar Vorsatz zum Vorwurf gemacht werden.

Damit scheidet ein Anspruch nach § 823 I BGB aus.

Anmerkung: Hier hätten Sie sich natürlich auch kürzer fassen und das Verschulden „nach vorne ziehen" und ablehnen können.

Gerade zu Beginn von Klausuren sollte man aber sich eher ausführlicher fassen und zeigen, dass man den jeweiligen Prüfungsaufbau beherrscht.

Übrigens: Da § 823 I BGB ersichtlich nicht gegeben war, durfte die Prüfung nach vorne gezogen werden. Sonst ist grundsätzlich § 7 I StVG zuerst zu prüfen!

b) § 7 I StVG

Die Haftung nach § 7 I StVG trifft den „**Halter**" eines Kraftfahrzeuges. Der Eigentümer muss mit dem Halter nicht identisch sein.

Anmerkung: Wird in einem solchen Fall das Kfz beschädigt, kann der Eigentümer vom Halter nicht gem. § 7 I StVG Schadensersatz verlangen.

Das Fahrzeug stellt selbst die Gefahrenquelle dar und fällt damit nicht in den Schutzbereich des § 7 I StVG, BGH, Life&Law 2011, 240 ff.

Halter ist derjenige, der ein Fahrzeug für eigene Rechnung in Gebrauch hat und die für den Gebrauch erforderliche Verfügungsgewalt besitzt.

Dies trifft auf den V nicht zu. S hatte den PKW in ständigem Gebrauch und – davon ist auszugehen – auch die hiermit in Zusammenhang stehenden Aufwendungen getragen; zudem besaß er die Verfügungsgewalt über das Fahrzeug.

Da V nicht Halter des von S gefahrenen PKW ist, kommt gegen ihn eine Haftung nach § 7 I StVG also nicht in Betracht.

Zwei Ebenen muss man auseinander halten: Die Haftung des Halters / des Fahrers und die Haftung ohne Verschulden (Gefährdungshaftung) / die Haftung für vermutetes Verschulden:

1. Halterhaftung
- § 7 I StVG (= Regelfall; Gefährdungshaftung)
- § 7 III S. 1 HS.2 StVG (Haftung für vermutetes Verschulden)

2. Fahrerhaftung
- § 18 I StVG (= Regelfall; Haftung für vermutetes Verschulden)
- § 7 III S. 1 StVG (Gefährdungshaftung)

Damit sind keine Ansprüche des G gegen V gegeben.

2. Ansprüche gegen S

G könnte jedoch Schadensersatzansprüche gegen S haben.

a) § 823 I BGB

Zwar hat S durch sein Fahrverhalten dem G zurechenbar kausal und rechtswidrig eine Rechtsgutverletzung zugefügt. Doch es fehlt ebenfalls an einem Verschulden des G. Der einzige Vorwurf, den man ihm machen könnte, ist es, überhaupt ein Kraftfahrzeug geführt zu haben und damit das Risiko eines Verkehrsunfalls erhöht zu haben. Das Führen eines Kfz stellt aber ein erlaubtes Risiko und keine Sorgfaltspflichtverletzung dar.

Damit scheidet ein Anspruch gegen S aus § 823 I BGB aus.

b) § 7 I StVG

S könnte jedoch nach § 7 I StVG haften.

aa) Halter

S ist Halter des unfallbeteiligten PKW, s.o.

Anmerkung: Der Begriff des Kraftfahrzeuges ist übrigens in § 1 II StVG definiert. Bei einem PKW brauchen Sie hierunter in der Klausur nicht zu subsumieren.

bb) Rechtsgutverletzung

§ 7 I StVG fordert eine der in der Vorschrift genannten Rechtsgutverletzungen. Hierzu zählt auch die vorliegend zu Lasten des G gegebene Verletzung an Körper und Gesundheit.

cc) Bei Betrieb

Bei dem Betrieb eines Kfz ist ein Schaden entstanden, wenn der Unfall in einem unmittelbaren örtlich und zeitlichen Zusammenhang mit den Betriebsvorgängen oder mit bestimmten Betriebseinrichtungen des Fahrzeugs steht.

Hierdurch soll sichergestellt werden, dass sich der Schaden auch tatsächlich als Realisierung der von jedem PKW ausgehenden Gefahr (sog. Betriebsgefahr) darstellt. Bei dem Anfahren eines Fußgängers ist der Schaden unproblematisch bei Betrieb des PKW entstanden.

Anmerkung: Das Merkmal ist sehr weit zu verstehen. Es bedarf nicht mal einer Kollision. Denn die einem PKW innewohnende Betriebsgefahr realisiert sich auch, wenn ein PKW dem anderen ausweicht und daher einen Schaden erleidet (vgl. BGH, Life&Law 2011, 171 ff.). Nur wenn das Fahrzeug vorschriftsmäßig abgestellt und damit nicht „betrieben" wird, verkörpert es keine Betriebsgefahr; bei einem Falschparken ist dies jedoch schon wieder anders.

In der Klausur sollten sie das Merkmal „bei Betrieb" ebenso wie das Merkmal „in Ausführung der Verrichtung" bei § 831 BGB, s.o., weit auslegen und im Zweifel bejahen.

dd) Kein Haftungsausschluss

Bei § 7 I StVG handelt es sich um eine verschuldensunabhängige, d.h. „Gefährdungs"-Haftung. Um andererseits die Haftung wieder einzuschränken, sieht das StVG Ausschlusstatbestände vor.

(1) Nach § 7 II StVG ist die Ersatzpflicht bei höherer Gewalt ausgeschlossen. Zu beachten ist allerdings § 17 III StVG: Ist der geschädigte selbst Halter eines Kraftfahrzeuges, so führt bereits ein unabwendbares Ereignis zum Haftungsausschluss.

Hier wurde G als Fußgänger geschädigt, so dass auf § 7 II StVG und nicht auf § 17 III StVG abzustellen ist.

Anmerkung: *Vor der Reform des Schadensrechts am 01.08.2002 sah § 7 II StVG a.F. generell das unabwendbare Ereignis als Ausschlusstatbestand vor. Dies ist nunmehr nur noch bei der Situation „Auto gegen Auto" der Fall. Hüten Sie sich gerade in der mündlichen Prüfung vor der Antwort, durch die Schadensrechtsreform sei das „unabwendbare Ereignis" durch die „höhere Gewalt" ersetzt worden; bei „Auto gegen Auto" ist es wegen § 17 III StVG beim alten geblieben!*

(2) Der **Begriff der höheren Gewalt** ist im StVG nicht definiert. Die h.M. nimmt eine solche dann an, *wenn der Unfall auf einem betriebsfremden, von außen durch elementare Naturkräfte oder durch Handlungen Dritter Personen herbeigeführten Ereignis beruht, das nach menschlicher Einsicht und Erfahrung unvorhersehbar war, mit wirtschaftlich erträglichen Mitteln auch durch äußerste Sorgfalt nicht verhütet oder unschädlich gemacht werden konnte und auch nicht wegen seiner Häufigkeit in Kauf zu nehmen ist.*

Es muss sich also um ein von außen kommendes Ereignis handeln. Dieses darf aber nicht zu den typischen Gefahrenlagen des Straßenverkehrs zählen. Das Ereignis muss unvorhersehbar und unvermeidbar sein.

Anmerkung: Kein Mensch erwartet von Ihnen das Auswendiglernen obiger Definition. Die Grundelemente (von außen kommend, keine typische Gefahr, unvorhersehbar + unvermeidbar) sollten Sie allerdings schon „drauf haben".

Es wäre nun denkbar, das zwischen zwei geparkten Fahrzeugen hervorspringende Kind als unvorhersehbares und unvermeidbares Ereignis zu bezeichnen, dass von Dritter Seite hervorgerufen wurde. Doch diese Auffassung würde übersehen, dass ein unbedachtes Handeln von Kindern gerade eine typische Gefahrensituation des Straßenverkehrs ist. Allzu häufig springen Kinder auf die Straße und werden von Kraftfahrzeugen erfasst. Dies darf nicht als „höhere Gewalt" angesehen werden. Damit scheidet ein Haftungsausschluss nach § 7 II StVG aus.

Anmerkung: Nach altem Recht wäre eine Haftung aufgrund eines unabwendbaren Ereignisses nach § 7 II StVG a.F. zu verneinen gewesen. Nun also haftet man für derartige Unfälle; noch dazu wird nach neuem Recht auch aufgrund des StVG Schmerzensgeld gewährt (§ 11 S. 2 StVG als lex specialis zu § 253 II BGB).
Im Vordergrund stand bei dieser Gesetzesänderung der Schutz von Kindern im Straßenverkehr, denen nun nicht mehr entgegengehalten werden kann, sie seien plötzlich hinter der Mülltonne aufgetaucht und auf die Straße gesprungen.
Komplettiert wurde dieser Schutz durch die Neufassung des § 828 II BGB, der insbesondere die Mitverschuldensfähigkeit von Kindern zwischen 7 und 10 Jahren im Straßenverkehr abgeschafft hat.

Diese Vorschrift greift aber dann nicht ein, wenn ein Kind der entsprechenden Altersgruppe mit dem Fahrrad gegen ein parkendes Fahrzeug stößt. Die entsprechende Gefahrenlage des Straßenverkehrs hat sich dann nicht verwirklicht. In einem solchen Fall richtet sich die Deliktsfähigkeit des Kindes nach § 828 III BGB, BGH, Life&Law 2005, 159 ff. Etwas anderes gilt aber, wenn es zu einer Kollision im Straßenverkehr kommt, auch wenn das Kfz im Zeitpunkt des Zusammenstoßes steht, vgl. BGH, Life&Law 2007, 594 ff.

ee) Haftungsausfüllender Tatbestand

Zu ersetzen sind nach § 249 II S. 1 BGB die **Heilbehandlungskosten**.

Nach § 9 StVG findet § 254 BGB Anwendung, so dass eine Kürzung wegen Mitverschuldens des G in Betracht kommt. Allerdings setzt nach h.M. die Berücksichtigung eines Mitverschuldens eine „Mitverschuldensfähigkeit" voraus, die analog zur Deliktsfähigkeit nach § 828 BGB zu bestimmen ist. Nach § 828 II BGB fehlt es einem nicht zehnjährigen Kind bei einem Unfall mit einem Kraftfahrzeug an der Deliktsfähigkeit und damit auch für die Anwendung des § 254 BGB an der Mitverschuldensfähigkeit.

Damit findet eine Mitverschuldensanrechnung zu Lasten des neunjährigen G nicht statt.

Schließlich ist dem G nach § 11 S. 2 StVG auch **Schmerzensgeld** in angemessener Höhe (§ 287 ZPO) zu leisten.

Anmerkung: Beachten Sie: Beim Schmerzensgeld gibt es eine Mitverschuldenskürzung nicht, § 254 BGB (und § 9 StVG) ist nicht anwendbar.

Jedoch ist bei der Bestimmung der Höhe des Schmerzensgeldes ein mitverursachendes Verschulden zu berücksichtigen.

Das heißt: § 254 BGB nicht anwenden, der Sache nach aber das gleiche Ergebnis erzielen.

c) § 18 I StVG

Zwar kann auch der Halter zusätzlich nach § 18 I StVG haften, sofern er das unfallbeteiligte Kfz geführt hat. Da es sich jedoch um eine Haftung für vermutetes Verschulden handelt (§ 18 I S. 2 StVG) und S die Verschuldensvermutung widerlegen kann, ist eine solche Haftung nicht gegeben.

Ergebnis: G steht nur gegen S Anspruch auf Schadensersatz zu.

IV. Zusammenfassung

Sound: Höhere Gewalt i.S.v. § 7 II StVG liegt nicht vor, wenn sich ein dem Straßenverkehr allgemein innewohnendes Risiko, eine typische Gefahrenlage also, verwirklicht.

hemmer-Methode: Plötzliches Glatteis, das zu einem Verkehrsunfall führt: Keine höhere Gewalt, da es sich wieder um eine typische Gefahrenlage handelt. Höhere Gewalt wäre z.B. ein in einen Baum einschlagender Blitz, der den Fahrer eines vorbeikommenden Fahrzeuges erschreckt und so einen Unfall verursacht. Mit anderen Worten: Höhere Gewalt wird es in der Klausur kaum jemals geben.

V. Zur Vertiefung

- Hemmer/Wüst, Deliktsrecht II, Rn. 317 ff.
- Hemmer/Wüst, Deliktsrecht Karteikarte Nr. 100 ff.
- Zur Anwendbarkeit des § 828 II BGB, wenn in Streit steht, ob eine Überforderungssituation gegeben ist, vgl. BGH, Life&Law 2009, 809 ff.

Fall 43: Unabwendbares Ereignis / Integritätszuschlag, Mietwagenkosten

Sachverhalt:

A fährt am frühen Nachmittag auf der A9 Richtung München mit einer Geschwindigkeit von 170 km/h mit seinem privaten Mercedes. Unglücklicherweise hatte der sturzbetrunkene B seinen alten VW Golf, weil er sich dringend „erleichtern" musste, auf der rechten Spur in einer Kurve abgestellt. Obwohl A optimal reagierte, konnte er zwar einen Frontalaufprall, jedoch nicht ein seitliches touchieren des VW Golf vermeiden.

Beide Fahrer blieben unverletzt. A lässt seinen PKW (Wiederbeschaffungswert 8.000 €) für 6.500 € reparieren. Obwohl alle Schäden beseitigt werden konnten, schätzt ein Sachverständiger die Minderung des Wiederverkaufswerts des Mercedes zutreffend auf 2.000 €. A musste sich ferner für die Dauer der Reparatur von zwei Wochen einen Mietwagen nehmen (Kosten: 160 €).

A fragt den Anwalt R nach seinen rechtlichen Möglichkeiten. Auch möchte er wissen, ob er etwa dem B dessen Schaden zu ersetzen habe. Nach dem neuen Schadensrecht – habe er gehört – „hafte man als Halter ja so gut wie immer".

Erstellen Sie das Gutachten des R!

I. Einordnung

Der Zusammenstoß zweier PKW: Nicht nur in der Praxis, sondern auch im Examen der meistgeprüfte Fall der StVG-Haftung. Hier gilt es vor allem, mit der Betriebsgefahr beider PKW richtig umzugehen.

Weitere Probleme ergeben sich dabei auch im Bereich der §§ 249 ff. BGB. Bereits im ersten Examen sollte man die Grundzüge der hierzu entwickelten Rechtsprechung kennen.

II. Gliederung

1. **Ansprüche des A gegen B**

a) § 7 I StVG

aa) Halter, Rechtsgutverletzung (+)

bb) Bei Betrieb

(+), Abstellen auf der Fahrspur beendet Betriebsvorgang nicht

cc) Haftungsausschluss
Hier § 17 III StVG; für B kein unabwendbares Ereignis.

dd) Haftungsumfang

(1) Reparaturkosten 6.500 € nach § 249 II S. 1 BGB; merkantiler Minderwert nach § 251 I BGB, also insgesamt 8.500 €.

(2) Grenze von 130% des Wiederbeschaffungswerts nicht überschritten (kein „wirtschaftlicher Totalschaden")

(3) Mietwagenkosten als Vermögensschaden ersatzfähig, allerdings abzüglich
10% Eigenersparnis ⇨ 144 €

(4) Kürzung in Höhe der eigenen Betriebsgefahr des A, § 17 II StVG: 0%

b)   § 18 I StVG
(+), da Verschulden des Fahrers B

c)   § 823 I BGB (+)

d)   § 823 II BGB (+),
i.V.m. § 24a StVG und § 18 VIII StVO

2.   Ansprüche des A gegen die Haftpflichtversicherung des B

(+), §§ 3,3a PflVG i.V.m. § 115 I S. 1 Nr.1 VVG

3.   Ansprüche des B gegen A

Allenfalls aus § 7 I StVG; wegen Überschreitung der Richtgeschwindigkeit (130 km/h) kein unabwendbares Ereignis

Aber volle Kürzung, da Betriebsgefahr des B = 100%. Daher kein Anspruch gegen A.

III. Lösung

A könnte einen Anspruch auf Schadensersatz gegen B haben aber auch seinerseits einem Ersatzanspruch des B ausgesetzt sein. Ferner kommt auch eine Haftung der jeweiligen Haftpflichtversicherung in Betracht.

1. Ansprüche des A gegen B

Fraglich sind Ansprüche des A gegen B.

a) § 7 I StVG

Ein Schadensersatzanspruch des A könnte sich aus § 7 I StVG ergeben.

aa) Halter, Rechtsgutsverletzung

Mangels entgegenstehender Anhaltspunkte ist davon auszugehen, dass B **Halter** seines VW Golf – ein Kraftfahrzeug i.S.d. §§ 7 I, 1 II StVG – ist.

Auch ist es bzgl. des Mercedes des A zu einer Sachbeschädigung und damit zur **Verletzung** eines der in § 7 I StVG genannten Rechtsgüter gekommen.

bb) Bei Betrieb

Der Unfall ereignete sich **bei Betrieb** des Kfz des B. Denn das Schadensereignis fand in unmittelbarem örtlichen und zeitlichen Zusammenhang mit den Betriebsvorgängen des VW Golf statt. Durch das Stehenlassen des PKW auf der rechten Fahrspur der Autobahn kam es nicht zu einer Beendigung des Betriebsvorgangs, so dass sich der Unfall bei Betrieb des PKW ereignete.

Anmerkung: Wie schon im vorigen Fall: „Bei Betrieb" weit auslegen! Nur bei vorschriftsgemäßem Abstellen auf öffentlichem oder privatem Grund kann der Betriebsvorgang „ruhen" und eine Haftung nach § 7 I StVG ausscheiden. Allgemein gilt als Faustregel: Sofern von dem PKW noch irgendwelche Gefahren ausgehen, ist der Betriebsvorgang noch nicht beendet!

cc) Haftungsausschluss

Fraglich ist allerdings, ob ein Haftungsausschluss des B in Betracht kommt.

(1) Hier könnte § 17 III StVG als Spezialregelung gegenüber § 7 II StVG greifen. § 17 III StVG ist als Spezialregelung auf § 17 I StVG zugeschnitten, der vor allem die Haftung der Fahrzeughalter zueinander regelt.

Daher kommt § 17 III StVG als Haftungsausschluss nur für den Fall eines Unfalles zwischen zwei Kraftfahrzeugen zur Anwendung. Da ein solcher hier vorliegt, ist § 17 III StVG anzuwenden.

(2) Fraglich ist, ob der Unfall für den B ein unabwendbares Ereignis darstellte.

Unabwendbarkeit ist zu bejahen, *wenn der Unfall durch Vorgänge verursacht wurde, die von außen auf den Kfz-Betrieb einwirkten und weder der Halter noch der Fahrer selbst bei der höchstmöglichen Sorgfalt den Unfall verhindern konnten.*

Dabei ist nicht auf den Begriff der verkehrsüblichen Sorgfalt gem. § 276 II BGB abzustellen, sondern auf ein über den gewöhnlichen Maßstab hinausgehendes umsichtiges und reaktionsschnelles Verhalten (sog. Idealfahrer), vgl. § 17 III S. 2 StVG.

Anmerkung: Beachten Sie: Der Unfall darf gem. § 17 III S. 1 StVG keinesfalls auf einem Versagen der Vorrichtungen des PKW beruhen. Platzt also ein Reifen, bricht das Lenkgestänge etc., liegt niemals ein unabwendbares Ereignis vor!

B durfte keinesfalls seinen PKW auf der Fahrspur der Autobahn abstellen, § 18 VIII StVO. Zudem fuhr er entgegen § 24a StVG (0,5‰-Grenze) alkoholisiert. Damit hielt B die nötigen Sorgfaltspflichten nicht ein, ein unabwendbares Ereignis für B scheidet aus.

dd) Haftungsumfang

Problematisch ist die Ersatzfähigkeit der geltend gemachten Schäden des A. Dies richtet sich nach den §§ 249 ff. BGB.

(1) Da wegen Beschädigung einer Sache Ersatz zu leisten ist, sind die **Reparaturkosten** von 6.500 € als Kosten der Naturalrestitution grundsätzlich nach § 249 II S. 1 BGB ersatzfähig.

(2) Ein Schaden zum Nachteil des A ist aber auch in dem durch den Unfall nach vollständiger Reparatur geminderten Wiederverkaufswert, sog. **merkantiler Minderwert**, zu sehen. Dieser ergibt sich daraus, dass der Mercedes – trotz Beseitigung aller Schäden – von nun an als „Unfallwagen" angesehen wird, wofür nur ein geringerer Verkaufspreis zu erzielen ist.

Dieser Schaden lässt sich im Wege der Naturalrestitution nicht beseitigen. Bei Unmöglichkeit der Naturalrestitution ist nach § 251 I BGB Geldersatz für den Vermögensschaden zu leisten (sog. Schadenskompensation). Das Vermögen ist um die Wertminderung von 2.000 € gemindert, so dass dieser Betrag nach § 251 I BGB grundsätzlich ersatzfähig ist.

(3) Die obige Abrechnung auf Reparaturkostenbasis könnte jedoch **aus einem anderen Grund ausgeschlossen** sein.

Denn bei Beschädigung eines PKW ist nach der Rechtsprechung auch eine andere Form der Naturalrestitution möglich: Die Wiederbeschaffung eines vergleichbaren PKW. Die Wiederbeschaffungskosten sind nach § 249 II S. 1 BGB ebenfalls ersatzfähige Kosten.

Anmerkung: Dies ist logisch, denn bei einer Beschädigung eines PKW wird der Schaden entweder durch Reparatur oder durch Verschaffung eines neuen vergleichbaren PKW beseitigt. Der abweichenden Auffassung in der Literatur, wonach *derselbe* PKW wiederherzustellen ist und deshalb nur die Reparaturkosten im Wege der Naturalrestitution ansatzfähig seien, ist in der Klausur besser nicht zu folgen. Sie ist letztlich nach Neufassung des § 249 BGB auch nicht mehr vertretbar.

Auch die Kommentierung bei Palandt hat sich mittlerweile dem BGH angeschlossen.

Wen es interessiert: Der Wiederbeschaffungswert liegt immer ca. 20-**25% über dem Zeitwert** des PKW, da die Gewinnspanne des Kfz-Händlers einzuberechnen ist.

Es fällt auf, dass bei der vorgenommenen Reparatur der Gesamtschaden am PKW 8.500 € beträgt (6.500 € Reparatur + 2.000 € merkantiler Minderwert), während eine Wiederbeschaffung nur 8.000 € gekostet hätte. Immerhin trifft den Geschädigten auch bei der Schadensbeseitigung eine Schadensminderungspflicht, vgl. § 254 II BGB.

Andererseits ist zu beachten, dass jeder Kfz-Eigentümer auch ein gesteigertes ideelles Interesse daran hat, *seinen* PKW zu behalten, schon weil er mit diesem vertraut ist und seine Besonderheiten kennt und schätzt. Diesem sog. **Integritätsinteresse** trägt die Rechtsprechung in folgender Weise Rechnung: Es ist eine Vergleichsrechnung anzustellen zwischen

Reparaturkosten + Minderwert zu 130% des Wiederbeschaffungswerts.

Der Zuschlag von 30% trägt dem Integritätsinteresse Rechnung, sog. *Integritätszuschlag.*

Dabei ist eine rein objektive Betrachtung erforderlich. Unerklärbare Rabattierungen der Werkstatt, welche die Reparaturkosten unter die 130 %-Grenze „drücken", bleiben unberücksichtigt, vgl. BGH, Life&Law 2011, 393 ff.

Übersteigt die Summe von Reparaturkosten und Minderwert die 130%, so ist nicht auf 130% zu kürzen, sondern es *muss* über den Wiederbeschaffungswert abgerechnet werden; diesen Fall

des Übersteigens der 130% nennt man einen „wirtschaftlichen Totalschaden". Die Rechtsprechung macht dies an dem Wort „erforderlich" in § 249 II S. 1 BGB fest.

Anmerkung: Von einem „**technischen Totalschaden**" spricht man, wenn die Reparatur wirklich technisch *nicht möglich* ist. Dann sind ebenfalls die Wiederbeschaffungskosten zu leisten.

Daneben gibt es noch den sog. „**unechten Totalschaden**": Ist ein *neuer* PKW (Fahrleistung bis ca. 3.000 km) – auch nur geringfügig – beschädigt und kann dem Eigentümer eine Reparatur nicht zugemutet werden, so darf dieser ebenfalls über die Wiederbeschaffungskosten abrechnen, muss aber tatsächlich eine Ersatzbeschaffung auch vornehmen, BGH, Life&Law 2009, 661 ff.

Man stelle sich nur den Porschefahrer vor, dessen neuer Porsche einen Schaden erleidet: Dieser will keine Reparatur, sondern einen neuen Porsche haben!

130% des Wiederbeschaffungswertes sind vorliegend 1,3 x 8.000 € = 10.400 €. Diese Grenze wird von der Summe der Reparaturkosten und des Minderwerts = 8.500 € nicht überschritten. Daher bleibt es bei der Ersatzfähigkeit dieser Beträge.

Anmerkung: Wenn über den Wiederbeschaffungswert abgerechnet wird, ist zu beachten, dass der Geschädigte letztlich einen neuen Wagen erhält und auch den beschädigten alten Wagen noch hat. Von den Wiederbeschaffungskosten ist daher der Restwert des Altwagens abzuziehen (sog. „Abzug neu für alt").

(4) Ferner hatte A **Mietwagenkosten** von 160 € zu tragen. Diese sind als Vermögensschaden zunächst ersatzfähig.

Allerdings hat sich A während der Mietwagennutzung eigene Aufwendungen am eigenen PKW erspart (z.B. der gewöhnliche Verschleiß). Diese Ersparnis ist im Wege des Vorteilsausgleichs gegenzurechnen, die Rechtsprechung nimmt pauschal einen Abzug von derzeit 10% vor, so dass nur (160 € - 16 € =) 144 € ersatzfähig sind.

Anmerkung: Diesem Abzug für die sog. Eigenersparnis kann man nach der Rechtsprechung entgehen, wenn man gleich einen Wagen einer entsprechend niedrigeren Kategorie mietet. Dies ist zwar dogmatisch nicht ganz sauber (die Eigenersparnis fällt ja trotzdem an), aber wirtschaftlich gerecht.

Damit ist insgesamt ein Betrag von (8.500 € + 144 € =) 8.644 € ersatzfähig.

(5) Schließlich kommt noch eine **Kürzung nach § 17 II StVG** in Betracht.

Die h.M. geht davon aus, dass jedem betriebenen PKW eine **Betriebsgefahr** innewohnt.

Die Betriebsgefahr des eigenen PKW ist stets anspruchskürzend zu berücksichtigen. Bei § 17 II StVG sind Verursachungsquoten zu finden; diese bestimmen sich nach der Betriebsgefahr des jeweiligen unfallbeteiligten Kfz.

Die Betriebsgefahr eines Kfz besteht *in der Gesamtheit der Umstände, welche, durch die Eigenart des Kfz begründet, Gefahr in den Verkehr tragen*.

Betriebsgefahrerhöhend wirken sich dabei einerseits die Beschaffenheit des PKW (alte Bremsen etc.) und ein Verschulden des Fahrers andererseits aus.

Liegen keine gefahrerhöhenden Umstände vor, ist die sog. **einfache Betriebsgefahr** von ca. 20-25% in Abzug zu bringen. Eine Reduzierung auf 0% findet nur statt, wenn die Betriebsgefahr des anderen PKW wegen eines schweren schuldhaften Verkehrsverstoßes der anderen Seite bei weitem überwiegt. Ein solcher Fall ist vorliegend anzunehmen: A hat schuldlos gehandelt, sein PKW war einwandfrei. B hat dagegen zwei schwerwiegende Verkehrsverstöße schuldhaft begangen. Daher beträgt die Betriebsgefahr des A 0%, eine Kürzung nach § 17 II StVG findet nicht statt.

Anmerkung: § 17 II StVG kann nach h.M. nur zur Anwendung kommen, wenn *beide Halter* sich gegenseitig nach dem StVG haften. So müsste man eigentlich die Haftungsverpflichtung des A hier inzident prüfen. Eine solche unschöne Schachtelprüfung darf man aber auch unterlassen, da man die Haftung des A später ohnehin noch zu prüfen hat; hier nimmt man dann letztlich das später zu findende Ergebnis stillschweigend vorweg.

b) § 18 I StVG

Als Fahrer haftet der B zudem nach § 18 I StVG. Da er den Unfall durch Trunkenheit und aufgrund eines Verstoßes gegen das Halteverbot auf Autobahnen (s.o.) begangen hat, handelte er fahrlässig und kann damit die Verschuldensvermutung des § 18 I S. 2 StVG nicht entkräften.

c) § 823 I BGB

B hat das Rechtsgut „Eigentum" des A durch sein Verhalten zurechenbar kausal und rechtswidrig verletzt.

Ferner handelte er fahrlässig und damit schuldhaft (s.o.). Also haftet er auch nach § 823 I BGB; der Anspruchsumfang ist der gleiche wie bei §§ 7 I, 18 I StVG.

d) § 823 II BGB

Ferner hat B schuldhaft die Schutzgesetze § 24a StVG (0,5‰-Grenze) und § 18 VIII StVO (Halteverbot auf Autobahnen) verletzt, so dass er auch nach § 823 II BGB in gleichem Umfang dem A haftet.

2. Ansprüche des A gegen die Haftpflichtversicherung des B

Es ist davon auszugehen, dass B pflichtversichert war. Gegen den Versicherer hat A denselben Anspruch wie gegen den Versicherten B, §§ 3, 3a PflVG i.V.m. § 115 I S. 1 Nr.1 VVG. Die Versicherung und B haften dem A als Gesamtschuldner i.S.d. §§ 421 ff. BGB.

Anmerkung: Vergessen? Im ersten Staatsexamen nicht so schlimm. Und im zweiten Staatsexamen würde Ihnen sicher die Anschrift des Pflichtversicherers genannt, um eine Klageschrift entwerfen zu können, so dass Sie auf die o.g. Vorschriften schon kommen würden. In der Praxis könnte es sich ein Anwalt jedoch nicht erlauben, den Anspruch gegen die Haftpflichtversicherung des Unfallgegners zu übersehen!

3. Ansprüche des B gegen A

Da A in jeder Hinsicht schuldlos handelte, kommen Ansprüche des B gegen ihn aus §§ 18 I StVG, 823 I, II BGB nicht in Betracht. Es verbleibt ein möglicher Anspruch aus § 7 I StVG.

a) A hat als Halter seines unfallbeteiligten Kfz bei dessen Betrieb einen Sachschaden am PKW des B verursacht.

b) Hier könnte jedoch für den A ein **unabwendbares Ereignis** i.S.d. § 17 III StVG vorliegen.

Vorliegend hat A unter den gegebenen Umständen optimal gehandelt, so dass die Annahme eines unabwendbaren Ereignisses nahe liegt. Allerdings ist A entgegen der Empfehlung gem. § 1 S. 1 Nr. 1 Autobahn-Richtgeschwindigkeits-VO (Schönfelder Nr. 35c) schneller als 130 km/h gefahren.

Nach dem BGH liegt ein unabwendbares Ereignis dann nicht mehr vor, wenn die Richtgeschwindigkeit von 130 km/h erheblich überschritten wurde, es sei denn der Fahrer kann nachweisen, dass es auch bei Einhaltung der Richtgeschwindigkeit zum Unfall gekommen wäre. Da für eine solche Annahme vorliegend die Anhaltspunkte fehlen, liegt ein unabwendbares Ereignis nicht vor.

Anmerkung: Das hat mit dem Wortlaut des § 17 III StVG nur noch wenig zu tun. Die Ansicht besagt letztlich, dass man bei Überschreiten der Richtgeschwindigkeit nicht mehr sorgfaltsgemäß i.S.v. § 17 III S. 2 StVG handelt. Das ist mit dem Charakter der Richtgeschwindigkeit als bloße *Empfehlung* nur noch schwer zu vereinbaren.

c) Allerdings ist bei Anwendung des § 17 II StVG dem B eine Betriebsgefahr von 100% zuzurechnen (s.o.). Daher ist der Anspruch auf 0 € zu kürzen.

Ergebnis: A kann von B und dessen Haftpflichtversicherung als Gesamtschuldner 8.644 € verlangen. B hat gegen A keinen Anspruch.

Anmerkung: Für Fortgeschrittene eine prozessuale Anmerkung: A wird zum einen die Haftpflichtversicherung verklagen, da diese sicher ausreichend solvent ist. Er wird aber sinnvollerweise diese nicht allein, sondern zusammen mit dem B als (einfache) Streitgenossen i.S.v. §§ 59, 60 ZPO verklagen.

Dies hat den Vorteil, dass B bezüglich des Unfalls nicht als Zeuge aussagen kann (niemand kann zugleich Partei und Zeuge sein). Anderenfalls würde nämlich die Versicherung den B als Zeuge benennen und dieser würde „das Blaue vom Himmel lügen".

Eine solche „Ausschaltung" des B als Zeugen durch das gemeinsame Verklagen der Versicherung und B ist in der anwaltlichen Praxis absolut üblich.

2. Ein wirtschaftlicher Totalschaden liegt vor, wenn die Summe aus Reparaturkosten und merkantilem Minderwert 130% des Wiederbeschaffungswertes überschreiten. Dann ist nur der Wiederbeschaffungswert (abzüglich des Restwertes) ersatzfähig.

3. Die Kosten eines gleichwertigen Mietwagens sind um eine Eigenersparnis von ca. 10% zu kürzen.

4. Bei § 17 II StVG ist das Verhältnis der Betriebsgefahren (in Prozent) zu ermitteln; die eigene Betriebsgefahr ist anspruchskürzend zu berücksichtigen. Die Betriebsgefahr richtet sich nach der Beschaffenheit des eigenen PKW und dem Verschulden des Fahrers; sie beträgt grundsätzlich mindestens 20%. Nur bei einem weit überwiegenden Verschulden der anderen Seite ist sie auf 0% zu kürzen.

IV. Zusammenfassung

Sound:
1. Bei einem Unfall zwischen zwei Kfz kommt es für den Haftungsausschluss nicht auf die höhere Gewalt nach § 7 II StVG, sondern auf das unabwendbare Ereignis nach § 17 III StVG an.

hemmer-Methode: Bei den Problemen der §§ 249 ff. BGB beim PKW-Unfall ist Vieles reine Rechtsprechung; im Ergebnis sollte man sich an dieser orientieren und nicht abweichenden Literaturauffassungen folgen. Allerdings kann über die klassischen Fragen hinaus (130%-Grenze, Betriebsgefahr u.ä.) von Ihnen kein Detailwissen verlangt werden. Sie sind kein „wandelnder Palandt" und wollen ein solcher auch nicht sein! Interessant ist noch, dass der BGH die 130%-Grenze auch bei *betrieblichen* PKW anerkannt hat, vgl. Life&Law 1999, 346 (= BGH, NJW 1999, 500).

V. Zur Vertiefung

- Hemmer/Wüst, Deliktsrecht I, Rn. 317 ff.
- Hemmer/Wüst, Deliktsrecht Karteikarte Nr. 100 ff.
- Zur Abgrenzung zwischen § 17 und § 9 StVG vgl. BGH, Life&Law 2007, 817 ff., sowie BGH, Life&Law 10/2014: Hier geht es um eine Kürzung gem. § 9 StVG i.V.m. § 254 I BGB wegen Nichttragen eines Fahrradhelms. Der BGH lehnt eine Kürzung ab, weil keine Rechtspflicht zum Tragen eines Fahrradhelms besteht.

Fall 44: Haftungseinheit zwischen Halter und Fahrer, entgangene Gebrauchsvorteile

Sachverhalt:

J ist Halter und Eigentümer eines neuen PKW Mazda 323f. Bei seiner Abiturfeier hat er zu viel Martini bianco konsumiert und will deshalb zunächst in dem Auto seinen Rausch ausschlafen. Von H, der unbedingt nach Hause will, lässt er sich überreden, dass H als Fahrer im PKW des J mit diesem zusammen den Heimweg antritt. Was J allerdings nicht wusste: H hatte – bislang als Anti-Alkoholiker bekannt – heimlich Wein getrunken und einen Blutalkoholgehalt von 0,9 Promille.

Bei der Heimfahrt übersieht H trotz bester Sichtverhältnisse eine rote Ampel und kollidiert mit dem Opel Kadett des D; am PKW des J ist aufgrund der stabilen Stoßstange nicht mal ein Kratzer sichtbar. D fordert von J und H Ersatz der Reparaturkosten von 300 €. Ferner macht er geltend, dass er den Wagen während der Reparaturdauer von fünf Tagen nicht nutzen konnte und verlangt auch hierfür Ersatz.

Frage: Mit Recht? Ansprüche gegen Haftpflichtversicherungen sind nicht zu prüfen.

I. Einordnung

Es ist strikt zwischen den Mietwagenkosten für ein *tatsächlich* gemieteten Ersatzwagen und den am beschädigten Wagen entgangenen Gebrauchsvorteilen zu unterscheiden. Beide Fragestellungen haben rechtlich miteinander nichts zu tun und werden – gerade in der Aufregung des Examens – doch gerne durcheinander geworfen.

II. Gliederung

1. Ansprüche gegen H

a) § 7 I StVG
(-), da H nicht Halter

b) § 7 III StVG
(-), da Nutzung des H durch Halter J gestattet

c) § 18 I StVG

aa) Führer eines Kraftfahrzeuges (+)

bb) Rechtsgutsverletzung
Seitens D Sachschaden (+)

cc) Verschulden
Fahren mit 0,9 Promille ist sorgfaltspflichtwidrig; Vermutung, dass hierauf der Unfall beruht.

dd) Haftungsausschluss
Kein unabwendbares Ereignis i.S.v. § 17 III StVG

ee) Haftungsumfang

(1) Reparaturkosten (+)

(2) Entgangene Gebrauchsvorteile
Nach dem Kommerzialisierungsgedanken Vermögensschaden (+)

(3) Kürzung nach § 17 I StVG
(-), Betriebsgefahr des D mit 0% anzusetzen

d) § 823 I, II BGB (+)

2. Ansprüche gegen J

a) § 7 I StVG
(+), insbesondere auch beim Anspruch des J Betriebsgefahr des D mit 0% anzusetzen: Haftungseinheit zwischen Fahrer und Halter

b) § 823 I, II BGB
Mangels Verschulden des J (-)

3. Ergebnis: Gesamtschuldnerische Haftung von H und J.

III. Lösung

D könnten Ersatzansprüche gegen J und H zustehen.

1. Ansprüche gegen H

D könnte einen Anspruch auf Ersatz der geltend gemachten Schäden gegen H haben.

Anmerkung: Sie hätten ebenso gut mit Ansprüchen gegen den Halter J beginnen können. Da aber H als Fahrer der unmittelbare Schädiger ist, wurde die vorliegende Reihenfolge gewählt – das ist aber absolut nicht zwingend.

a) § 7 I StVG

Da H nicht als Halter des unfallbeteiligten Mazda anzusehen ist, kommt ein Anspruch aus § 7 I StVG gegen ihn nicht in Betracht.

b) § 7 III StVG

H benutzte das Fahrzeug nicht ohne Wissen und Wollen des Halters J. Dass H dem J möglicherweise konkludent vortäuschte, voll fahrtüchtig zu sein, ändert hieran nichts. J war mit der Benutzung durch H einverstanden.

c) § 18 I StVG

Jedoch könnte sich ein Anspruch gegen H aus § 18 I StVG ergeben.

aa) Führer eines Kraftfahrzeuges

H führte den PKW Mazda und damit ein Kraftfahrzeug i.S.v. §§ 18 I S. 1, 1 II StVG.

bb) Rechtsgutsverletzung

Bei Betrieb dieses Fahrzeugs beschädigte er das Sacheigentum des D an dessen PKW Opel, §§ 18 I S. 1, 7 I StVG

cc) Verschulden

§ 18 I S. 1 StVG stellt im Unterschied zu § 7 I StVG keine Gefährdungshaftung, sondern eine Haftung für vermutetes Verschulden dar, vgl. § 18 I S. 2 StVG.

Unter Verschulden ist – wie bei § 823 I BGB – Vorsatz und Fahrlässigkeit zu verstehen. H fuhr entgegen § 24a StVG mit einem Promillegehalt von 0,9 Promille. Der zum Unfall führende Fahrfehler, das Übersehen einer roten Ampel trotz bester Sichtverhältnisse, stellt eine typische Folgeerscheinung einer derartigen Alkoholisierung dar, so dass die Sorgfaltspflichtverletzung letztlich zu dem Unfall geführt hat. Da H fahrlässig handelte, kann er den Entlastungsbeweis des § 18 I S. 2 StVG damit nicht antreten.

Anmerkung: Im ersten Examen müssen Sie keine Beweislastentscheidungen treffen. Daher stellen Sie – auch wenn das Verschulden vermutet wird – dieses positiv fest. Eine Beweislastentscheidung käme nämlich nur bei einer Ungewissheit hinsichtlich des *Sachverhaltes* zum Tragen; eine solche haben Sie aufgrund des vorgegebenen Klausursachverhaltes jedoch regelmäßig nicht.

dd) Haftungsausschluss

Da es um die Ausgleichspflicht bei einem Unfall zwischen zwei Kraftfahrzeugen geht, kommt als Ausschlussvorschrift nicht § 7 II StVG, sondern die Sondervorschrift des § 17 III StVG zum Tragen, die über § 18 III StVG auch für die Fahrerhaftung gilt.

Jedoch liegt ein unabwendbares Ereignis gem. § 17 III S. 2 StVG nicht vor, wenn der Führer des Fahrzeugs sorgfaltspflichtwidrig gehandelt hat. Dies war vorliegend aufgrund der alkoholbedingt eingeschränkten Fahrtüchtigkeit des H der Fall.

Damit ist die Haftung des H nicht nach § 17 III StVG ausgeschlossen.

ee) Haftungsumfang

Fraglich ist der Umfang der von H zu ersetzenden Schäden. Dies richtet sich vorrangig nach den §§ 249 ff. BGB.

Anmerkung: Sie können übrigens auch – wie aus § 823 I BGB bekannt – die Voraussetzungen aa) bis dd) unter dem Gesichtspunkt „haftungsbegründender Tatbestand" zusammenfassen, ee) wäre dann der haftungsausfüllende Tatbestand.
Bei der Wahl der Überschriften haben Sie stets eine gewisse schöpferische Freiheit; finden Sie Ihren eigenen Stil!

(1) Die **Reparaturkosten** von 300 € sind nach § 249 II S. 1 BGB ersatzfähig.

(2) Fraglich ist aber, ob auch für die **entgangene Nutzung** am Opel Kadett zum Nachteil des D Ersatz zu leisten ist.

Dies ist nicht im Wege der Naturalrestitution möglich: Die Nutzungsmöglichkeit ist für die abgelaufenen fünf Reparaturtage tatsächlich entgangen, H kann die Uhr nicht zurückdrehen. Wegen Unmöglichkeit der Naturalrestitution ist daher Geldersatz im Wege der Schadenskompensation gem. § 251 I BGB zu leisten. Dies setzt aber das Vorliegen eines Vermögensschadens voraus, § 253 I BGB.

Anmerkung: Beliebte Frage in der mündlichen Prüfung: „Ist nach den §§ 249 ff. BGB Schadensersatz auch für immaterielle Schäden zu leisten?" – falsche Antwort: „Grundsätzlich nicht, § 253 I BGB". Richtig: „Ja, im Wege der Naturalrestitution ist *jeder* Schaden ersatzfähig. Nur beim *Geldersatz* nach § 251 BGB sind grundsätzlich nur Vermögensschäden zu ersetzen, § 253 I BGB. Also: § 253 I BGB schränkt nur die Schadenskompensation (§ 251 BGB) ein, nicht aber die (vorrangige) Naturalrestitution!

Fraglich ist also, ob entgangene Gebrauchsvorteile an einem PKW als Vermögensschaden angesehen werden können. Dies ist entsprechend der Differenzhypothese durch Vergleich der jetzigen Vermögenslage mit der hypothetisch jetzigen Vermögenslage ohne das schädigende Ereignis zu ermitteln. Dabei scheint sich rechnerisch keine Differenz insoweit zu ergeben.

Vertreten wird, dass der Vermögensschaden im fehlgeschlagenen Unterhaltsaufwand des PKW liege, sog. **Frustrationstheorie**. J hat laufende Aufwendungen für den PKW, die für die Dauer der unterbliebenen Nutzung wirtschaftlich nutzlos waren. Dieser Ansicht wird jedoch entgegengehalten, dass eine zu starke Ausweitung der Haftung zu befürchten wäre.

Ein an der Gesundheit Geschädigter etwa, der im Krankenhaus stationär behandelt werden muss, könnte alle seine laufenden Aufwendungen während dieser Zeit geltend machen (GEZ-Beitrag für den Fernseher zu Hause, Mietkosten seine Wohnung, Abnutzung seiner Gebrauchsgegenstände).

Die Rechtsprechung arbeitet im Bereich entgangener Gebrauchsvorteile daher mit dem **Kommerzialisierungsgedanken**: Ein Vermögensschaden liegt vor, wenn der fragliche Gebrauchsvorteil einen Marktwert hat; dies ist allerdings nicht nur bei Kraftfahrzeugen, sondern nahezu bei allen Gegenständen zu bejahen: Denn nahezu alle Gegenstände lassen sich gegen Entgelt mieten und vermieten. Es ist daher eine weitere Einschränkung vorzunehmen: Geschützt sind nur *solche Lebensgüter, auf deren ständige Verfügbarkeit der Berechtigte für die eigenwirtschaftliche Lebensführung typischerweise angewiesen ist.*

Dies wird letztlich nur bei Kraftfahrzeugen und der Wohnung bejaht; jedoch auch nur dann, wenn eine **fühlbare Beeinträchtigung** vorliegt, also überhaupt Nutzungswille und Nutzungsmöglichkeit vorliegt. Dies ist bei dem PKW des D anzunehmen.

Anmerkung: Eine Nutzungsmöglichkeit fehlt insbesondere dann, wenn der Geschädigte verletzt im Krankenhaus liegt und daher den PKW ohnehin nicht nutzen könnte. Etwas anderes gilt jedoch, wenn der PKW typischerweise auch noch von anderen Personen genutzt wird und diese ihn während des Krankenhausaufenthalt auch nutzen würden (z.B. die Freundin des D etc.).

Der Kommerzialisierungsgedanke greift nach der Rechtsprechung des BGH allerdings nicht bei einem Freizeit-Wohnmobil. (BGH, Life&Law 2008, 600 ff.). Ob etwas anderes gilt, wenn das Wohnmobil die Funktion eines „normalen" PKW miterfüllt, bleibt offen.

Daher liegt für die fünf entgangenen Tage des Gebrauchs am PKW des D ein Vermögensschaden vor. Dieser wird von der h.M. mit 35-40% der üblichen Miete angesetzt.

Anmerkung: In der Praxis gibt es hierfür besondere Tabellen, früher von Sanden/Danner, jetzt von Küppersbusch/Seifert/Splitter herausgegeben. Genaueres Wissen wird an dieser Stelle von Ihnen freilich nicht erwartet.

(3) Allerdings kommt eine **Kürzung nach § 17 I StVG** in Betracht. D muss sich die Betriebsgefahr seines PKW anrechnen lassen.

Diese ist – auch ohne gefahrerhöhende Umstände – grundsätzlich mit ca. 20% anzusetzen. Etwas anderes gilt jedoch bei einem grob verkehrswidrigen Verhalten der anderen Seite. Da H den Unfall aufgrund seiner Alkoholisierung verursacht hat, kann von einem solchen Fall ausgegangen werden, die Betriebsgefahr des D ist damit mit 0% anzusetzen, eine Kürzung nach § 17 I StVG findet nicht statt.

d) § 823 I, II BGB

H hat den Unfall und damit die Verletzung des Eigentums des D fahrlässig verursacht (s.o.). Er haftet daher auch nach § 823 I BGB; zudem haftet er nach § 823 II BGB i.V.m. § 24a StVG.

2. Ansprüche gegen J

Fraglich ist allerdings, ob dem D auch Ersatzansprüche gegen J zustehen.

a) § 7 I StVG

aa) J ist Halter des unfallbeteiligten PKW Mazda. Bei Betrieb dieses Kraftfahrzeuges (§ 1 II StVG) ereignete sich der Sachschaden des D.

bb) Für J liegt **kein unabwendbares Ereignis** i.S.v. § 17 III StVG vor: Ein solches ist nach dem ausdrücklichen Wortlaut des § 17 III S. 2 StVG nur gegeben, wenn *sowohl* Halter *als auch* Fahrer des eigenen Fahrzeuges die höchstmögliche Sorgfalt beachtet haben. Hier hat der Fahrer H aufgrund seines alkoholisierten Zustandes nicht als pflichtgemäßer Idealfahrer gehandelt.

Auf ein eventuelles Idealverhalten des Halters H kommt es daher nicht an.

cc) Hinsichtlich des **Haftungsumfangs** gelten die Ausführungen zum Anspruch gegen H entsprechend, s.o.

dd) Denkbar erscheint jedoch eine **Kürzung nach § 17 I StVG.**

Dies hängt von einer Abwägung der Betriebsgefahren ab.

Hierbei ist jedoch zu beachten: Die Betriebsgefahr bestimmt sich im Wesentlichen nach zwei Faktoren, nämlich der Beschaffenheit des eigenen Fahrzeugs einerseits und dem Verschulden des Fahrers des eigenen Fahrzeuges andererseits.

Damit erhöht ein sorgfaltspflichtwidriges Verhalten des Fahrers die Betriebsgefahr, ohne dass es eines besonderen Zurechnungsgrundes bedürfte (§§ 254 II S. 2, 278 BGB ist nicht nötig!).

Halter und Fahrer desselben Fahrzeuges bilden eine sog. **Haftungseinheit**, sie müssen sich **dieselbe Betriebsgefahr** entgegenhalten lassen. Hier führt das grob verkehrswidrige Verhalten des H zu einer Betriebsgefahr des Mazda von 100%, so dass eine Kürzung auch des Anspruches gegen J nach § 17 I StVG ausscheidet.

Anmerkung: Eine wichtige Weichenstellung. Viele Bearbeiter fangen hier an zu versuchen, dem Halter J das Verschulden seines Fahrers H irgendwie nach §§ 9 StVG, 254 II S. 2, 278 BGB zuzurechnen. Dies ist nicht nötig: Die eigene Betriebsgefahr erhöht sich *automatisch* durch das Verschulden des Fahrers des eigenen PKW!

b) § 823 I, II BGB

Ansprüche aus § 823 I, II BGB gegen J scheitern jedenfalls an dessen fehlenden Verschulden.

Ergebnis: D kann die Reparaturkosten sowie die entgangenen Gebrauchsvorteile an seinem Opel Kadett für den Zeitraum der Reparatur sowohl von H als auch von J ersetzt verlangen; beide haften ihm als Gesamtschuldner, § 840 I BGB.

Im *Innenverhältnis* zwischen H und J ist davon auszugehen, dass den H aufgrund seines grob verkehrswidrigen Verhaltens eine Haftungsquote von mindestens 70% trifft; insoweit gilt „ein anderes" i.S.v. § 426 I S. 1 BGB a.E.

IV. Zusammenfassung

Anmerkung: Die eigene Betriebsgefahr erhöht sich durch ein schuldhaft
verkehrswidriges Verhalten des Fahrers. Fahrer und Halter desselben
Kraftfahrzeuges bilden eine Haftungseinheit und müssen sich dieselbe eigene Betriebsgefahr entgegenhalten lassen.

hemmer-Methode: Die Betriebsgefahr wird immer in Prozent angegeben, dabei
wendet die Praxis Zehnerschritte an (30%, 40% etc.). 20% ist die normale, stets
heranzuziehende eigene Betriebsgefahr. Diese reduziert sich nur bei einem grob
verkehrswidrigen Verhalten der anderen Seite auf 0%. Da es zwischen 0% und
20% nichts gibt, sollten Sie auch nicht auf Betriebsgefahren wie 12% o.ä. kommen.

V. Zur Vertiefung

- Hemmer/Wüst, Deliktsrecht II, Rn. 317 ff.
- Hemmer/Wüst, Deliktsrecht Karteikarte Nr. 100 ff.
- Zur Kommerzialisierung vgl. BGH, Life&Law 2008, 600 ff.

Fall 45: Gleich hohe Betriebsgefahr beim Kfz-Unfall / fiktive Reparaturkosten

Sachverhalt:

P fährt mit seinem Golf Cabrio im Stadtgebiet von Würzburg. Obwohl P vorsichtig fährt, verliert er aufgrund eines Ölflecks in einer Rechtskurve die Kontrolle über sein Fahrzeug und rutscht auf die Gegenspur. Dort kollidiert er mit dem entgegenkommenden PKW des X. P hatte zwar mit der durchschnittlichen Reaktionsgeschwindigkeit reagiert. Bei optimaler Fahrweise hätte er aber den Wagen abfangen und einen Unfall vermeiden können. Auch X, der sich in jeder Hinsicht sorgfaltsgemäß verhalten hat, hätte bei idealem Fahrverhalten dem P ausweichen können.

Die Reparaturkosten des X betragen (Wiederbeschaffungswert: 4.500 €; Restwert: 1.200 €) voraussichtlich 2.500 €, das Fahrzeug weist einen merkantilen Minderwert von 500 € auf. X verlangt von P Schadensersatz. Als P erfährt, dass X seinen PKW in unrepariertem Zustand seinem Freund F geschenkt hat, will er den vollen Betrag nicht zahlen. P meint, er müsse nur die durch den Unfall aufgetretene Wertminderung dem X ersetzen und diese auch nicht in vollem Umfang.

Frage: Welche Ansprüche hat X gegen P?

I. Einordnung

Wenn sich ein Schadensersatzanspruch auf Naturalrestitution nach § 249 II S. 1 BGB in Gestalt einer Reparatur richtet, ergeben sich Probleme, wenn der Geschädigte die beschädigte Sache an Dritte veräußert. Da dann dieser Schadensersatz nicht mehr geleistet werden kann, könnte an eine Unmöglichkeit der Naturalrestitution und damit an einen Fall des § 251 I BGB zu denken sein.

II. Gliederung

Ansprüche des X gegen P:

1. Anspruch aus § 7 I StVG

a) Halter, Rechtsgutsverletzung (+)

b) Bei Betrieb (+)

c) Haftungsausschluss
§ 17 III StVG: Für P kein unabwendbares Ereignis, da P kein „Idealfahrer"

d) Ersatzfähiger Schaden

aa) Reparaturkosten § 249 II S. 1 BGB, merkantiler Minderwert § 251 I BGB

bb) „erforderlich" i.S.v. § 249 II S. 1 BGB? Da keine Reparatur erfolgt ist, ist 130%-Rechtsprechung nicht anzuwenden; Vergleich Reparaturkosten + merkantiler Minderwert (3.000 €) mit Wiederbeschaffungskosten – Restwert (3.200 €); Abrechnung über fiktive Reparaturkosten daher „erforderlich"

cc) Fiktive Reparaturkosten auch nach Veräußerung des Wagens zu ersetzen

e) Kürzung nach § 17 II StVG

Auch X haftet nach § 7 I StVG, da auch für ihn kein unabwendbares Ereignis; daher § 17 II StVG anwendbar.

Hier Betriebsgefahren gleich hoch, also Haftungsquote jeweils 50%

2. Andere Ansprüche

(-), da kein Verschulden des P

3. Ergebnis:

Anspruch des X gegen P in Höhe von 1.500 €.

III. Lösung

Fraglich sind Ersatzansprüche des X gegen P.

1. Anspruch aus § 7 I StVG

P könnte dem X aus § 7 I StVG haften.

a) Halter, Rechtsgutsverletzung

P ist Halter des unfallbeteiligten PKW, eines Kraftfahrzeuges i.S.v. § 1 II StVG. Am im Eigentum des X befindlichen Wagen liegt ein Sachschaden und damit eine von § 7 I StVG erfasste Rechtsgutsverletzung vor.

Anmerkung: § 7 I StVG fordert nicht ausdrücklich eine *Eigentums*verletzung, sondern nur die Beschädigung einer *Sache*. Nach h.M. hat daher auch der berechtigte Besitzer der beschädigten Sache einen Ersatzanspruch aus § 7 I StVG, nicht nur der Eigentümer.

b) Bei Betrieb

Der Unfall ereignete sich bei Betrieb des PKW des P.

c) Haftungsausschluss

Für P könnte allerdings ein unabwendbares Ereignis i.S.v. § 17 III StVG vorliegen.

Allerdings reicht hierfür nicht aus, dass sich P im Sinne eines Fahrlässigkeitsvorwurfes sorgfaltsgemäß verhalten hat. Erforderlich ist eine Beobachtung *jeder* nach den Umständen gebotenen Sorgfalt, also ein Verhalten als **Idealfahrer**, § 17 III S. 2 StVG. Ein Idealfahrer hätte den Wagen abfangen und den Unfall vermeiden können.

Daher lag für P kein unabwendbares Ereignis i.S.v. § 17 III StVG vor.

d) Ersatzfähiger Schaden

aa) Die **Reparaturkosten** von 2.500 € sind als Kosten der Naturalrestitution gem. § 249 II S. 1 BGB grundsätzlich ersatzfähig. Der **merkantile Minderwert**, also der trotz Beseitigung aller Schäden verbleibende Minderwert des PKW des X als „Unfallwagen" ist nach § 251 I BGB als Vermögensschaden zu ersetzen.

bb) Naturalrestitution ist grundsätzlich auch im Wege der **Wiederbeschaffung** eines vergleichbaren PKW möglich; die Kosten hierfür würden laut Sachverhalt 4.500 € betragen.

Da nach § 249 II S. 1 BGB nur der **erforderliche** Geldbetrag zu ersetzen ist, muss nach h.M. eine Vergleichsrechnung durchgeführt werden (schadensrechtliches Wirtschaftlichkeitsgebot). Anerkannt ist allerdings, dass die Reparaturvariante gewählt werden kann, wenn die Reparaturkosten 130% des Wiederbeschaffungswertes nicht übersteigen.

Die zusätzlichen 30% werden dem Geschädigten aufgrund seines gesteigerten Interesses am Behalten des beschädigten Wagens gewährt. Dieser Integritätszuschlag scheidet jedoch dann aus, wenn das Fahrzeug gar nicht repariert wird. In diesem Fall zeigt der Geschädigte durch sein Verhalten, gar nicht am Behalten des beschädigten PKW interessiert zu sein.

X hat die erforderliche Reparatur zwar nicht durchführen lassen, die Reparaturkosten bewegen sich allerdings weit unterhalb von 100 % des Wiederbeschaffungswertes. Hier ist anerkannt, dass eine sog. fiktive Abrechnung auf Reparaturkostenbasis möglich ist.

cc) Problematisch ist aber, dass ein Reparaturanspruch des X gegen P gar nicht mehr erfüllt werden *kann*, da P nicht mehr Eigentümer des PKW ist.

Es wird daher vertreten, es läge eine Unmöglichkeit der Naturalrestitution vor, weshalb § 251 I BGB anzuwenden sei.

Anmerkung: Wäre dies vom Klausurersteller gewollt, könnten Sie den Schaden gar nicht ausrechnen. Denn sie kennen nur den Wert des PKW nach dem Unfall, nicht aber den Wert davor. Diese Lösung kann also nicht die richtige sein. Denken Sie in einer Klausur auch taktisch!

Anders jedoch zu Recht die h.M.: Beim Ersatz nach § 249 II S. 1 BGB ist ein Geldbetrag zu leisten; der Geschädigte ist in dessen Verwendung frei, er *muss* den PKW nicht reparieren lassen. Mit dem Ersatz dieser **fiktiven Reparaturkosten** wäre es unvereinbar, eine Ersatzpflicht nach Veräußerung der beschädigten Sache abzulehnen.

Entscheidend ist, dass der Anspruch auf fiktive Reparaturkosten einmal entstanden ist. Dies war hier der Fall. Anderenfalls müsste ja der Geschädigte, der über fiktive Reparaturkosten abgerechnet hat, den PKW nicht reparieren ließ, auch nach Jahren noch mit einem Rückforderungsanspruch des Schädigers rechnen, sobald er den PKW einem Dritten übereignet. Dies ist nicht sachgerecht.

Daher konnte die Veräußerung des X an seinen Freund F an der Ersatzfähigkeit der fiktiven Reparaturkosten von 2.500 € nichts ändern.

Anmerkung: Dem Sachverhalt lässt sich nicht entnehmen, ob es sich bei den 2.500 € um einen Netto-, oder Bruttobetrag handelt. Sollte es sich um die Bruttokosten handeln, müsste gem. § 249 II S. 2 BGB bei der fiktiven Abrechnung die Umsatzsteuer herausgerechnet werden. Dem Geschädigten ist es grundsätzlich allerdings unbenommen, später noch auf eine konkrete Schadensberechnung umzustellen, d.h. das Fahrzeug doch noch reparieren zu lassen. Dann können die tatsächlichen Kosten inkl. der USt. geltend gemacht werden, BGH, Life&Law 2012, 86 ff.

e) Kürzung des Anspruches nach § 17 II StVG

Möglicherweise ist der Anspruch des X gegen P nach § 17 II StVG zu kürzen.

aa) Dazu müsste diese Vorschrift überhaupt **anwendbar** sein. Die Norm soll gerade bei den Ansprüchen der Fahrzeughalter gegeneinander zu einem gerechten Ausgleich führen, wobei insbesondere die jeweilige eigene Betriebsgefahr anspruchskürzend zu berücksichtigen ist.

Daher ist § 17 II StVG nur zwischen solchen Kfz-Haltern anzuwenden, die selbst nach dem StVG haften.

Die Anwendbarkeit des § 17 II StVG zugunsten des P setzt daher eine Haftung des X nach dem StVG voraus. Hierbei kommt nur § 7 I StVG in Betracht.

Die Voraussetzungen des § 7 I StVG seitens des X liegen vor; insbesondere ist auch für X kein unabwendbares Ereignis i.S.v. § 17 III StVG gegeben: X hat sich zwar sorgfaltsgemäß, jedoch nicht als Idealfahrer verhalten. Da auch X daher nach § 7 I StVG haftet, ist § 17 II StVG anzuwenden.

bb) Problematisch ist aber, **wie hoch** die Betriebsgefahr des X anzusetzen ist.

§ 17 II StVG soll zu einem gerechten Ausgleich zwischen beiden Haftenden führen. Daher nimmt die Rechtsprechung in einem Fall gleicher Betriebsgefahren eine Haftungsverteilung von 50% zu 50% an. Nur wenn die Betriebsgefahr eines Fahrzeugs erhöht ist oder die eine Seite schuldhaft, die andere nicht schuldhaft gehandelt hat, kommt eine Verschiebung der Quote in Betracht. Dafür ist vorliegend nichts ersichtlich.

Daher ist der Anspruch des X gegen P um seine eigene Betriebsgefahr, also um 50% nach § 17 II StVG zu kürzen.

Anmerkung: Bei der Abwägung kann auch einmal eine Quote 100 zu 0 herauskommen, vgl. Sie hierzu den im Ergebnis leicht kurios anmutenden Fall des BGH in Life & Law 2012, 8 ff. Hier hatte der Unfallgegner gegen das Rechtsfahrgebot verstoßen und sollte im Ergebnis doch nicht einmal einen Teil des Schadens zu tragen haben.

2. Weitere Ansprüche

Ansprüche aus § 18 I StVG, § 823 I und II BGB scheitern an einem fehlenden Verschulden des P.

Ergebnis: Also muss P dem X die geltend gemachten Schäden ersetzen, jedoch nur in Höhe von 50%.

IV. Zusammenfassung

Sound: § 17 II StVG ist nur für solche Kfz-Halter anwendbar, die nach dem StVG haften. Bei gleich hoher Betriebsgefahr ist eine Haftungsquote von jeweils 50% anzunehmen.

hemmer-Methode: Ein steiniger, aber lohnenswerter Weg liegt hinter Ihnen! Viele Ihrer Kollegen setzen im Deliktsrecht entweder ganz auf Lücke oder sie verlassen sich auf den Gesetzeswortlaut. Dass dies keineswegs immer ausreicht, hat Ihnen dieses Skript gezeigt. Andererseits gibt es im Deliktsrecht feste Strukturen, die Ihnen auch in unbekannten Konstellationen weiterhelfen werden. Nutzen Sie die Möglichkeit, Ihren Mitstreitern einen Schritt voraus zu sein!

V. Zur Vertiefung

- Hemmer/Wüst, Deliktsrecht II, Rn. 317 ff.
- Hemmer/Wüst, Deliktsrecht Karteikarte Nr. 100 ff.
- Zur Frage, unter welchen Voraussetzungen bei einer fiktiven Abrechnung die Stundensätze einer Fachwerkstatt anzusetzen sind, vgl. BGH, Life&Law 2010, 593 ff.

Die Zahlen beziehen sich auf die Nummern der Fälle.

hemmer/wüst Verlagsgesellschaft mbH

Mergentheimer Str. 44 / 97082 Würzbur
Tel.: 09 31 /7 97 82 38 / Fax: 09 31/7 97 82 4
Internet: www.hemmer-shop.de

ISBN 978-3-86193

Auflage/Jahr/Euro

Grundwissen für Anfangssemester

GW10 (-460-8)	BGB-AT Theorieband zu den wicht. Fällen	8.A/16 · 9,90
GW11 (-481-3)	SchuldR-AT Theorieband zu den wicht. Fällen	7.A/16 · 9,90
GW12 (-457-8)	SchuldR-BT I Theorieband zu den wicht. Fällen	7.A/16 · 9,90
GW13 (-399-1)	SchuldR-BT II Theoriebd. zu den wicht. Fällen	6.A/15 · 9,90
GW14 (-357-1)	Sachenrecht I Theorieband zu den wicht. Fällen	6.A/15 · 9,90
GW15 (-455-4)	Sachenrecht II Theorieband zu den wicht. Fällen	6.A/15 · 9,90
GW20 (-525-4)	Strafrecht AT Theorieband zu den wicht. Fällen	7.A/16 · 9,90
GW21 (-301-4)	Strafrecht BT Theorieband zu den wicht. Fällen	5.A/14 · 9,90
GW30 (-545-2)	StaatsR Theorieband zu den wicht. Fällen	7.A/17 · 9,90
GW31 (-523-0)	VerwaltungsR Theorieband zu den wicht. Fällen	7.A/16 · 9,90

Die wichtigsten Fälle

DF0 (-198-0)	Sonderband: Der Streit- und Meinungsstand im neuen Schuldrecht	5.A/13 · 14,80
DF1 (-493-6)	76 Fälle - BGB AT	9.A/16 · 12,80
DF2 (-613-8)	55 Fälle - Schuldrecht AT	10.A/17 · 12,80
DF3 (-456-1)	51 Fälle - Schuldrecht BT - Kauf/WerkV	9.A/16 · 12,80
DF4 (-518-6)	42 Fälle - GoA/Bereicherungsrecht	9.A/16 · 12,80
DF5 (-345-8)	45 Fälle - Deliktsrecht	7.A/14 · 12,80
DF6 (-517-9)	44 Fälle - Verwaltungsrecht	9.A/16 · 12,80
DF25 (-400-4)	30 Fälle - Verwaltungsrecht BT Bayern	4.A/15 · 12,80
DF7 (-453-0)	32 Fälle - Staatsrecht	10.A/16 · 12,80
DF8 (-510-0)	34 Fälle - Strafrecht AT	10.A/16 · 12,80
DF9 (-551-3)	44 Fälle Strafrecht BT I - Vermögensd.	10.A/17 · 12,80
DF10 (-377-9)	44 Fälle Strafrecht BT II - Nicht-Vermögensd.	8.A/15 · 12,80
DF11 (-461-5)	50 Fälle - Sachenrecht I	8.A/16 · 12,80
DF12 (-494-3)	43 Fälle - Sachenrecht II - ImmobiliarSR	9.A/16 · 12,80
DF13 (-567-4)	40 Fälle - ZPO I - Erkenntnisverfahren	8.A/17 · 12,80
DF14 (-485-1)	25 Fälle - ZPO II - ZwangsvollstreckungsV	7.A/16 · 12,80
DF15 (-423-3)	35 Fälle - Handelsrecht	7.A/16 · 12,80
DF16 (-506-3)	36 Fälle - Erbrecht	7.A/16 · 12,80
DF17 (-489-9)	26 Fälle - Familienrecht	8.A/16 · 12,80
DF18 (-416-5)	32 Fälle - Gesellschaftsrecht	6.A/15 · 12,80
DF19 (-515-5)	39 Fälle - Arbeitsrecht	7.A/16 · 12,80
DF20 (-533-9)	35 Fälle - Strafprozeßrecht	6.A/16 · 12,80
DF21 (-428-8)	23 Fälle - Europarecht	5.A/15 · 12,80
DF22 (-422-6)	10 Fälle - Musterkl. Examen ZivilR	7.A/15 · 14,80
DF23 (-475-2)	10 Fälle - Musterkl. Examen StrafR	6.A/16 · 14,80
DF24 (-591-9)	8 Fälle - Musterkl. Examen SteuerR	9.A/17 · 14,80

Skripten Basics (110)

BI/1 (-448-6)	Zivilrecht I - BGB AT u.vertragl. SchuldV	10.A/16 · 16,90
BI/2 (-454-7)	Zivilrecht II - Sachenrecht/gesetzl. SV	8.A/16 · 16,90
BI/3 (-442-4)	Zivilrecht III - FamilienR/ErbR	8.A/15 · 16,90
BI/4 (-364-9)	Zivilrecht IV - ZivilprozessR	8.A/15 · 16,90
BI/5 (-486-8)	Zivilrecht V - Handels-/GesellschR	8.A/15 · 16,90
BI/6 (-522-3)	Zivilrecht VI - ArbeitsR	6.A/16 · 16,90
BII (-542-1)	Strafrecht	7.A/17 · 16,90
BIII/1 (-268-0)	Öffentliches Recht I - VerfassR/StaatsHR	6.A/14 · 16,90
BIII/2 (-388-5)	Öffentliches Recht II - VerwaltungsR	7.A/15 · 16,90
BIV (-403-5)	Steuerrecht - EStG & AO	9.A/16 · 16,90
BV (-512-4)	Europarecht	9.A/16 · 16,90

ISBN 978-3-86193

Auflage/Jahr

Skripten Zivilrecht (120)

1	(-415-8)	BGB-AT I, Ensteh.d.Primäranspruchs	14.A/15 · 1
2	(-479-0)	BGB-AT II, Scheitern des Primäranspr.	14.A/16 · 1
3	(-343-4)	BGB-AT III, Erlösch.d. Primäranspruchs	13.A/14 · 1
4	(-278-9)	Schadensersatzrecht I	8.A/14 · 1
5	(-492-9)	Schadensersatzrecht II	7.A/16 · 1
6	(-532-2)	Schadensersatzrecht III (§§ 249 ff.)	12.A/17 · 1
7	(-342-7)	Verbraucherschutzrecht	4.A/14 · 1
51	(-443-1)	Schuldrecht AT	10.A/15 · 1
52	(-359-5)	Schuldrecht BT I	9.A/15 · 1
53	(-563-6)	Schuldrecht BT II	10.A/17 · 1
8	(-519-3)	Bereicherungsrecht	15.A/16 · 1
9	(-321-2)	Deliktsrecht I	12.A/14 · 1
10	(-581-0)	Deliktsrecht II	10.A/17 · 1
11	(-447-9)	Sachenrecht I	13.A/15 · 1
12	(-465-3)	Sachenrecht II	11.A/16 · 1
12A	(-378-6)	Sachenrecht III	12.A/15 · 1
13	(-564-3)	Kreditsicherungsrecht	12.A/17 · 1
14	(-483-7)	Familienrecht	13.A/16 · 1
15	(-459-2)	Erbrecht	13.A/16 · 1
16	(606-0)	Zivilprozessrecht I	13.A/17 · 1
17	(-317-5)	Zivilprozessrecht II	11.A/14 · 1
18	(-433-2)	Arbeitsrecht	15.A/16 · 1
19A	(-462-2)	Handelsrecht	11.A/16 · 1
19B	(-579-7)	Gesellschaftsrecht	14.A/17 · 1
31	(-450-9)	Herausgabeansprüche	7.A/16 · 1
32	(-254-3)	Rückgriffsansprüche	7.A/13 · 1

Skripten Strafrecht (120)

20	(-511-7)	Strafrecht AT I	13.A/16 · 1
21	(-385-4)	Strafrecht AT II	12.A/15 · 1
22	(-355-7)	Strafrecht BT I	12.A/14 · 1
23	(-392-2)	Strafrecht BT II	12.A/15 · 1
30	(-374-8)	Strafprozessordnung	11.A/15 · 1

Skripten Öffentliches Recht (120/130)

24	(-478-3)	Verwaltungsrecht I	13.A/16 · 1
25	(-380-9)	Verwaltungsrecht II	12.A/15 · 1
26	(-347-2)	Verwaltungsrecht III	12.A/14 · 1
27	(-524-7)	Staatsrecht I	12.A/16 · 1
28	(-287-1)	Staatsrecht II	9.A/14 · 1
29	(-463-9)	Europarecht	12.A/16 · 1
40	(-335-9)	Staatshaftungsrecht	4.A/14 · 1
33	(-369-4)	Baurecht/Bayern	11.A/15 · 1
33	(-505-6)	Baurecht/Nordrhein-Westfalen	9.A/16 · 1
33	(-435-6)	Baurecht/Baden-Württembg.	4.A/15 · 1
33	(-331-1)	Baurecht/Hessen	2.A/15 · 1
33	(-847-0)	Baurecht/Saarland	1.A/08 · 1
34	(-327-4)	Polizeirecht Bayern	10.A/14 · 1
34	(-097-6)	Polizei- u. Ordnungsrecht/NRW	5.A/12 · 1
34	(-432-5)	Polizeirecht/Baden-Württembg.	4.A/15 · 1
34	(-417-2)	Polizei- u. Ordnungsrecht/Hessen	3.A/14 · 1
34	(-028-0)	Polizei- u. Ordnungsrecht/Rheinl.-Pfalz	1.A/11 · 1
34	(-877-7)	Polizei- u. Sicherheitsrecht/Saarland	1.A/09 · 1
35	(-371-7)	Kommunalrecht/Bayern	10.A/15 · 1
35	(-076-1)	Kommunalrecht/NRW	8.A/11 · 1
35	(-541-4)	Kommunalrecht/Baden-Württembg.	5.A/17 · 1

hemmer/wüst Verlagsgesellschaft mbH

Mergentheimer Str. 44 / 97082 Würzburg
Tel.: 09 31 /7 97 82 38 / Fax: 09 31/7 97 82 40

Internet: www.hemmer-shop.de

ISBN 978-3-86193		Auflage/Jahr/Euro

Lexikon/Definitionen

(-288-8) _____ Definitionen Strafrecht - schnell gemerkt	4.A/14 · 19,90
(-065-5) _____ Legal terms für Juristen - Fachwörterbuch Englisch - Deutsch	1.A/11 · 19,90

Skripten Schwerpunkt (120)

(-429-5) _____ Kriminologie	7.A/15 · 21,90
? (-245-1) _____ Völkerrecht	8.A/13 · 21,90
¼ (-349-6) _____ Kapitalgesellschaftsrecht	5.A/14 · 21,90
? (-243-7) _____ Rechtsgeschichte I	3.A/13 · 21,90
? (-119-5) _____ Rechtsgeschichte II	2.A/12 · 21,90
1 (-085-3) _____ Rechts- und Staatsphilosophie sowie Rechtssoziologie	2.A/11 · 21,90
2 (-183-6) _____ Insolvenzrecht	3.A/12 · 21,90

Skripten Steuerrecht (120)

(-528-5) _____ Abgabenordnung	9.A/16 · 21,90
(-267-3) _____ Einkommensteuerrecht	8.A/14 · 21,90

Skripten für BWL´er, WiWi & Steuerberater

? (-430-1) _____ PrivatR f. BWL'er, WiWi & Steuerberat	8.A/15 · 19,90
? (-102-7) _____ Ö-Recht f. BWL'er, WiWi & Steuerberat	4.A/12 · 19,90
? (-480-9) _____ Musterkl. für´s Vordiplom PrivatR	2.A/04 · 19,90
? (-197-6) _____ Musterkl. für´s Vordiplom Ö-R	1.A/00 · 19,90
?1 (-472-1) _____ Die 74 wicht. Fälle (BGB AT, SchuldR AT/BT)	5.A/16 · 19,90
?2 (-247-5) _____ Die 44 wicht. Fälle (GoA, BerR, GesR, ...)	2.A/13 · 19,90

Skripten Fachbegriffe & Erläuterungen

(-146-1) _____ Mikroökonomie & Makroökonomie	1.A/12 · 19,90
(-147-8) _____ Buchführung/Jahresabschl./Rechnungsw.	1.A/12 · 19,90
(-151-5) _____ HandelsR/GesellschaftsR/WirtschaftsR	1.A/12 · 19,90
(-152-2) _____ Öffentl. Recht/EuropaR/VölkerR	1.A/12 · 19,90

Basics Karteikarten

1 (-329-8) ___ Basics - Zivilrecht	6.A/14 · 16,90
2 (-441-7) ___ Basics - Strafrecht	4.A/15 · 16,90
3 (-320-5) ___ Basics - Öffentliches Recht	4.A/14 · 16,90

Karteikarten Zivilrecht

1 (-603-9)_____ BGB-AT I	10.A/17 · 16,90
2 (-496-7)_____ BGB-AT II	8.A/16 · 16,90
3 (-539-1)_____ Schuldrecht AT I	10.A/17 · 16,90
4 (-507-0)_____ Schuldrecht AT II	8.A/16 · 16,90
5 (-476-9)_____ Schuldrecht BT I (Kauf-u.WerkVR)	8.A/16 · 16,90
6 (-480-6)_____ Schuldrecht BT II	7.A/16 · 16,90
7 (-464-6)_____ Arbeitsrecht	5.A/16 · 16,90
8 (-413-4)_____ Bereicherungsrecht	7.A/15 · 16,90
9 (-531-5)_____ Deliktsrecht	7.A/16 · 16,90
11 (-484-4)__ Sachenrecht I	9.A/16 · 16,90
12 (-482-0)__ Sachenrecht II	8.A/16 · 16,90
13 (-495-0)__ Kreditsicherungsrecht	4.A/16 · 16,90
14 (-336-6)__ Familienrecht	4.A/14 · 16,90
15 (-188-1)__ Erbrecht	4.A/13 · 16,90
16 (-566-7)__ ZPO I	7.A/17 · 16,90
17 (-491-2)__ ZPO II	6.A/16 · 16,90
18 (-358-8)__ Handelsrecht	5.A/14 · 16,90
19 (-383-0)___ Gesellschaftsrecht	6.A/15 · 16,90

ISBN 978-3-86193		Auflage/Jahr/Euro

Die Shorties (Minikarteikarten) inkl. Box

SH1 (-498-1) ___ **Box 1:** BGB AT, Schuldrecht AT	9.A/16 · 24,90
SH2/I (-326-7) ___ **Box 2/1:** vertragliches Schuldrecht	5.A/14 · 24,90
SH2/II (-514-8) ___ **Box 2/2:** gesetzliches Schuldrecht	6.A/16 · 24,90
SH3 (-546-9) ___ **Box 3:** Sachenrecht, ErbR, FamR	8.A/17 · 24,90
SH4 (-547-6) ___ **Box 4:** ZPO I/II, GesellschaftsR, HGB	7.A/17 · 24,90
SH5 (-586-5) ___ **Box 5:** Strafrecht	10.A/17 · 24,90
SH6 (-537-7) ___ **Box 6:** Grundrecht, StaatsOrgR, BauR, u.a.	8.A/17 · 24,90
SH7 (-534-6) ___ **Box 7:** EuropaR, StaatshaftungsR	1.A/16 · 24,90
SH8 (-513-1) ___ **Box 8:** ArbeitsR, StPO	1.A/16 · 24,90

Karteikarten Strafrecht

KK20 (-540-7) ___Strafrecht AT I	9.A/17 · 16,90
KK21 (-376-2) ___Strafrecht-AT II	8.A/15 · 16,90
KK22 (-488-2) ___Strafrecht-BT I	9.A/16 · 16,90
KK23 (-410-3) ___Strafrecht-BT II	8.A/15 · 16,90
KK24 (-409-7) ___StPO	6.A/15 · 16,90

Karteikarten Öffentliches Recht

KK25 (-538-4) ___ Verwaltungsrecht I	9.A/17 · 16,90
KK26 (-348-9) ___ Verwaltungsrecht II	6.A/14 · 16,90
KK27 (-352-6) ___ Verwaltungsrecht III	6.A/14 · 16,90
KK28 (-608-4) ___ Staats- u. Verfassungsrecht	10.A/17 · 16,90
KK29 (-470-7) ___ Europarecht	4.A/16 · 16,90

Überblickskarteikarten

ÜK I (-477-6) ____BGB im Überblick I	12.A/16 · 30,00
ÜK II (-536-0) ___ BGB im Überblick II (Nebengebiete)	8.A/17 · 30,00
ÜK III (-469-1) ___StrafR im Überblick	9.A/16 · 30,00
ÜK IV (-467-7) ___Öffentl.-R im Überblick	10.A/16 · 19,90
ÜK V (-487-5) ___Öffentl.-R im Überblick II Bayern	8.A/16 · 19,90
ÜK VI (-468-4) ___Öffentl.-R im Überblick II NRW	3.A/16 · 19,90
ÜK VII (-242-0) ___Europarecht	5.A/13 · 19,90

Assessor-Basics/Theoriebände (410)

A IV (-401-1) _____ Die zivilrechtl. Anwaltsklausur/Teil 1	11.A/15 · 19,90
A VII (-543-8) ___ Das Zivilurteil	12.A/17 · 19,90
A VIII (-544-5) ___ Die Strafrechtskl. im Assessorexamen	8.A/17 · 19,90
A IX (-412-7) ___ Die Assessorklausur Öffentl. Recht	6.A/15 · 19,90

Assessor-Basics/Klausurentraining

A I (-471-4) _____ Zivilurteile	17.A/16 · 19,90
A II (-535-3) _____ Arbeitsrecht	15.A/17 · 19,90
A III (-411-0) _____ Strafrecht	12.A/15 · 19,90
A V (-396-0) _____ Zivilrechtl. Anwaltsklausuren/Teil 2	11.A/15 · 19,90
A VI (-390-8) _____ Öff.rechtl. u. strafrechtl.Anwaltskl.	6.A/15 · 19,90

Assessorkarteikarten

AK I (-353-3) ____Zivilprozessrecht im Überblick	6.A/14 · 19,90
AK II (-516-2) ____Strafprozessrecht im Überblick	8.A/16 · 19,90
AK III (-384-7) ___Öffentliches Recht im Überblick	5.A/15 · 19,90
AK IV (-195-9) ____Familien- und Erbrecht im Überblick	2.A/13 · 19,90

2017 PRODUKTLISTE

REIHE INTELLIGENTES LERNEN

hemmer/wüst
Verlagsgesellschaft mbH

Mergentheimer Str. 44 / 97082 Würzbur
Tel.: 09 31 /7 97 82 38 / Fax: 09 31/7 97 82 4
Internet: www.hemmer-shop.de

Sonderartikel

		Euro
	Lernkarteikartenbox (28.01)	
LB _____	Die praktische Lernbox für die Karteikarten	1,99
S 810 _____	Din A4, 80 Blatt 10er Pack	17,50
S1 _____	**Der Referendar (70.01)**	9,80
	24 Monate zwischen Genie und Wahnsinn (Format A6)	
S2 _____	**Der Rechtsanwalt (70.02)**	9,80
	Meine größten Rein-) Fälle (Format A6)	
S3 _____	**Der Jurist (70.03)**	9,80
	Ein Lehrbuch für Leader (Format A6)	
S5 _____	**Coach dich! (70.05)**	19,80
	Psychologischer Ratgeber	
S6 _____	**Lebendiges Reden (70.06)**	21,80
	Psychologischer Ratgeber inkl. Audio-CD	
S7 _____	**NLP für Einsteiger (71.01)**	12,80
	Psychologischer Ratgeber	
S8 _____	**Prüfungen als Herausforderung (70.08)**	14,80
	Psychologischer Ratgeber	
_____	**Wiederholungsmappe (75.01)**	9,90
	Intelligentes Lernen	
	inkl. Handbuch und Kurzskript	
_____	**Ordner hemmer.group (88.20)**	2,50
	Ringbuchmappe für Einlagen, DIN A4	
(-200-0) _____	**Die wahren Paradiese** - 15 traumhafte Gärten	39,80
	Gebunden (Hardcover) mit Schutzumschlag, 208 Seiten	
	(275 x 255 mm)	
(-500-1) _____	**Vom „Baumeland" zum Traumgarten**	34,80

Ein ländlicher Garten mit mediterranem Charme
Gebunden (Hardcover) mit Schutzumschlag, 180 Seiten
(275 x 255 mm) - 1. Auflage Mai 2016
Ein Buch über den eigenen Garten

Die intensive Beschäftigung mit dem Thema Garten seit mehr als zwanzig
Jahren, all die Tätigkeiten im Jahreslauf, das Erleben der Natur und die
Erfahrungen, die ich gemacht habe, fließen in dieses Werk über unseren
Garten ein. Es werden sowohl die Entstehung der Gartenanlage als auch
die vier Jahreszeiten mit den dazugehörenden Aufgaben im Garten
beschrieben.

Life&Law

		Eu
_____	Einzelheft der Life&LAW	6,
AboLL _____	Abonnement der Life&LAW	
	Life&Law 3 Monate kostenfrei,	
	danach erhalten Sie die Life&Law zum Preis von	5,8
LLJ _____	Life&LAW Jahrgangsband 1999 - 2015	
	bitte Jahrgang eintragen	je 50,
LLJ14 _____	Life&LAW Jahrgangsband 2016	80,
LLE _____	Einband für Life&LAW Jahrgang	je 6,

Die AnwaltsBasics

978-3-9813969-0-4 _____ **Die AnwaltsBasics Erbrecht**
1. Auflage, November 2010, 429 S.   39,

978-3-9813969-5-9 _____ **Die AnwaltsBasics Mediation**
erweiterte 2. Auflage, November 2013, 237 S.   23,

Endsumme: _____

Lieferung erfolgt in aktueller Auflage

Kundennummer [D][ ][ ][ ][ ][ ]

Prüfen Sie in Ruhe zuhause!
Alle Produkte dürfen innerhalb von 14 Tagen an den Verlag (Originalzu-
stand) zurückgeschickt werden. Es wird ein uneingeschränktes gesetzliches Rückgaberecht gewährt. Hinweis: Der Besteller trägt bei einem
Bestellwert bis 40 Euro die Kosten der Rücksendung. Über 40 Euro Bestellwert trägt er ebenfalls die Kosten, wenn zum Zeitpunkt der Rückgabe
noch keine (An-) Zahlung geleistet wurde.

Name: _____   Vorname: _____

Adresse: _____

Telefon: _____   e-mail-adresse: _____

Buchen Sie die Endsumme von meinem Konto ab:

Konto-Nr.: _____   Bankleitzahl: _____

Bank: _____   BIC: _____

IBAN: [ ]

Ort, Datum: _____   Unterschrift: _____

hemmer/wüst Verlag

UNSER LERNSYSTEM IM ÜBERBLICK

DIE STUDENTENSKRIPTEN

■ DAS GRUNDWISSEN - 10 BÄNDE (je 9,90 €)

Die Grundwissenskripten sind für den Studenten in den ersten Semestern gedacht. In den Theoriebänden Grundwissen werden leicht verständlich und kurz
die wichtigsten Rechtsinstitute vorgestellt und das notwendige Grundwissen
vermittelt. Die Skripten werden durch den jeweiligen Band unserer Reihe „Die
wichtigsten Fälle" ergänzt.

■ DIE BASICS - 11 BÄNDE (je 16,90 €)

Das Grundwerk für Studium und Examen. Es schafft schnell Einordnungswissen
und mittels der hemmer-Methode richtiges Problembewusstsein für Klausur
und Hausarbeit. Wichtig ist, wann und wie Wissen in der Klausur angewendet
wird. Umfangreicher als die Grundwissenreihe und knapper als die Hauptskrip-
tenreihe.

■ DIE HAUPTSKRIPTEN - 52 BÄNDE (je 19,90 €)

DAS PRÜFUNGSWISSEN:

In unseren Hauptskripten werden die für die Prüfung nötigen Zusammenhänge umfassend aufgezeigt und wiederkehrende Argumentationsketten eingeübt.
Nutzen Sie die Skripten als Ihre ortsunabhängige Bibliothek - vom 1. Semester bis zum 2. Staatsexamen Ihr ideales Nachschlagewerk. Sie ersetzen das
gute alte Lehrbuch. Sie sind - anders als das typische Lehrbuch - klausurorientiert. Beispielsfälle erleichtern das Verständnis. So wird Prüfungswissen
auf anspruchsvollem Niveau vermittelt. Die studentenfreundliche Preisgestaltung ermöglicht den Erwerb als Gesamtwerk. So gehen Sie sicher in die Klausur.

■ DIE WICHTIGSTEN FÄLLE - 26 BÄNDE (je 14,80/12,80 €)

VOM FALL ZUM WISSEN:

An Grundfällen werden die prüfungstypischen Probleme übersichtlich in Musterlösungen dargestellt. Eine Kurzgliederung erleichtert den Einstieg in die Lösung.
Der jeweilige Fallschwerpunkt wird grafisch hervorgehoben. Die Reihe „Die
wichtigsten Fälle" ist ideal geeignet, schnell in ein Themengebiet einzusteigen.
So werden Zwischenprüfung und Scheine leicht.

hemmer/wüst Verlag

UNSER LERNSYSTEM IM ÜBERBLICK

VERSANDKOSTENFREI IN UNSEREM SHOP: **www.hemmer-shop.de**

DIE KARTENSÄTZE

■ DIE ÜBERBLICKSKARTEIKARTEN - 7 SÄTZE (je 30,00/19,9

ÜBER PRÜFUNGSSCHEMATA ZUM WISSEN:

Ihr Begleiter vom 1. Semester bis zum 2. Staatsexamen! In den Überblickskarteikarten sind die wichtigsten Problemfelder im Zivil-, Straf- und Öffentlichen Recht knapp, präzise und übersichtlich dargestellt. Sie erfassen effektiv auf einen Blick das Wesentliche. Die grafische Aufbereitung der Prüfungsschemata auf der Vorderseite schafft Überblick über den Prüfungsaufbau. Die Kommentierung mit der hemmer-Methode auf der Rückseite vermittelt deshalb das nötige Einordnungswissen für die Klausur und erwähnt die wichtigsten Definitionen.

■ DIE BASICS KARTEIKARTEN - 3 SÄTZE (je 16,90 €)

DAS PENDANT ZU DEN BASICS SKRIPTEN:

Mit dem Frage- und Antwortsystem zum notwendigen Wissen. Die Vorderseite der Karteikarte ist unterteilt in Einordnung und Frage. Der Einordnungstext erklärt den Problemkreis und führt zur Frage hin. Die Frage trifft dann den Kern der prüfungsrelevanten Thematik. Auf der Rückseite schafft der Antworttext Wissen.

■ DIE HAUPTKARTEIKARTEN - 18 SÄTZE (je 16,90 €)

DAS PENDANT ZU DEN HAUPTSKRIPTEN:

Das Prüfungswissen in Karteikartenform für den, der es bevorzugt, mit Karteikarten zu lernen. Im Frage- und Antwortsystem zum Wissen. Auf der Vorderseite der Karteikarte führt ein Einordnungsteil zur Frage hin. Die Frage trifft die Kernproblematik des zu Erlernenden. Auf der Rückseite schafft der Antworttext Wissen.

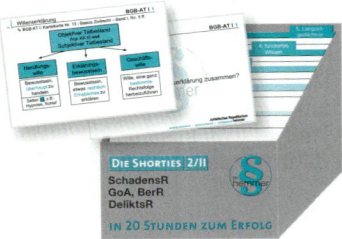

■ DIE SHORTIES - IN 20 STUNDEN ZUM ERFOLG
IN DER HEMMER LERNBOX - 7 BOXEN (je 24,90 €)

Die kleinen Karteikarten in der hemmer Lernbox enthalten auf der Vorderseite jeweils eine Frage, welche auf der Rückseite grafisch aufbereitet beantwortet wird. Die bildhafte Darstellung ist lernpädagogisch sinnvoll. Die wichtigsten Begriffe und Themenkreise werden anwendungsspezifisch erklärt. Knapper geht es nicht - die Sounds der Juristerei! In Kürze verhelfen die Shorties so zum Erfolg.

hemmer/wüst Verlag

UNSER LERNSYSTEM IM ÜBERBLICK

NEU UND MODERN: UNSERE DIGITALEN PRODUKTE

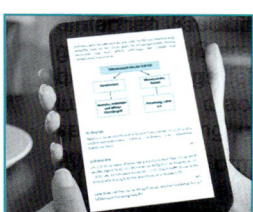

■ DIE eBOOKS (ab 9,99 €)

UNSERE eBOOKS ERHÄLTLICH FÜR IHRE MOBILGERÄTE UND PC's:

In den eBooks, die mit unseren Hauptskripten identisch sind, werden die für die Prüfung nötigen Zusammenhänge umfassend aufgezeigt und wiederkehrende Argumentationsketten eingeübt.

Nutzen Sie die eBooks als Ihre ortsunabhängige Bibliothek. Sie sind klausurorientiert und zahlreiche Beispielsfälle erleichtern das Verständnis. So wird Prüfungswissen auf anspruchsvollem Niveau vermittelt. Die studentenfreundliche Preisgestaltung ermöglicht den Erwerb als Gesamtwerk. Die hemmer eBooks sind über den hemmer-shop erhältlich.

■ DIE APPS (je 6,99 €)

IN FÜNF STUNDEN ZUM ERFOLG:

Das Frage-Antwort-System der hemmer-Skripten als app. Das moderne Frage-Antwort-System für Ihr Handy oder Tablet:

Ideal zum Erlernen, Vertiefen und Wiederholen des prüfungsrelevanten Stoffs, auch für sog. Leerlaufphasen (z.B. in der Bahn ...).

Die Lernfragen eignen sich zur Kontrolle, ob Sie richtig gelernt haben.

Automatisches, gezieltes Wiederholen schafft Sicherheit und reduziert langfristig den Lernaufwand.

■ DIE AUDIOCARDS (zum Download: ab 19,95 €)

AUDITIVES LERNSYSTEM ZUM DOWNLOAD:

Die AudioCards sind auf dem aktuellen Rechtsstand der entsprechenden Hauptskripte.

Das Frage-Antwort-System der hemmer-Skripten zum Hören

Ganz nach dem Motto „Geht ins Ohr, bleibt im Kopf" verhelfen wir Ihnen mit unserem auditiven Lernsystem zu einer optimalen Prüfungsvorbereitung.

- **auditiv:**   Der examensrelevante Stoff zum auditiven Lernen von erfahrenen Repetitoren. Ideal für schnelles Repetieren der hemmer-Skriptenreihe.
- **modern:**   Frage-Antwort-System für Ihren i-Pod oder mp3-Player
- **effektiv:**   Auditives Lernen optimiert die Wiederholung, im mp3-Format jederzeit verfügbar.

    Nutzen Sie Leerlaufphasen (z.B. im Auto, in der U-Bahn ...) zum Wiederholen und Vertiefen des gelernten Stoffs.

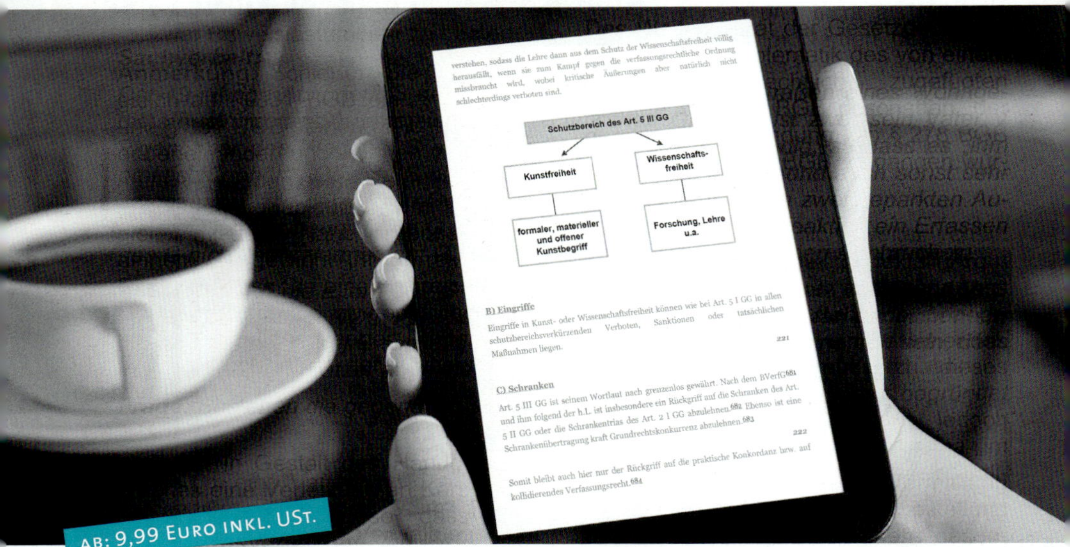

IN FÜNF STUNDEN
ZUM ERFOLG:

Die neue hemmer app

Das Frage-Antwort-System der hem-mer-Skripten jetzt auch als app im Apple App Store und im Google Play Store erhältlich! Oder als webapp für andere mobile Betriebssysteme und PCs unter: www.webapp.hemmer.de

Einfach testen: Sie erhalten 33 Quizfragen und 33 Lernfragen aus dem Rechtsgebiet BGB AT I kostenlos.

So macht Jura Spaß!

Alle Karteikartensets zum Einführungspreis von je nur 6,99 €.

www.hemmer-shop.de

Mergentheimer Str. 44 / 97082 Würzburg
Tel.: 0931-7 97 82 38 / Fax: 0931-7 97 82 40

DIE 50 WICHTIGSTEN FÄLLE SACHENRECHT I
MOBILIARSACHENRECHT

DIE 50 FÄLLE wichtigsten nicht nur für Anfangssemester

SACHENRECHT I
Mobiliarsachenrecht

Hemmer / Wüst

- Einordnungen
- Gliederungen
- Musterlösungen
- bereichsübergreifende Hinweise
- Zusammenfassungen

EINFACH • VERSTÄNDLICH • KURZ

Das Sachenrecht von den Profis mit der Jahrzehnte langen Unterrichtserfahrung als Repetitoren! Die klassischen Fälle muss man kennen. So sind der Besitzschutz, §§ 858 ff. BGB und § 1007 BGB, die Übereignung nach §§ 929 ff. BGB (insbesondere die Sicherungsübereignung und der gutgläubige Erwerb) und das Eigentümer-Besitzerverhältnis, § 985 ff. BGB, immer relevant für Klausur und Hausarbeit. Denken Sie frühzeitig an den Ersteller und Korrektor und überzeugen Sie ihn durch Ihre systematische Fallbearbeitung. Abstrakte Erörterungen bringen für Ihre Klausur und Hausarbeit wenig. Durch die ständige Diskussion mit unseren Kursteilnehmern wissen wir auch, wo es „hakt". Die Fallsammlung ist verständlich und knapp gehalten. Die Einordnung bietet einen Überblick über den jeweiligen Schwerpunkt des Falles. Die Gliederung ermöglicht die exakte Einordnung der Probleme in der Lösung. Die Lösung ist Formulierungsvorschlag für Ihre Klausur. Mit der Fallsammlung lernen Sie anwendungsspezifisch. Vereinfachen Sie sich auf diese Art das Sachenrecht.

- **Besitzschutz, §§ 1007, 858 ff. BGB**
- **Herausgabeanspruch, § 985 BGB**
- **Ansprüche aus §§ 987 ff. BGB**
- **Rechtsgeschäftlicher Eigentumserwerb, §§ 929 ff. BGB**
- **Anwartschaftsrecht**
- **Pfandrechte**
- **Gesetzlicher Eigentumserwerb**

Das Erfolgsprogramm -
Ihr Training für Klausur und Hausarbeit

Die wichtigsten Fälle

FALLSAMMLUNG

DIE 43 WICHTIGSTEN FÄLLE SACHENRECHT II
IMMOBILIARSACHENRECHT

DIE 43 FÄLLE
wichtigsten
nicht nur
für Anfangssemester

SACHENRECHT II
Immobiliarsachenrecht

Hemmer / Wüst

- Einordnungen
- Gliederungen
- Musterlösungen
- bereichsübergreifende Hinweise
- Zusammenfassungen

EINFACH • VERSTÄNDLICH • KURZ

Das Immobiliarsachenrecht wird in den ersten Semestern des Studiums häufig vernachlässigt. Gerade in dieser Phase sollte man sich aber einen Überblick über die Grundsystematik dieses recht komplizierten Rechtsgebietes verschaffen. Später kann man auf dieser Basis aufbauend leichter die Examensklausuren in diesem Bereich begreifen. Die Klausurrelevanz dieses Rechtsgebietes sollte man nicht unterschätzen. So bieten insbesondere die Grundpfandrechte und das Vormerkungsrecht hervorragende Verknüpfungsmöglichkeiten mit dem Schuldrecht.

Die Darstellung erfolgt wie gewohnt fallbezogen, damit wichtige Aufbaufragen nicht zu kurz kommen und eine systematische Gliederung der Probleme möglich ist.

- **Das Eigentum am Grundstück**
- **Die Eigentumsübertragung bei Grundstücken**
- **Die Vormerkung**
- **Grundpfandrechte, ... u.a.**

Das Erfolgsprogramm -
Ihr Training für Klausur und Hausarbeit

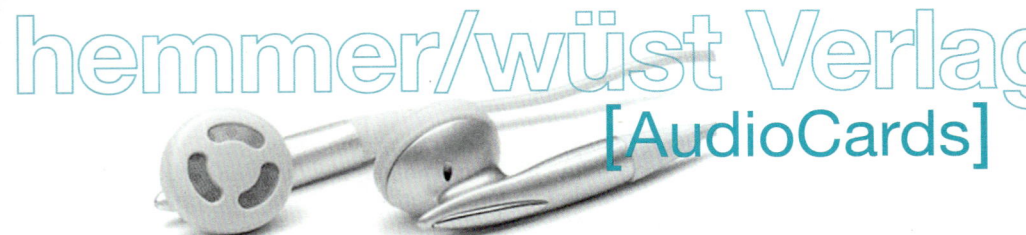